里约夜景　牛根源 | 摄

马托格罗索变电站全景　张子和 | 摄

巴西PAMPA电厂厂区外部　尹维俊 | 摄

◆ 巴西国鸟——大嘴鸟　牛根源 | 摄

◆ 伊瓜苏瀑布　牛根源 | 摄

◆ 马托格罗索自立塔施工完成　　刘洪文 | 摄

马托格罗索输电线路工程全景　付德光 | 摄

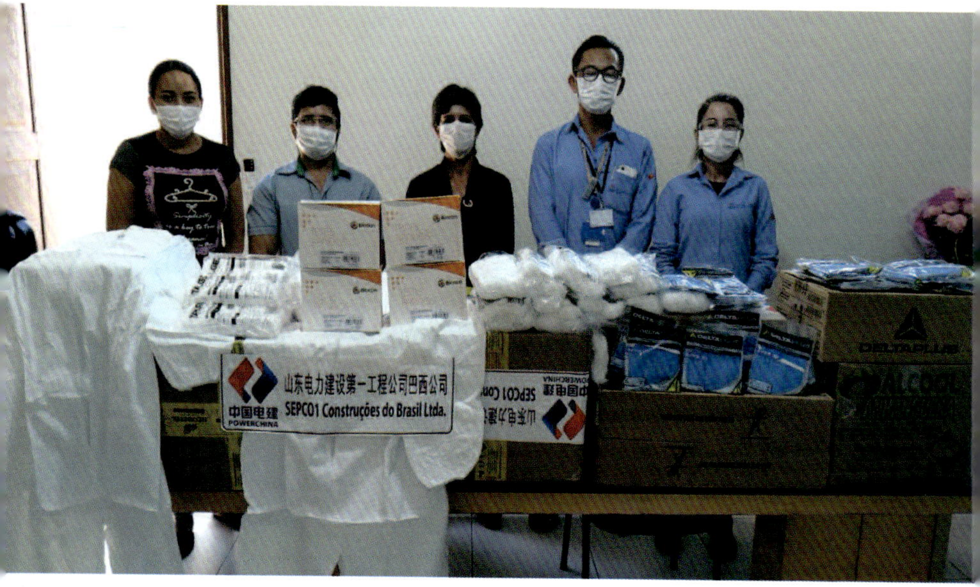

卡林达项目向卡林达市公立医院捐助防疫物资　张子和｜摄

工程建设企业境外合规经营指南

巴西

中国施工企业管理协会
中国电建集团山东电力建设第一工程有限公司
编著

中国市场出版社
China Market Press
·北京·

图书在版编目（CIP）数据

工程建设企业境外合规经营指南. 巴西／中国施工企业管理协会，中国电建集团山东电力建设第一工程有限公司编著. —北京：中国市场出版社有限公司，2021. 5（2023.8 重印）

ISBN 978－7－5092－2062－7

Ⅰ. ①工… Ⅱ. ①中… ②中… Ⅲ. ①建筑企业-对外投资-工业企业管理-中国-指南 Ⅳ. ①F426. 9-62

中国版本图书馆 CIP 数据核字（2021）第 081953 号

工程建设企业境外合规经营指南：巴西

GONGCHENG JIANSHE QIYE JINGWAI HEGUI JINGYING ZHINAN：BAXI

编　　著： 中国施工企业管理协会 中国电建集团山东电力建设第一工程有限公司
责任编辑： 宋　涛

出版发行： 中国市场出版社
社　　址： 北京市西城区月坛北小街 2 号院 3 号楼（100837）
电　　话：（010）68034118/68021338
网　　址： http：//www. scpress. cn

印　　刷： 河北鑫兆源印刷有限公司
规　　格： 145mm×210mm　32 开本
印　　张： 10. 25　　**字　　数：** 280 千字
版　　次： 2021 年 5 月第 1 版　　**印　　次：** 2023 年 8 月第 2 次印刷
书　　号： ISBN 978－7－5092－2062－7
定　　价： 68. 00 元

《工程建设企业境外合规经营指南：巴西》

编委会

主　　任： 曹玉书

副 主 任： 尚润涛　李清旭　郑学选　戴和根
周育先　陈　云　汪建平　王海怀
姚　强　周厚贵　蒋德军　汪桃义
白小虎　马健峰　樊　军　卞家骏
裴宏伟　蔡典维　沈德法　孙　波
宫长义　张桂玉　梁　亮

主　　编： 曹玉书

副 主 编： 尚润涛　张洪梅

执行主编： 孙晓波　马玉宝　王武民　张长春
王　锋　刘永阳　黄正斌　陈卫东
郭宝辉　张崇洋

参编人员： 张拉柱　陶棋然　翟绍燚　付深清
王　冲　李登生　牛根源　李考新
张瑞庆　费新操　王冠程　马东雷
郇恒胜　何腾新　孙平宇　卢　军
齐　波　张子和　杨官辉

专家审核组成员：

马燕冰　中国现代国际关系研究院研究员

何　胜　对外经贸大学教授

王　琳　山东电力工程咨询院有限公司发电事业部总经理

张　红　中国石油工程建设有限公司北京分公司总工程师

张拉柱　中国施工企业管理协会法律顾问

PREFACE

序言

“一带一路”倡议是顺应全球治理体系变革，彰显同舟共济、命运与共意识的国际公共产品。作为完善全球治理体系、推动构建人类命运共同体的中国方案，共建“一带一路”已经成为171个国家和国际组织开展国际合作的新模式，正在向高质量共建的阶段迈进。

近八年的时间里，共建“一带一路”在完成总体布局的基础上，又聚焦重点、深耕细作，扎实推进项目实施，累计开展了2000多个项目，可圈可点的成果、实实在在的好处让“一带一路”朋友圈不断扩大。中国企业参与“一带一路”建设的程度也越来越深入，面临的市场环境越来越复杂，合规经营在企业可持续发展中也显得越来越重要。

为更好地帮助企业提高合规经营管理水平，有效防范及化解经营风险，早在2017年5月，习近平总书记就中国企业合规经营问题，在中央全面深化改革领导小组会议上，明确指出加强企业海外经营行为合规制度建设的必要性。2018年7月1日，国家标准《合规管理体系指南》（GB/T 35770—2017）正式实施；2018年11月2日，国务院国资委《中央企业合规管理指引（试行）》发布实施；2018年12月26日，国家发展改革委正式发布《企业境外经营合规管理指引》，为中国企业更好地开展境外经营业务、建立合规管理体系和制度，提供了官方的指导意见。

中国施工企业管理协会基于工程建设行业的实践经验和研究成果，联合 12 家会员单位，在国家发展改革委区域开放司的指导下，出版《工程建设企业境外合规经营指南》(以下简称《指南》)，结合企业自身情况，以丰富翔实的案例，系统地从市场环境、通用规则、国别规则、示范项目等角度展示了中国企业在境外稳扎稳打、开拓进取的合规发展历程，具有针对性、实务性和系统性的特点，是一套指导性非常强的工具书。

《指南》的出版有利于帮助广大施工企业适应国际工程承包自由化、便利化的市场环境，引导企业实现行业高质量发展的目标，期望通过树立境外合规经营优秀典型，分享境外合规运营经验，帮助企业完善合规运营体系，形成合规文化，提升企业在国际市场中的竞争力。同时，在更广泛的范围内倡议共建“一带一路”的企业，增强机遇意识和风险意识，夯实基础，固牢底线，趋利避害，在发展中不断前进，在合作中茁壮成长。

曹玉書

2021 年 5 月

PREFACE 前言

巴西是拉美地区面积最大、人口最多、资源最丰富、经济体量最大的国家。2012 年，中国与巴西提升为全面战略伙伴关系。中巴在国际事务中合作密切，在联合国、世贸组织、国际货币基金组织等国际组织以及二十国集团、金砖国家、“基础四国”等多边机制中就全球治理、国际经济金融体系改革、气候变化、新兴大国合作等重大国际问题保持良好沟通与协调，中国已经成为巴西最大的贸易合作伙伴和投资来源国。

随着中国与巴西关系的全面深入发展，以及巴西蕴含的潜力巨大的市场，近年来，越来越多的中国企业到巴西进行开拓和发展，但受制于对巴西当地基本国情、法律法规、政策环境、工程投建营周期特点等缺乏深入了解，许多中国工程建设企业遇到了“水土不服”的问题，甚至交了不菲的学费。

为了更好地帮助中国工程建设企业了解、熟悉、掌握巴西的基本国情、法规政策、工程项目运营特点等，保障中国工程建设企业在巴西实现合规经营，有效地规避、防范和应对各类运营风险，不断提升境外业务合规经营水平，我们编写了《工程建设企业境外合规经营指南：巴西》。该指南由在巴西深耕多年、积累了大量合规经营和管理经验的中国电建集团山东电力电建第一工程有限公司负责编写，承担编写任务的各位同志凭借在巴西工作多年积累的工程建设领域丰富实操经验、熟谙当地的相关政策及法律法规，为本指南的编写付出了艰辛的劳动，作出了极大贡献，在此表示衷心感谢。

本指南仅基于2020年8月前的信息和数据组织编写，敬请各位读者在阅读和使用时，充分考虑相关信息、数据、法律、政策可能出现的变化和更新。同时，希望走进巴西的中国工程建设企业严格遵守巴西政策法规，加强与驻巴西使领馆、中国驻巴西企业、专业咨询机构沟通交流，既要将中国先进的管理带入巴西，又要主动实现入乡随俗、行稳致远，不断提升在巴西的合规运营水平，有效规避和化解各类运营风险，展现中国企业的管理实力和良好的企业品牌形象。

本书编写过程中由于时间有限，会存在一些疏漏，敬请给予批评指正，提出宝贵意见。

CONTENTS
目录

Chapter 1

第一章

境外工程建设合规管理的重要性

“合规”一词源于英文 compliance，是指企业行为符合法律法规及其内部规章制度和商业道德的要求。企业合规管理本质上是对企业内部的自我管理提出要求，不仅要求其合法合规，还要求其要遵守企业自己制定的规章和社会承认的商业道德。近年来，随着中国“走出去”战略、“一带一路”倡议的推动，越来越多的企业走出国门，开始广泛参与跨国经营，而与此同时，越来越多的中国企业遭受海外合规处罚，引发了国内企业对于合规问题的关注和思考。

一、“合规”的起源

（一）企业合规思想的起源

合规思想最早可追溯到成立于1906年的美国食品和药物管理局（FDA）。该局当时对食品和药物安全的监管促使部分企业开始将合规视为企业运营的一部分。20世纪50年代，因为第二次世界大战后国际新秩序的形成，作为老牌工业强国的英国，其国土面积狭小，劳动力人口不足，为发展外向型经济和对外殖民统治，需要对外扩张本土企业。当时，对外投资先行的是金融企业，尽管当时的英国法律以及各个行业的法规规章相对比较完善，但对外投资要做到“入乡随俗”，英国本土的法规、企业规章和文化理念等已不适应投资所在国。在此背景之下，从国家、行业和人员三个层面考虑，英国率先推出了compliance（合规）。

（二）企业合规体系的诞生

20世纪60年代，美国电气设备行业的众多龙头企业及其高管遭遇串通抬价、瓜分市场等反垄断指控。仅1961年，就有29家公司和45名个人接受反垄断罚款。美国开始反垄断大潮，政府在该领域重拳出击，合规管理随着美国防止违反《反托拉斯法》（反垄断）的政策实施进程而得到了普及，在当时促使很多企业开始建立反垄断合规体系。

（三）企业专项合规体系的建设

20世纪70年代，美国出现了系列财务丑闻，爆发了水门事件。当时对水门事件的调查结果显示，1972年总统选举过程中，大量企业进行了非法政治捐献，企业界贿赂、回扣成风。证券交易委员会对水门事件的进一步调查还发现了跨国企业为获取交易机会，使用公司资金贿赂外国政府官员的证据。为此，证券交易委员会在1977年颁布了《反海外腐败法》，要求上市公司在贿赂、回扣、记账和其他方面执行更为正式的合规政策，尤其在财务记录和资产分配方面。《反海外腐败法》在合规的世界发展史上具有标志性意义，一方面是因为该法在反腐败领域具有广泛的域外管辖效力，至今仍然是悬在各跨国企业头上的“达摩克里斯之剑”；另一方面是因为该法要求企业对资金往来进行准确的会计记录，从而直接介入了企业财务内控体系的建设。

20世纪80年代是美国各领域合规问题多发的时代，这也反过来推动了企业在问题领域的专项合规体系建设。1986年，美国发布了《环境审计政策声明》，将企业环保作为合规工作要点，鼓励公司对设备使用是否符合环保要求进行系统、定期和客观的检查，以确保公司合规体系的有效性，发现潜在的环保违规问题。这一年，美国军火企业联合起草了《国防工业的商业伦理与企业活动精神》，将自觉履行合规管理制度作为企业自律的要求。1988年，美国又通过《内幕交易与证券欺诈取缔法》，进一步防止证券内幕交易。这一系列专项法案的制定，推动了企业在问题领域专项合规体系的建设。

二、合规体系的成型与完善

（一）企业合规体系的成型

20世纪90年代以前的合规多集中在某些具体领域，从90年代开始，企业全面合规体系建设逐渐成型。标志性的事件是1991年美国量刑委员会发布的《针对机构实体联邦量刑指南》。

1991 年，美国制定了《针对机构实体联邦量刑指南》（以下简称《量刑指南》），主张将机构实体是否具备完善的合规体系作为减轻刑事责任的重要考量。《量刑指南》规定了衡量机构实体合规体系是否完善的七项标准，具体包括：

（1）建立合理的标准和程序，以预防和发现犯罪行为。

（2）机构实体领导层必须了解合规体系的内容和运行，合理监督合规体系的执行和有效性。机构实体管理层必须保证自身具备有效的合规体系。高级管理人员个人则应当对合规体系整体负责。机构实体中的个人应当承担合规体系的日常运作责任，定期向包括领导层在内的上级汇报合规体系的有效性。为完成上述职责，必须为个人配备足够的资源、适当的权限和向包括领导层在内的上级汇报的直接渠道。

（3）机构实体应尽力将任何有违法行为或者违反合规体系要求行为的个人排除出组织的实权岗位。

（4）根据受众的岗位和职责，通过培训项目和信息传播定期务实地向公司领导层、管理层、经理层、普通员工乃至代理人宣传合规体系标准、程序和其他各个方面。

（5）机构实体应当采取合理行动实现以下目标：1）确保机构实体的合规体系得到遵守，包括监督和审计以发现犯罪行为；2）定期评估合规体系有效性；3）建立并公开匿名或保密举报系统，以保证员工或者代理人可以就犯罪行为进行举报或者寻求指导时没有后顾之忧。

（6）激励合规行为，惩罚参与犯罪行为或者未采取合理措施避免、发现犯罪行为，以在整个机构实体范围内持续推广和执行合规体系。

（7）一旦发现犯罪行为，机构实体必须采取合理措施加以应对，并防止将来类似犯罪的发生，包括对机构实体的合规体系进行必要调整。

《量刑指南》的出台标志着现代合规理念与合规标准的成型，在美国乃至世界现代合规发展史上具有里程碑式的意义。企业按照《量刑指南》的合规标准审查现有合规体系，而此前尚未建立全面合规体系的企业则开始按照《量刑指南》的要求建立合规体系。

1992 年，关于通过控制危险废物跨越国境的转移和处置来防止危险废物对环境和人体健康造成危害的全球性国际公约《巴塞尔公约》开始生效，目前已经有 187 个国家签署。

1995 年，联合国首次提出“全球契约”的构想，号召企业以承诺遵守国际行为准则的方式，使经济活动兼顾社会公益，承担相关社会责任。2004 年，全球契约扩充形成人权、劳工标准、环境、反贪污四个方面的十项基本原则。

1997 年，经济合作与发展组织（OECD）成员国达成《OECD 反对国际商业活动中向海外政府官员行贿行为公约》。

（二）企业合规体系的规范

21 世纪最初的 5 年是违规丑闻频发的黑暗时期，同时也是合规发展的黄金时期。

2001—2002 年，安然有限公司和世界通信公司等企业发生财务造假丑闻，暴露出美国上市公司治理和财务审计方面存在的严重问题。为加强公司监管、重振投资者信心，美国国会于 2002 年通过《萨班斯-奥克斯利法案》，对美国上市公司财务监管中存在的问题进行了针对性规定。

作为美国国内法的《萨班斯-奥克斯利法案》适用于所有在美国上市和准备赴美上市的公司，包括外国公司，如中国的新浪、搜狐等，因而对世界范围内的企业经营和合规管理产生了深远影响。

2004 年，巴塞尔银行监管委员会颁布《巴塞尔协议》，鼓励银行不仅要识别当前的风险，而且要识别将来的风险，并且改进现有的风险管理体系来管理这些风险。2005 年，巴塞尔银行监管委员会又发布了《合规与银行内部合规部门》高级文件。

这一时期对合规发展产生重要影响的，还包括 2004 年修订后的《针对机构实体联邦量刑指南》。修订后的《量刑指南》在原先七项标准的基础上，为评估合规体系的有效性规定了更为细致和严格的要求，包括但不限于：培养诚信合规的组织文化；强调管理层对合规体系的监督；加强员工合规培训和宣介；建立内外部风险评估机制等。

（三）企业合规体系的发展和完善

肇端于 2007 年的次贷危机席卷全美，导致贝尔斯登公司和雷曼兄弟公司两家投行破产，并引发美国自大萧条时代以来最严重的失业和股灾。为避免经济危机进一步加剧，美国政府出资超过 7000 亿美元购买华尔街不良资产，救助房地产、汽车和银行等行业，但也导致民众财富缩水。为遏制金融违规、挽回公众信任，美国国会于 2010 年通过了《多德-弗兰克华尔街改革和消费者保护法案》（以下简称《多德-弗兰克法案》）。

该法案的规则覆盖了几乎整个金融业和国民经济，包括但不限于：商业贷款、消费贷款、金融衍生品、证券公司、对冲基金、投资银行、检举人，旨在改善金融行业责任制和透明度，避免再次发生经济危机，是美国金融业自大萧条以来最为深远的一次改革。

《多德-弗兰克法案》第 922 款规定，如果执法回收金额超过 100 万美元，那么美国证券交易委员会必须向提供证券违规举报原始信息的举报人发放 10%～30% 的奖励金。法案中此类鼓励举报的规定，促使企业进一步加强合规体系建设。

反腐败合规在这一阶段再次成为热点。以美国对德国西门子公司的反腐败执法案为代表，美国司法部和证券交易委员会在这一时期对大量跨国公司进行了反腐败调查和执法。受《反海外腐败法》巨额罚款的警示（西门子被罚约16亿美元）和会计条款的要求，众多企业不断加强自身的反腐败合规体系建设。

2010年，《量刑指南》再次修订，此次修订强调了合规官的独立性，对企业合规体系建设产生了不小的影响。

2010年，OECD颁布《内控、道德与合规最佳行为指南》，要求企业制定明确的政策来禁止海外贿赂，制定针对所有员工的合规执行体系、相关交流和培训机制、完善的举报制度等。

2014年，国际标准化组织（ISO）发布实施了《合规管理体系指南》(ISO 19600)，将合规管理分为建立和改进两部分，包括确定合规范围、建立合规方针、评估合规风险、制定应对计划、实施和控制、评估和报告、持续改进等阶段，为所有规模和类型的企业建立有效的合规管理体系提出了指导性建议。

2014年，亚太经合组织（APEC）通过了《北京反腐败宣言》《亚太经合组织预防贿赂和反贿赂法律执行准则》《亚太经合组织有效和自愿的公司合规项目基本要素》。

2016年，ISO组织颁布了《反贿赂管理体系——要求和使用指南》(ISO 37001：2016)，对于企业运营中可能存在的不正当的利益往来行为，阐述了预防、发现和应对措施。

2019年，《量刑指南》更新版明确提出了12项评估合规体系有效性的指标，并在《商业组织联邦起诉原则》中明确提出了三个评价标准：合规体系是否设计良好？是否有效实施？是否实际发挥作用？

到目前为止，经营合规的概念已经深入商业领域的各个方面，各个国际组织都为构建全世界范围内公平、公正的合法合规经营环境不断地努力着。而反过来对企业而言，经营风险不可能完全杜绝，却可以利用已尽合规义务的规则来保护自身，并且利用合规管理规则来加强企业建设。可以说，合规潮流不可逆，主动拥抱使用才是正确的做法。

点评：

从合规的起源到完善成型这近一个世纪以来的发展历程中，我们可以看到企业的合规从最初经济法的各领域，如反垄断法、证券和金融监管以及跨国商业行为，到现在已经扩展到经济和社会规制的各个领域。它从不同的企业和部门兴起，从最开始的分流和不同目标，在20世纪90年代，最终汇总成干流，初步形成相对完整的体系，而目前已经成为各国家、地区乃至全球商业组织和法律部门的共享制度。每一次合规的演变都是各个历史大事件的迭代结果，各个国家和组织都努力地从失败事件中总结经验，以完善并形成达成共识的合规规范。

站在企业的立场上，合规更多和“风险管理”“内控体系”联系在一起（后文将阐述这三者的关系）。对于风险事件而言，每一个风险事件有危又有机，危与机是共存的孪生兄弟。每一次事件，不只是事故，同时也是改进的契机，是推动前进的最深刻动力。因此，每个企业经营者都应充分意识到以下几点：

1. 合规要求不是对企业的约束，它最终的目标是引导全球商业环境朝健康有序、公平公正的方向发展。

2. 只有融入全球商业规则中，成为其中的合格一分子，才能接入全球的供应链环境，获取更多的业务机会，也同时能规避更多的风险。可以说，企业成为“合规组织”是参与全球竞争的最基本条件。

3. 注重企业发展过程中或者同行业中的每一次大事件，这是完善企业运行机制、规避运营风险的最好时机。

“走出去”与“全球性协作”是不可逆转的趋势，因时势而勃发的中国合规管理成为我国各个企业在国际化进程中的实践热点。但是源于美国并扩展到世界范围内的这一制度，在国内推行的时候的确有许多值得检讨的地方。中国式的公司治理、法治水平和大陆法系的制度局限性，限制了合规的作用发挥。然而，相对于开拓者，我们是幸运的，是站在前人的肩膀上去处理合规问题。这正是我们向前迈进的最准确方向。

三、合规管理的基本概念

顾名思义，合规管理是指为了合乎规范而进行的管理。合规是指企业及其员工的经营管理行为符合有关法律法规、国际条约、监管规定、行业准则、商业惯例、道德规范和企业依法制定的章程及规章制度等要求。企业通过制定合规政策，按照内部规范的要求统一制定并持续修改合规规范，监督内部规范的执行，以增强内部合规控制；对违规行为进行持续识别、监测、预警、防范、控制、化解合规风险的一整套管理活动和机制。

合规管理包括组织内部的自我审查和来自外部组织的监管，其主要内容包括（但不限于）：合规管理制度建设、合规文化建设、合规信息系统建设、合规咨询、合规培训、合规审核、合规审计、合规检查、合规考核、合规评价、合规报告、法律法规追踪、投诉举报处理、监管配合和合规问责等。

四、合规管理的意义

（一）中国当前合规管理的现状

合规管理理念和实践于20世纪70年代末由“三资”企业引入中国。就合规监管而言，我国也经历了由金融机构逐步向其他行业扩散的过程，目前政府对于企业合规管理体系的建设十分重视，要求各行业都应加强企业合规管理，完善企业合规建设。如：

2006年10月，中国银监会颁布了《商业银行合规风险管理指引》，为商业银行合规风险的管理提出了指引。

2016年4月，国务院国资委印发了《关于在部分中央企业开展合规管理体系建设试点工作的通知》。通知指出，企业合规管理在中国移动、中国石油、东方电气集团、招商局集团、中国中铁等五家中央企业开始试点。

然而，和跨国企业相比，中国企业在合规问题的处理上非常落后，很多中小企业乃至部分大企业甚至不知道合规管理的概念，而相对重视合规管理的企业，如华为、中兴和中国铁建等，其合规管理体系的构建也还处于起步阶段。同时，我国对企业经营合规方面的相关法律法规也并不十分健全。

2008年以来，随着中国企业大规模“走出去”，更是大量出现了因对遵守国际上通行规则与非通行规则的认识不足或者理解不到位而不合规的商业行为，导致企业受到经营所在地政府或者国际组织的制裁，这不仅给企业造成经济与声誉损失，还给中国企业国际形象带来负面影响。

近年来，随着“一带一路”倡议的推进，更多的中国企业离开熟悉的国内市场环境，参与到全球市场竞争当中，而全球反腐力度及合规经营的要求不断加强，这使中国企业面临的境外经营合规风险越来越大。

2004 年至 2019 年 6 月，世界银行就制裁了 52 家中国企业（一家企业内直接或间接控制的多家企业被制裁，计算为一家企业）。另外，世行还对 8 名个人进行制裁。这其中有 18 家企业和 4 名个人因受到国际开发银行制裁再被世行实施交叉制裁。被世行制裁的中国企业中，如果对一家企业内直接或间接控制的企业进行独立统计，被制裁的中国企业已有 900 家之多。

2019 年 5 月 14 日，世行公布了对总部位于上海的思源电气股份有限公司做出除名的制裁决定。思源电气被制裁后不到一个月时间，世行在 2019 年 6 月 5 日又公布了对中国铁建股份有限公司及其所有附属公司、中铁二十三局集团有限公司、中国铁建国际有限公司及 730 家控股子公司做出除名的制裁决定。一家企业内受到制裁的附属公司数量之多，让人非常震惊。这打破了世行在 2013 年对加拿大兰万灵公司及其 133 家子公司制裁的纪录。

不只是来自世行的处罚，年产值上千亿元的通信行业骨干企业中兴通讯，被美国政府处罚 14.9 亿美元的同时，被列入美国禁售制裁名单，几乎濒临倒闭。同样是中国通信行业领头羊的华为也一直受到美国相关监管机构的调查，这为“走出去”的中国企业在合规管理方面敲响了警钟。

（二）国家对企业境外经营合规管理的重视

国家对企业境外经营合规管理越来越重视，近年来陆续出台了规范企业境外经营行为、提升企业合规管理水平的方针政策，详见表 1-1。

表 1-1 中国政府近年来发布的合规要求

时间	机构	事项
2010 年 8 月	商务部、外交部、国家发展改革委、公安部、国务院国资委、安全监管总局、全国工商联	·印发《境外中资企业机构和人员安全管理规定》 进一步加强新形势下境外中资企业机构和人员安全保护工作，保障“走出去”战略的顺利实施。
2011 年 7 月	国务院国资委	·发布《中央企业境外国有资产监督管理暂行办法》 目的是规范境外企业经营行为，维护境外国有资产权益，防止国有资产流失。
2013 年 2 月	商务部、环境保护部	·《对外投资合作环境保护指南》 引导企业积极履行环境保护社会责任，推动对外投资合作可持续发展。
2013 年 3 月	商务部	·《规范对外投资合作领域竞争行为的规定》 促进对外投资合作业务健康和可持续发展，规范企业海外经营行为，鼓励和保护公平竞争，杜绝不正当竞争行为，提升对外投资合作企业管理水平和竞争能力。
2014 年 1 月	商务部、财政部	·审议通过《对外劳务合作风险处置备用金管理办法（试行）》 目的是规范对外劳务合作企业的经营行为，保障外派劳务人员合法权益。
2014 年 8 月	商务部	·审议通过《境外投资管理办法》 促进和规范境外投资，提高境外投资便利化水平。

续 表

时间	机 构	事 项
2017年5月	中央全面深化改革领导小组	·审议通过《关于规范企业海外经营行为的若干意见》 提出要“加强企业海外经营行为合规制度建设”。
2017年12月	国家发展改革委、商务部、人民银行、外交部、全国工商联	·发布《民营企业境外投资经营行为规范》 从完善经营管理体系、依法合规诚信经营、切实履行社会责任、注重资源环境保护和加强境外风险防控等五方面对民营企业境外投资经营活动进行引导和规范。
2017年12月	国家发展改革委	·发布《企业境外投资管理办法》 加强境外投资宏观指导，优化境外投资综合服务，完善境外投资全程监管，促进境外投资持续健康发展。
2017年12月	国家质量监督检验检疫总局、国家标准化管理委员会	·颁布ISO 19600《合规管理体系指南》(GB/T 35770—2017/ISO 19600：2014) 为企业全面系统地建设合规管理体系提供了具体指南。
2018年11月	国务院国资委	·印发关于《中央企业合规管理指引(试行)》的通知 对中央企业的合规管理体系建设提出了要求和建议。
2018年12月	国家发展改革委等7部委	·联合发布实施了《企业境外经营管理指引》 对于推动企业持续提升合规管理水平提供更加具体的行动指引。

近些年来，中国政府也更加积极地参与全球反腐败与合规管理的国际合作。2014 年亚太经合组织（APEC）北京会议通过了《北京反腐败宣言》(以下简称宣言)，中国是《宣言》的发起者和参与者。此外，中国还参与发起并通过了《亚太经合组织预防贿赂和反贿赂法律执行准则》《亚太经合组织有效和自愿的公司合规项目基本要素》等重要文件。同时，中国也积极加入世界级别的各类公约，如《联合国反腐败公约》《国际商务交易中打击勒索和贿赂行为准则》等。作为成员国的中国企业，必然要顺应全球合规治理加强的大趋势，履行公约所规定的义务，积极预防和应对商业贿赂，树立和维护国家形象。

(三) 中国企业境外经营合规管理的重要意义

合规管理是企业稳健经营运行的内在要求，也是防范违规风险的基本前提，是每一个企业都必须重视且进行管理的一部分，也是保障自身利益的有力武器。

合规化管理是规范员工行为的有效手段，通过建构科学的企业合规文化以及合规体系，有利于让员工养成合规化的习惯，避免违规风险。同时在制度层面向广大员工普及合规管理的相关条例，有利于让员工自觉自律地避免违规化操作。

合规管理可以防止决策失误，领导者的权限较大，再小的决策错误都有可能引发公司的多米诺骨牌效应，合规化管理通过约束高层领导人员的相关行为能够最大限度地减少决策失误带来的经营风险。

对于境外经营的中国企业来说，合规管理还有着更多更高层次的意义。

1. 树立和维护国家形象的需要

跨国企业虽然具有国际性，并且遵循基本的商业逻辑行事，但在以国家为主体的当代世界中，让人产生的第一印象还是其国家形象。如果中国企业在“走出去”的时候能够塑造一个遵规、亲和、友善、负责的形象，就会减少许多冲突和困境。因此，建立合规体系并使其有效运行，是使企业所有商业活动始终保持合法合规的基本保障，是中国企业在境外经营时，树立和维护国家整体形象、促进企业国际声誉的最基本条件。

2. 文化融入的需要

在国际市场上，我国企业在工程建设领域技术方面的差距并不大，但在管理和文化层面还有很大差距。因此，建设与国际经营接轨的先进企业文化，转变思想观念、改变思维方式，成为我们参与国际竞争的关键因素。

在合规经营、反对腐败成为主流价值观的大背景下，我们首先要创新的就是合规文化。要把文化理念转变为行为，需要通过建立系统的制度，将合规要求融入具体的工作流程及岗位中，持之以恒地严格执行。将表面的合规管理逐渐变成习惯，形成一种严谨的行为方式。通过合规制度的建立与执行以及合规文化的培育，将管理文化由任意型、粗放型向信誉型、集约型转变。

中国文化比较强调变通、灵活，有时候这是优点，有时候就容易出问题。企业要想真正融入国际大家庭、实现做强做优，就必须对自己的行为方式和道德文化进行认真反思和总结，学会遵守国际游戏规则，才有可能自立于世界大企业之林。

3. 市场竞争的需要

随着不断的发展壮大，一部分中国企业已处于发展变革的重要阶段。在这个阶段中，一是面临更多、更复杂的合规风险，二是在合规要求更严格的环境下参与市场竞争是未来的发展趋势，这就决定我们只有走合规经营之路，才能防范合规风险，才能在世界范围内和发达国家跨国公司竞争。而合规经营反过来又能提升企业的信誉，从而增强国际竞争能力。通过行为的合规进一步保障执行结果正确，这也是提升企业经营质量的必选之路。

4. **防范政治风险的需要**

在和平时期，国家之间的竞争主要体现在经济领域的竞争，而经济领域的竞争则突出表现在大企业之间的竞争。

在世界格局中占主导地位的美国和西方国家，用冷战思维遏制中国的崛起。在国际市场上，作为后起之秀的中国企业，一举一动都备受关注，一旦出现失误就会被无限放大，削弱我们的市场竞争力，遏制我们的发展壮大。

西方国家冷战思维的特点之一就是寻找中国企业与西方企业的差异，并在中国企业的软肋上大做文章，突出中国企业的弊端，从“软实力”上削弱我们的竞争力，破坏我们的国际形象，从而阻挠我们走向国际市场。

因此，中国企业在境外经营中做好合规管理，对于应对西方国家的“经济冷战”也有积极意义。

（四）工程建设企业境外经营合规管理的重要性

在“走出去”的中国企业中，80% 属于工程建设企业。而这些“走出去”的企业有的因合规导致的问题，已经造成了巨大的经济和声誉损失。如，因合规问题被世界银行制裁的中国企业的行业统计分布来看，99% 以上的企业是从事基础设施建设、工程建设类。如果这些企业因不合规被世行除名制裁，不仅不能承接世行及其他多边开发银行资助的项目，还可能引起他国政府、当地企业及金融机构的关注，或设置不利的合作条件。这不仅会影响我国企业进一步参与相关国家和地区的项目与商业合作机会，还会影响我国“一带一路”倡议的顺利推进，甚至影响国家推动企业“走出去”服务对外开放的大局，必须引起相关企业的高度重视。

因此，工程建设企业建立健全合规管理体系和制度，对于提升“走出去”企业整体合规管理水平至关重要。企业应充分重视合规问题，建立起工程建设企业境外经营合规管理的行业标准、体系指南。

五、合规管理与风险管理和企业内部控制的关系

（一）三者的含义

1. 合规管理

合规管理的定义如前文所述。

2. 内部控制

内部控制是指企业和各个组织在经济活动中建立的一种相互制约的业务组织形式和职责分工制度。为了实现企业经营目标，保障资产的安全、完整，保证会计信息资料的准确可靠，确保企业经营方针的贯彻执行和经营活动的经济性、效率性、效果性而在企业内部采取的自我调整、约束、规划、评价和控制的一系列方法、程序与措施的总称。

1980 年后，美国 COSO 委员会（全美反舞弊性财务报告委员会发起组织）将“内部控制”定义为“一个组织设计并实施的一个程序，以便为达到该组织的经营目标提供合理保障”。

在 COSO 委员会制定的内部控制框架中，把内部控制活动分成五大组成部分，即：控制环境、风险评估、控制活动、信息与交流和监

督评审。

2002 年，美国成立的上市公司会计监管委员会（PCAOB）明确采用了 COSO 内控框架作为内控评价的标准体系。许多国家和地区的资本市场也采用了 COSO 内控框架，有些国家和地区在参照该框架的基础上建立了自己的内控体系。

我国在 2005 年先后出台了《上交所上市公司内部控制指引》和《深交所上市公司内部控制指引》两个文件。上述两个文件参照了美国 SOX 法案的要求，在理论体系上和 COSO 内控框架一脉相承。

3. 风险管理

风险管理是指通过对风险的识别、评估，选择最有效的应对方式，在事前主动地、有目的地、有计划地处理风险，以最小成本争取获得最大安全保证的管理方法。

企业风险管理理论发展大致分为三个阶段。

第一阶段：以“安全和保险”为特征的风险管理。100 多年前，航运企业风险管理的主要措施就是通过保险把风险转移给保险公司。

第二阶段：以“内部控制和控制纯粹风险”为特征的风险管理。随着工业革命的发展，公司对业务管理和流程方面的内部控制提出了要求。美国 1977 年的《反国外贿赂法》要求公司管理层加强内部会计控制；1992 年的《COSO 内部控制综合框架》提出以财务管理为主线的内部控制系统。

第三阶段：以“风险管理战略与企业总体发展战略紧密结合”为特征的全面风险管理。风险管理实践表明，仅靠内部控制难以实现企业的最终目标。为此，COSO 于 2004 年 9 月出台了《COSO 企业全面风险管理整合框架》(ERM)，提出了由三个维度构成的风险管理整合框架。

国务院国资委于 2006 年发布《中央企业全面风险管理指引》，标志着我国中央企业建立全面风险管理体系工作的启动。

（二）三者的侧重点

合规管理是内部控制的一个重要方面，也是风险管理的一个关键环节。内控制度的完善离不开合规化的管理及操作。这三者各有侧重点，详见表 1-2。

表 1-2　合规管理、内部控制与风险管理的侧重点

合规管理	内部控制	风险管理
1. 反商业贿赂、反欺诈、反舞弊； 2. 反垄断、反不正当竞争、反洗钱； 3. 贸易管制、海关估值、转移定价； 4. 数据安全、信息保护、隐私保护； 5. 高管刑事责任； 6. 税务合规； 7. 安全健康环保； 8. 知识产权保护	1. 组织架构的设计与运行； 2. 发展战略的制定与实施； 3. 人力资源的引进与开发、使用与退出； 4. 安全生产、产品质量、环境保护与资源节约、促进就业与员工权益保护； 5. 企业文化的建设与评估； 6. 资金活动：筹资、投资和资金营运； 7. 采购业务：购买、付款； 8. 资产管理：存货、固定资产、无形资产； 9. 销售业务：销售、收款； 10. 研究与开发：立项与研究、开发与保护； 11. 工程项目：立项、招标、造价、工程建设、工程验收； 12. 担保业务：调查评估与审批、执行与监控； 13. 业务外包：承包方选择、外包实施； 14. 财务报告：编制、对外提供、分析利用； 15. 全面预算：编制、执行、考核； 16. 合同管理：合同订立、履行； 17. 内部信息传递：内部报告的形成、内部报告的使用； 18. 信息系统：开发、运行与维护	1. 战略风险； 2. 财务风险； 3. 市场风险； 4. 运营风险； 5. 法律风险； 6. 环境风险； 7. 政策风险； 8. 技术风险

合规管理的核心，是“不合规，企业及相关利益主体将遭遇声誉损害、高额赔偿，乃至刑事处罚”。将企业和个人行为纳入合规管理体系中，保障主体不因不合规而遭受以上损失，这是合规管理的驱动力，也是合规管理的内在核心。至于合规可创造价值，完善的合规体系可成为减轻责任的抗辩理由，则是锦上添花的事。

内部控制的核心，是“通过内部控制五要素，对管理层及员工的行为进行约束，以尽可能实现企业的运营有效、报告可靠、合规这三大目标”。内部控制是帮助企业实现业绩和盈利目标，同时又保证企业出具的财务报告可靠和企业行为符合法律法规。

风险管理的核心，是“以可接受的成本保护和创造价值”。可接受的成本是指企业对风险的偏好程度，保护价值是指企业进行风险管理的基本目的，创造价值是指企业运用风险带来的机会，它是企业进行风险管理的高级目的。随着社会波动性、复杂性和模糊性日益增加，以及利益相关者的参与度越来越高，企业更加需要完善的风险管理机制来应对。将风险管理贯穿于整个企业会产生许多好处，包括增加新的机遇、识别和管理企业的风险、增加竞争优势、减少负面损失、降低绩效偏离度、改善资源部署、提升企业韧性等。近年来，基于风险导向的管理理念逐渐兴起，企业管理中常见的公司治理、企业文化、战略管理、绩效管理、危机管理等都可以用风险管理框架来更好地标准化、科学化。

（三）三者的关系

合规管理、内部控制、风险管理都是企业治理与管理必不可少的一部分。在经济与社会不确定性不断增加的情形下，以及处于政策作为经济与社会治理的重要手段不断加强的时代中，在历经一些惨痛教训之后，三者都越发显得重要。

与战略管理、营销管理、人力资源管理等职能与职责相比，合规管理、内部控制与风险管理在企业中偏向于基本保障、风险预防。如果将企业比喻为一辆向前行驶的车辆，那么合规管理、内部控制与风险管理应该类似于刹车、前后护栏、ABS 等组合在一起的功能。

合规管理、内部控制、风险管理侧重的视角不同。合规管理强调对规则（法律、规章制度、商业伦理、当地宗教和文化）的遵守；内部控制强调对行为（企业各层级、业务各环节）的限制；风险管理强调对未来不确定性事件的控制。

合规是内部控制要达到的目标之一，而内部控制则被涵盖在企业风险管理之内，是风险管理的一个基础和组成部分。因此，从三者的内涵来看，合规管理小于内部控制，内部控制小于风险管理。但从价值上来看，三者目前并不是可以相互取代的。

Chapter 2

第二章

巴西概况

一、地理位置和自然环境

（一）地理位置

巴西联邦共和国，通称巴西，是拉丁美洲最大的国家。其国土位于南美洲东部，毗邻大西洋，面积 8515767 平方千米，世界第五大，仅次于俄罗斯、加拿大、中国及美国。巴西和乌拉圭、阿根廷、巴拉圭、玻利维亚、秘鲁、哥伦比亚、委内瑞拉、圭亚那、苏里南及法属圭亚那接壤。

（二）气候环境

巴西国土大部分位于赤道和南回归线之间，全境大部分为热带气候。北部是世界上面积最大的平原——亚马孙平原，多为热带雨林气候，降水丰沛，平原东北部略为干燥。南部为世界上最大的高原——巴西高原，以热带草原气候为主，首都巴西利亚位于高原之上。南端纬度较高，多丘陵、平原，多为亚热带湿润气候，偶见霜雪，大部分人口居住于此，是农业基地。大西洋沿岸有数条山脉，最高海拔 2900 米。北部圭亚那高原的内布利纳峰海拔 3014 米，为全境最高点。境内亚马孙河是世界上流量最大的河流。巴拉那河是南美洲第二大河，著名的伊瓜苏瀑布就位于其支流上。

二、社会文化环境

（一）民族

巴西总人口数 2. 118 亿（2020 年）。数据显示，大西洋沿岸人口稠密，内陆地区较为稀少。东南地区是巴西人口最多的地区，约有8000多万，占巴西人口总数的38%。巴西三个人口最多的州都集中在东南地区，其中：圣保罗州4628.9万人，米纳斯吉拉斯州2122.9万人，里约热内卢州1736.6万人。在圣保罗和里约的交界地带形成了以圣保罗、里约为支柱的商业地带，聚集了约23%的巴西人口，为巴西人口密度最大的地区。

巴西是多民族国家，种族和文化差异显著。2019年全国家庭抽样调查数据显示，总人口中，白种人占53.74%，黑白混血人种（棕色）占38.45%，黑种人占6.21%，黄种人和印第安人占1.6%。

巴西南部居民多有欧洲血统，可溯源到19世纪初来自意大利、德国、波兰、西班牙、乌克兰和葡萄牙等国的移民。巴西还有德国人、西班牙人、日本人、叙利亚人、黎巴嫩人、中国人及东南亚人。东南地区是巴西民族分布最广泛的地区，该地区主要有高加索人（主要是葡萄牙后裔和意大利后裔）、混血人、非洲巴西混血以及亚洲和印第安人后代。而北部和东北部的居民部分是土著，部分具有欧洲或非洲血统。

19世纪，欧洲和亚洲的移民化开始受到刺激。在整个巴西，巴西人、葡萄牙人和非洲人频繁混血。1818年德国人开始来到巴西；1875年意大利人，1880年西班牙人，20世纪初日本人、叙利亚人和黎巴嫩人相继来到这里。

19世纪末20世纪初，种植园以及刚刚兴起的巴西工业都需要大量的劳动力，东南地区发生了巴西最大的移民潮。1884—1962年间，迁居巴西的移民达497万多人，主要来自葡萄牙、西班牙、意大利、德国、法国、波兰和阿拉伯国家，其中意大利人和葡萄牙人是这次移民中的主要组成部分。

巴西黄种人主要来自日本、朝鲜和中国。巴西约有25万华人，主要集中在圣保罗和里约热内卢，以从事贸易活动为主，多经营餐厅、超市、电子产品等。华人工作勤奋、处事低调、为人友善，较好地融入巴西本地生活，受到巴西人民欢迎。

作为一个多民族融合的移民国家，巴西包容性比较强，很少发生种族之间的矛盾和冲突，文化也具有多重民族的特性。尤其在音乐和舞蹈方面，独具特色。

（二）语言

巴西官方语言为葡萄牙语，西班牙语和英语是主要外语。

（三）宗教

巴西64.6%的居民信奉天主教，是世界上天主教徒最多的国家；22.2%的居民信奉基督教福音教派。少数居民信奉基督教新教和犹太教。教会、教堂和修道院甚多，对政治和社会生活影响极大。

企业在巴西从事生产经营活动，要自觉尊重巴西人的信教自由和宗教信仰。不要与巴西人谈论宗教及信仰问题，以免引起误会和矛盾。如当地雇员因宗教事宜请假，企业应予以理解和尊重，给予批准和支持。当地雇员有时会在工作前进行祈祷，以求工作平安、顺利，不要进行阻挠。

（四）习俗禁忌

巴西是由欧洲人、非洲人、印第安人、阿拉伯人以及东方人等多种民族组成的国家，但核心是葡萄牙血统的巴西人。另外，由于从西班牙、意大利等南欧国家来的移民在巴西占大多数，因此，巴西人的习俗和葡萄牙、南欧的习俗非常相似。

1. 社交礼仪

从民族性格来讲巴西人在待人接物上所表现出来的特点主要有两个方面：一方面，巴西人非常直率，喜欢直来直去，有什么就说什么；另一方面，巴西人大都活泼好动，幽默风趣。

巴西人在社交场合通常都以拥抱或者亲吻作为见面礼节，只有在十分正式的活动中才行握手礼。初次见面时，通常也以握手为礼，也可以拥抱、亲吻脸颊。社交礼仪的亲颊，是在两颊各亲一下。男女彼此亲颊问候，女士之间也习惯如此。然而，在大多数社交圈中，男士间彼此习惯握手，同时用左手在对方肩上拍一拍，以示亲热和关心。比较亲近的男士彼此习惯拥抱，在对方背上重重拍打。

巴西人对时间和工作的态度比较自由。与巴西人打交道时，如对方迟到，要予以谅解；而且，交谈中对方不提工作时，不要抢先谈工作的问题。巴西人没有“私人空间”的禁忌，他们能在非常近的距离下交谈。适于和巴西人谈论的话题可以是足球、笑话、趣闻等。另外，巴西人特别喜爱孩子，如果对方已为人父母，谈话中可以夸奖他的孩子。需要注意的是，巴西男人喜欢开玩笑，但作为客人应避开涉及当地民族的玩笑，对当地政治问题最好闭口不谈。

2. 商务礼仪

无论是访问政府机关还是私人机构，均需事先预约。与巴西商人进行商务谈判时，要准时赴约。

个人介绍通常以“早上好”或者“下午好”开头，然后是握手（特别是男士见面时）。与其他很多国家不同的是，在初次介绍时，专业头衔有时冠在名前，对于没有专业头衔的商界人士来说，“先生”加上姓更合适，这时应该递给对方名片，名片上最好有一面用葡萄牙语印制。

巴西人性格豪放，待人热情且有礼貌。跟巴西人社交时，拘谨的礼节一般会很快结束，各方马上可以开始彼此直呼其名。在谈论严肃的话题之前，通常会先进行一些闲聊。

在商业社交中，巴西人非常看重个人品行，对他们来说，品行往往比某一桩生意的细节更为重要。因此，在最后决定合同或其他安排前，都要同预期的合作伙伴或者客户见几次面，很少有通过电话或信函来完成重要交易的。

巴西人商务谈判进度较慢，而且更多的是基于私人交往。缓慢的谈判速度并不代表巴西人不了解工业技术或现代商业惯例；相反，在与巴西企业进行谈判前，应该充分做好谈判所需的各方面技术、资料等准备工作。巴西的办公时间通常是早九点到晚六点，但决策者上班较晚，下班也晚，因此给巴西管理人员打电话的最佳时段是上午十点到中午十二点，以及下午三点到五点。

3. 餐饮礼仪

商业午餐和晚餐在巴西很普遍，多为欧式西餐，通常包括四五道菜，为时近两个小时，但不太适合介绍性会面。午饭是一天里的主餐，晚饭通常在晚上八点进行。

巴西餐桌礼仪不像美国和欧洲那么严格。有些巴西人还会用大陆方式拿刀叉（一手总拿着叉子），有的则用美国方式（换手拿叉子）。表示用餐完毕应把餐具水平放在盘子上面。巴西人认为用手和手指直接接触食物“不干净”，应避免直接用手拿食物，如需用手拿食物可以借助餐巾或餐纸。

4. 服饰礼仪

巴西人主张在不同的场合里，人们的着装应当有所区别。在正式场合，巴西人很注重着装，因此穿着十分考究，讲究穿戴整齐，而且在重要的政务、商务等活动中，通常要穿西装或套裙。在一般的公共场合，男士至少要穿短衬衫、长西裤，女士则最好穿高领带袖的长裙。

5. **习俗禁忌**

蝴蝶在巴西是吉祥的象征。

巴西人擅长使用手语，而且他们的手语非常丰富复杂，甚至可以说，巴西人的个人交流主要是通过手势来完成的。但要注意，各国人对手势的理解是有偏差的，比如英美人所采用的表示“OK”的手势，在巴西人看来是非常不礼貌和“下流”的。

与巴西人打交道时，不宜向其赠送手帕或刀子。还应该注意的是，赠送礼物时一定要慎重选择颜色，避免选择禁忌颜色，在巴西紫色表示悲伤，黄色表示绝望，深咖啡色被认为会招来不幸。在接受巴西人赠送的礼品时要当面打开，不管喜不喜欢，都要向对方表示谢意。

（五）节假日

1. 法定节假日列表

巴西以节假日较多而闻名，既有全国性假日，也有地方性和行业性假日。全国性法定节假日见表2-1。

表2-1 巴西全国性法定节假日（2020年）一览表

日　期	中文名称	葡语名称	备注
1月1日	人民团结和平日	Confraternizacao Universal，Ano Novo	全国假日
2月24—25日	嘉年华会（狂欢节）	Carnaval	2月但日期不定（地方政府确定）
4月10日	耶稣受难日	Paixao de Cristo	全国假日
4月21日	独立英雄纪念日	Tiradentes	全国假日

续 表

日　期	中文名称	葡语名称	备注
5月1日	国际劳动节	Dia do Trabalho	全国假日
6月11日	基督圣体节	Corpus Christi	地方政府确定假日
9月7日	独立纪念日（国庆节）	Dia da Independencia	全国假日
10月12日	圣母节	NossaSenhoraAparecida	全国假日
11月2日	亡灵日（万圣节）	Finados	全国假日
	圣体节	Eucaristia	复活节后60天
11月15日	共和国成立纪念日	Proclamacao da Republica	全国假日
12月25日	圣诞节	Natal	全国假日

有的节假日具体时间并不固定，每年须根据最新公布的节假日通知执行。此外，还要关注巴西各州、市和行业单独的节日。

2. **工作日及工时**

巴西实行每周5.5天工作制，周一到周六上午是工作日。正常工作时间为每天8小时，每周44小时。

餐饮等服务行业如周日工作，一般会在下周一安排员工休息，并在集体协议或员工工作合同中规定。

3. **节假日加班**

巴西全国性节假日和地方性节假日尽量不要安排员工加班，尊重员工的休息和节假日自由安排的权利，在编制项目工期计划时要充分考虑当地的节假日情况，不要将节假日作为工作时间。

如果确因工作需要，安排员工节假日加班，需要事先征得员工同意，并向劳动者工会报备后，方可安排员工在节假日加班。员工节假日加班要给予双倍工资；否则，安排员工节假日加班为违法行为。

三、政治环境

（一）政治体制

1. 政体

巴西实行代议制民主政治体制。1988 年 10 月 5 日颁布的新宪法规定，总统由直接选举产生，取消总统直接颁布法令的权力。总统是国家元首和政府首脑兼武装部队总司令。1994 年和 1997 年议会通过宪法修正案，规定将总统任期缩短为四年，总统和各州长、市长均可连选连任。国民议会由联邦参议院和众议院组成，为国家最高权力机关和立法机构。内阁为政府行政机构，内阁成员由总统任命。

经过 20 多年的发展，巴西代议制民主政治体制基本稳固。民主运动党、自由阵线党、社会民主党组成的中右政党联盟长期执政。

20 世纪 90 年代末以来，中右政党联盟内部逐渐分化，左翼政治力量不断成熟壮大。

2002 年 10 月 26 日，最大的左翼政党劳工党人卢拉赢得大选，于 2003 年 1 月 1 日宣誓就任巴西第 40 任总统。卢拉是巴西历史上首位直选左翼总统。

2006 年 10 月，卢拉战胜社会民主党候选人阿尔克敏，获得连任，任期至 2010 年 12 月 31 日。

2010 年 10 月迪尔玛 · 罗塞芙作为劳工党候选人赢得大选，2011 年 1 月 1 日就任，任期至 2015 年 1 月 1 日。

2014 年 10 月，迪尔玛·罗塞芙连任巴西总统。2015 年 12 月 2 日，巴西众议院议长以罗塞芙违规向金融机构贷款，破坏了巴西财政为由，接受反对派的弹劾申请，正式启动对总统罗塞芙的弹劾程序。2016 年 5 月 12 日，罗塞芙总统因弹劾案暂时离职，副总统特梅尔出任代总统并组建临时政府。

2016 年 8 月 31 日，罗塞芙总统遭国会弹劾，特梅尔正式接任总统。

2018 年 10 月 28 日，巴西高等选举法院宣布，总统选举第二轮投票中，右翼小党社会自由党候选人雅伊尔·博索纳罗战胜劳工党候选人费尔南多·阿达，当选巴第 44 任总统。博索纳罗于 2019 年 1 月 1 日正式就职。

2. 宪法

巴西第一部帝国宪法于 1882 年产生。1988 年 10 月 5 日颁布的巴西历史上第八部宪法，规定总统由直接选举产生，任期五年，取消总统直接颁布法令的权力。在公民权利方面，宪法保障人身自由，废除刑罚，取消新闻检查，规定罢工合法，16 岁以上公民有选举权等。1994 年和 1997 年议会通过宪法修正案，将总统任期缩短为四年，总统和各州、市长均可连选连任。

3. 议会

国会是国家最高权力机构。其主要职能是：制定一切联邦法律；确定和平时期武装力量编制及兵力；制定全国和地区性的发展计划；宣布大赦令；授权总统宣布战争或和平；批准总统和副总统出访；批准或撤销总统签署的临时性法令、联邦干预或戒严令；审查总统及政府行政开支；批准总统签署国际条约；决定临时迁都等。国会由参、众两院组成。

两院议长、副议长每两年改选一次，可连选连任。参议长兼任联邦议会主席。参议员 81 人，每州 3 人，任期 8 年，每 4 年改选 1/3 或 2/3。众议员 513 人，任期 4 年，名额按各州人口比例确定，但最多不得超过 70 名，最少不低于 8 名。

4. 州市自治

巴西联邦共和国共分为 26 个州和 1 个联邦区（巴西利亚联邦区），州下设市，共有 5570 个市镇（2020 年 7 月）。

巴西州、市具有公法人地位，并在辖区内行使自治权。每个州、市都拥有自己的组织法，定义其政治架构，同时必须遵守联邦宪法和其所在州的州宪法的规定。每个州、市独立组织选举州长、市长及议会等，州长、市长负责组织本级政府部门构成。

市是联邦中最小的自治单位。虽然行政上的地位相同，但各个市之间的差异极大。里约热内卢、巴西利亚、萨尔瓦多的人口都超过 200 万，圣保罗更有 1200 万以上的人口居住；但一些市镇的人口却不足 2000 人。较大的城市联邦及市政府管理机构健全，小城市政府职能部门较少，一般到附近的大城市政府部门办理相关业务。

（二）主要党派

截至 2019 年 1 月，在巴西高等选举法院登记的政党有 33 个，主要有：

1. 巴西社会自由党

巴西社会自由党（PSL），执政党。1994 年 10 月成立，党员约 24 万。2018 年 4 月博索纳罗加入该党并于 10 月赢得总统大选，为众议院第二大党。对内，主张进行政治改革，严厉打击腐败，实行自由经济政策，扩大市场开放，恪守传统社会观，强力打击犯罪。对外，主张发展有利于提升国家经济科技附加值的双边关系。

2. 巴西共和国党

巴西共和国党（PR），执政联盟成员。2006 年 10 月成立，党员约 80 万。主张贸易保护主义和对市场进行适当干预。

3. 巴西民主运动党

巴西民主运动党（MDB），1965 年成立，党员约 236 万，为军政府时期唯一长期合法的反对党。对内，主张维护民主制度，实行土地改革和保护民族工业。主张社会公正，缩小贫富差距。对外主张执行独立的外交政策，尊重各国自决权。

4. 巴西劳工党

巴西劳工党（PT），主要反对党。1980 年 2 月成立，主要由城乡劳动者、工会领导人和知识分子组成，现有党员约 158 万人。该党政治上主张建设真正代表社会群体利益的政党，实行改革，保障劳动者的权益；经济上主张公平分配财富；对外主张各国相互尊重，加强国际合作，维护世界和平。主席为格莱西·霍夫曼。

5. 民主工党

民主工党（PDT），1979 年成立，前身为巴西工党的一部分，系社会党国际成员。主张实行多党制，工会独立，实行土改，消除贫富不均和扶助中小企业。对外主张民族独立，人民自决，各民族和平相处和不结盟。

6. 巴西共产党

巴西共产党（PC do B），1962 年从原“巴西的共产党”中分裂出来，将 1922 年 3 月 25 日作为建党日。主要成员是城乡劳动者、青年学生和自由职业者。1985 年 7 月获合法地位。

7. 其他政党

包括民主党、基督教社会党、民族动员党、巴西工党、巴西社会党、巴西共和党、绿党等。

（三）外交关系

1. 对外政策

巴西在拉丁美洲的政治与经济上占有举足轻重的地位，也是世界政经关系的重要角色。

巴西奉行独立自主、不干涉内政、尊重主权与领土完整、和平解决争端和友好共处的对外政策。主张世界多极化和国际关系民主化。

目前，巴西同 192 个国家建立外交关系。是联合国、世界贸易组织、美洲国家组织、拉美和加勒比国家共同体、南美国家联盟、南方共同市场等国际和地区组织以及金砖国家、二十国集团、七十七国集团等多边机制成员国，不结盟运动观察员。

积极促进和深化南共市发展，并以之为依托，联合安共体，推动成立南美国家联盟，大力推动南美及拉美一体化进程。主张加强联合国作用，积极推动安理会改革和扩大，争取成为安理会常任理事国。积极参与联合国维和行动。强烈呼吁国际社会加强反贫困合作，设立全球反贫困基金。重视与发展中大国合作，主张构建发展中大国合作机制，积极参与“G8+5”对话会，倡导成立“印度-巴西-南非三国论坛”，努力推动金砖国家对话。在世贸组织多哈回合谈判中，积极推动发展中国家间的协调与合作，维护共同利益。

2. 巴西同中国的关系

1974 年 8 月 15 日，中国与巴西建立外交关系。1993 年，两国建立战略伙伴关系。2012 年，两国关系提升为全面战略伙伴关系。中巴关系发展顺利，两国高层交往频繁。

中巴在国际事务中合作密切，在联合国、世贸组织、国际货币基金组织等国际组织以及二十国集团、金砖国家、“基础四国”等多边机制中就全球治理、国际经济金融体系改革、气候变化、新兴大国合作等重大国际问题保持良好沟通与协调。巴西政府一贯坚持一个中国政策，在台湾、涉藏等涉及我国核心利益的重大问题上予以理解和支持。

双方除互设大使馆外，在圣保罗、里约热内卢、累西腓设有总领馆，巴方在上海、广州和香港设有总领馆。两国有 47 对友好省州和友好城市。

（1）近年两国领导人互访。

2014 年 7 月 15 日，国家主席习近平抵达巴西利亚并同巴西总统罗塞夫会晤；7 月 16 日，国家主席习近平在巴西利亚会见巴西参议长卡列罗斯和众议长阿尔维斯。国家主席习近平出席在巴西福塔雷萨举行的金砖国家领导人第六次会晤。

2015 年 5 月 18 日，应巴西联邦共和国总统罗塞夫邀请，中国国务院总理李克强乘专机抵达巴西利亚空军基地，开始对巴西进行正式访问。

2017 年 8 月 31 日至 9 月 5 日，巴西总统特梅尔对中国进行国事访问并出席金砖国家领导人厦门会晤。9 月 1 日上午，国家主席习近平在北京人民大会堂与巴西总统特梅尔举行会谈。同日下午，国务院总理李克强在北京人民大会堂与巴西总统特梅尔举行会谈。

2019 年 10 月 24—25 日，巴西总统博索纳罗访华。10 月 25 日，国家主席习近平在北京人民大会堂同巴西总统博索纳罗会谈。同日，国务院总理李克强在北京人民大会堂与巴西总统博索纳罗举行会谈。

2019 年 11 月 10—15 日，金砖国家领导人第十一次会晤在巴西利亚举行，国家主席习近平出席在巴西利亚举行的金砖国家领导人第十一次会晤。11 月 13 日，国家主席习近平同巴西总统博索纳罗举行会谈。

（2）双方投资合作。

作为东西半球最有代表性的新兴市场经济体和最大的发展中国家，中国-巴西双边关系自建交以来发展势头良好。

中国自 2009 年以来始终是巴西第一大贸易伙伴，在巴西的投资也逐年增加。2017 年，中国超过美国成为巴西最大的国际直接投资（FDI）来源国。截至 2019 年 9 月，中国对巴西投资存量接近 800 亿美元，共有 300 余家中资企业在巴西投资兴业，其中包括 25 家世界 500 强企业。中国企业的投资领域正从农业、矿产等传统领域向价值链高端攀升，涉及能源、电力、制造业、科技创新等多个领域。基础设施合作是中国-巴西务实合作的重点方向之一，也是中巴互补互利性强的领域之一。中国在巴西基础设施项目的建设主体以国有企业或国有控股公司为主，集中在港口、电力和交通等领域。

在港口建设方面，招商局集团和中国交通建设集团在巴西建立了南北两大物流平台——巴拉那瓜港和圣路易斯港，提升巴西南北港口效率，便利商品运输。招商局集团于 2017 年 9 月以 9.25 亿美元收购了巴西第二大港口巴拉那瓜港 90% 的股权，并于 2018 年 2 月正式交割，以巴拉那瓜港为起点，在物流、高速公路、临港保税园区和城市社区综合开发等领域寻求投资机会。2018 年 3 月 16 日，中国交通建设集团和巴西托雷尔公司共同投资开发建设的圣路易斯港口项目奠基，该项目是中国在巴西交通基础设施领域的第一个绿地投资项目，以粮食、化肥、油品及散杂货运输为主，有望成为巴西最大的散杂货深水港之一。建成后，中国从巴西进口大豆的运输条件将得到极大改善，并在一定程度上带动巴西东北部地区经济的发展。

在电力方面，三峡集团和国家电网深耕巴西，影响力不断扩大。两者最初均通过收购发达国家在巴西电力企业的股份而进入巴西。三峡集团主营发电业务。2016 年 12 月，三峡集团完成了杜克能源巴西公司 100% 的股权交割（收购金额 12 亿美元），使其在巴西合资或控股拥有的装机容量达到 827 万千瓦。国家电网主营电网业务，2010 年设立巴西控股公司，陆续收购了巴西 14 家输电特许公司。2016 年 4 月，国家电网巴西控股公司独立参与的特里斯皮尔斯水电送出二期输电特许经营权项目成功中标，获得该项目 30 年特许经营权。2017 年 1 月，又完成了巴西 CPFL 能源公司 54.64% 股权（141.9 亿雷亚尔）的交割。此次收购也成为 2017 年中国电力企业对外投资金额最大的并购项目。截至 2019 年 5 月，国家电网在巴西投资额超过 124 亿美元，占其境外工程合同总额的 25%，实现了对巴西输电、配电和运营的整体产业链全覆盖。

在交通基础设施领域，来自中国的企业表现出极高的参与热情。2016 年 3 月，徐工机械中标巴西 56 台工程机械政府公路大型招标项目，利用这一契机，徐工机械可以将其包括起重机、挖掘机、装载机、压路机、平地机等在内的年产 7000 台工程机械产品的生产能力在巴西进行推广，进一步占有巴西市场。

目前，在巴西发展的中资企业已经超过 200 家。其中，石油领域有中石油、中石化、中海油、中国化工等中国四大油企；银行业中，工行、建行、中行、交行均在巴西设立了子行，国家开发银行也在巴西设有代表处；水电基础设施领域有国家电网、国家电投、葛洲坝、中电建、三峡公司和国家核电、东方电气；制造业有格力电器、徐工、三一、柳工、比亚迪、奇瑞；建筑工程类有中交、中铁、中铁建、中电建；航空服务业有海南航空；农业领域有丰原、中粮、重粮、大康；信息技术领域有华为、中兴、奇虎、百度等。基础设施、农业、服务业成为中国对巴西投资的新增长点，中信农业产业基金收购陶氏巴西种子业务，滴滴出行收购巴西最大的本土共享出行公司99等。

（3）产能合作。

中巴两国于2016年10月11日正式签署中巴扩大产能合作基金谅解备忘录，规模为200亿美元。中方和巴方将分别承担75%和25%的资金，并以1∶1的人员比例成立一个常设委员会。

2017年5月30日，中巴基金正式启动，用于支持基础设施、农业、技术创新等各领域的合作。

3. 巴西同美国的关系

巴西独立后，美国是第一个承认巴西的国家。巴西同美国保持着传统、密切的政治和经贸关系，主张在平等和相互尊重的基础上，同美建立“平等、成熟的伙伴关系”。美国是巴西主要贸易伙伴和最大债权国。2010年巴美贸易总额为467.11亿美元，占巴对外贸易总额的12.2%。截至2019年，美对巴累计投资598亿美元。

两国建立了外长和国防部长间的定期磋商制度。2011年3月，美国总统奥巴马访巴，双方宣布建立“全球伙伴关系”。2019年3月，博索纳罗总统访问美国，双方宣布建立“新型巴美伙伴关系”。2019

年7月，美国正式宣布巴西为“非北约主要盟友”。2020年3月，博索纳罗总统访问美国，并同美国总统特朗普举行会晤。

4. 巴西同欧盟的关系

巴西与欧盟政治、经济、文化关系密切，同欧盟建有政治磋商机制和战略伙伴关系。欧盟作为整体是巴西最大的贸易伙伴和外国对巴西直接投资的最大来源地区。巴欧贸易额约占巴西外贸总额的25%，欧盟对巴西投资超过巴吸收外资总额的40%。巴西主张积极发展同欧盟国家的关系，认为欧盟是巴西全球外交格局中“不可替代的组成部分”，认为保持与欧盟的政治对话对巩固多边国际体系具有重大意义，对推动南方共同市场与欧盟组建跨大西洋贸易区持积极态度。

5. 巴西同拉美的关系

巴西奉行睦邻友好政策，把发展与拉美国家的关系、推动本地区政治团结和经济一体化进程作为其外交工作的重点。呼吁南美国家团结协作，共同努力消除饥饿、贫困、文盲、失业等社会痼疾，合作打击恐怖主义、毒品走私、有组织犯罪等。积极推动南方共同市场发展，并以此为依托，联合其他南美国家推动成立了南美国家联盟、南方银行、南美国家防务理事会、南美卫生理事会等地区性组织机构。

6. 巴西同日本的关系

日本是巴西发展与亚太地区国家关系的重点之一，也是巴西在亚洲的重要贸易伙伴和投资来源国。巴、日两国签有移民协议，日本在巴西拥有海外最大侨社，旅巴日侨和日裔约有150万人，巴西在日本拥有海外第三大侨社。20世纪90年代后期，两国贸易额下降，日本对巴西投资和参与巴西私有化的活动减少。

7. 同俄罗斯和东欧国家的关系

巴西重视俄罗斯的大国地位和对国际事务的影响。2000 年，巴俄正式启动了两国副总统-总理级高级合作委员会，确立了面向 21 世纪的两国关系框架，双边关系进入新的发展阶段。巴西与独联体各国都建立了外交关系，主动发展双边经贸和科技合作，其中较为突出的是与乌克兰的空间技术合作。

8. 同非洲国家的关系

巴西同非洲有种族、文化和历史渊源，高度重视发展同非洲国家，特别是非洲葡语国家的关系。积极参加联合国在非洲的维和行动，并免除部分非洲国家债务。推动提高对非合作水平，增强合作实质内容，加强双方在经济、技术和投资领域的合作。

9. 同中东和阿拉伯国家的关系

重视同中东国家的对话和贸易交流，希望通过在巴西的黎巴嫩、叙利亚和犹太人移民加强同中东国家的联系。谴责中东地区各种暴力和恐怖行为，支持巴勒斯坦同以色列的和谈进程。支持伊拉克战后重建。

（四）政府机构

1. 政府机构简介

巴西本届联邦政府于 2019 年 1 月 1 日成立，有 22 个部级单位，设有总统府民事办公室、总统府总秘书处、总统府政府秘书处、总统府机构安全办公室、司法和公共安全部、国防部、外交部、经济部、基础设施部、农业部、教育部、女性及家庭与人权部、公民和社会行动部、卫生部、矿产和能源部、科技部、环境部、旅游部、地区发展部、透明与监审部、联邦大律师局和巴西央行。

2. 政府采购及招标

巴西联邦政府各部负责本部工程项目及采购招标，外交部合作司负责利用联合国等世界金融组织贷款进行的工程项目及商品采购招标。州政府各局负责本局工程项目及商品采购招标，州工程局负责市政建设工程招标，如排水供水、城市化工程、能源建设、卫生工程等。巴西工程项目招标的法律、程序和方式与欧美国家相近，一般采用公开招标，邀请招标和议标进行工程项目招标。

进行公开招标时，巴政府会提前发布公告。外国公司如想参加上述招标，必须先以公司名义在巴西设立具有行政、司法独立权的法人代表，或者与巴西当地公司进行合作，由当地合作公司出面进行投标。外国公司之间成立的合作公司，必须先在巴国内设立代表处才能进行投标。

投标者根据邀标书准备技术和商务标在投标截止日前提交标书。投标所需资料必须是正本，有些部分还需要巴方的司法翻译和领事认证。准备标书过程中投标者可以要求业主进行相关问题澄清。截标后，业主召开唱标会。所有在招标者邀请名单上的公司无论是否最终投标，都可以参加。各投标者的价格当场宣读，并且与会的投标者传签所有的投标书。会议不宣布中标结果。业主会后即组织技术和其他部分评标，对设备没有生产厂家和品牌的具体限制和要求，只要设备参数和性能达到技术要求，业主就接受。原则上，评标条件对巴国内与国外公司一视同仁，主要参考项目报价、付款保障、当地劳动力雇佣比例、是否带资承包等，但由国际组织贷款的项目必须进行国际招标，招标过程要符合国际惯例，往往会受到贷款协议和相关组织规章制度的制约，并受贷款方的监督。

投标价格往往不是合同签署价格，业主常规做法是与 2 ~ 3 家价格较低的且技术标和商务标都通过的投标者进行价格谈判，其中每一家投标者都有一次机会降低价格再次报价，出价最低的一家投标者才能中标。投标时一般需要提交投标保函。由巴西本国融资的工程项目虽进行公开招标，但中标者一般为巴西本国企业。

双方针对项目直接进行合同谈判。主要形式是业主在全球范围内选择，邀请若干承包商参与议标，经过数轮技术澄清和商务谈判，确定中标方。

四、工会及其他非政府组织

1. 巴西工会

工会原意是指基于共同利益而自发组织的社会团体。这个共同利益团体诸如为同一雇主工作的员工，在某一产业领域的个人。工会组织成立的主要意图是可以与雇主集体谈判工资薪水、工作时限和工作条件等。这些组织和联合会最常见的共同目标是“保持或改善雇佣待遇”。这可能包含工资谈判、劳动制度、申诉流程、雇佣标准、解雇或晋升、福利、安全保障和政策。

工会组织在巴西经济生产活动中扮演着重要角色。随着奴隶制的废除和共和国的成立，经济日趋多元化，制造业在大城市和沿海地区兴起，掀起了来自欧洲的移民浪潮。而源自欧洲的工会主义也随之带到巴西。很快，这些人开始组织，形成工会。巴西劳工运动兴起于20世纪工业化发展过程中，并融合各种意识形态，例如，马克思主义、社会主义、无政府主义、无政府工团主义、前卫劳动和民粹主义。在圣保罗，由于汇聚了大量移民和制造工业，工会力量更加强大。巴西工会的独立性，使劳工的权利得到保障，但与此同时，经常爆发的罢工运动也限制了巴西工业生产力的发展。

巴西工会组织的实力很强，对巴西政治、经济及社会生活的影响十分深远和广泛。据巴西劳工部的统计，目前巴西各类工会组织共有2.5万个，工会会员近1600万人，主要分为雇主工会和劳动者工会。工人缴纳的工会费相当于一天的工资，但2017年颁布的新劳工法并不强制缴付，工人可以自愿缴纳。

巴西工会组织的政治、社会地位很高。巴西的主要执政党——劳工党即是在工会运动基础上产生的。劳工党成员大多是工人、农民、教师和政府公务员。2001年大选的胜利使巴西劳工党从一个长期在野的反对党转变为执政党，并且赢得了更多的国会议员席位，成为联邦众议院和参议院中的第一大党和第三大党。巴西前总统卢拉即是通过工会从当年的普通劳工成为国家领导人的。

根据新劳工法规定，遇有以下事项时，集体协议内容的效力高于相关法律规定：工间休息、工时银行（调休）、参与事业保险计划、企业规章制度、员工代表、远程办公、临时和间歇性用工、工时登记模式、岗位和薪酬计划、危险工作环境等级、节假日调休、不健康工作环境、分红计划等。

2. **罢工现象**

巴西工会经常组织罢工来为工人争取相关福利待遇和权益，以此提高工会在工人中的威望。一些行业工会通过组织区域或全国性的大罢工，争取相关利益。例如，近些年工会组织的银行、教师、卡车司机和邮局等行业大罢工影响都较大。

巴西的行业工会每年会向企业提出劳工工资上涨比例、最低工资标准、福利待遇等调整内容，如果企业进行抵制或不能很好地满足工会要求，很可能会导致工会组织劳工进行罢工抗议。例如，建筑业企业如果在日常管理中不能按劳工法、工会规定和NR劳工监管标准为员工提供生活条件、劳动保护、福利待遇、休假等，工会往往会组织工人罢工直接迫使企业停工，直至问题得到解决。

3. 如何处理与工会的关系

巴西的工会比较强势，在巴西开设公司或运行项目，不可避免地会与工会建立联系，因此一定要慎重处理与工会的关系。以下几点需要注意：一是要加入雇主工会，雇主工会主要代表雇主利益，与政府相关部门及劳动者（劳工）工会等沟通，争取雇主相关权益。二是要联系劳动者工会，雇员工会代表劳动者利益，根据本企业的性质，选择所属的行业劳动者工会，以解决和处理员工的集体协议问题。三是要积极学习和执行巴西劳工法，自觉维护劳工权益。四是要主动与劳工进行沟通，建立有效畅通的联系机制，向劳工宣传企业文化。

无论是公司还是项目均需要积极联系当地的行业劳动者工会，与工会就雇员的出勤、加班、交通补贴、通信补贴、餐补、休假等集体福利事项进行协商，制定集体协议方案，争取获得劳动者工会的支持和同意，按雇主的意图与工会、雇员签订三方集体协议，以便更好地维护雇主的权益，避免违反巴西劳工法的问题。

巴西工会众多，与劳动者工会联系时，应注意以下几点：第一，要找准所属的劳工行业工会，避免联系非所属的劳工行业工会。第二，要调查当地是否有雇劳工会的分支机构，如果当地有该劳动者工会的分支机构，就近联系便于今后工作的开展。第三，要事先与巴西人力资源主管、劳工律师制定集体协议内容，集体协议签订后能更好地保护雇主利益。第四，可以安排巴西人力资源主管、劳工律师与劳动者工会联系沟通，发挥专业人员的优势。第五，要解决劳动者工会关心的会费收取等问题。第六，要及时反馈或解决劳动者工会反映的问题。

4. 如何处理劳动者工会投诉的案件

在巴西，劳动者工会投诉是非常多且比较常见的事情。劳工会将企业存在的违反巴西劳工法的事件向劳动者工会进行反映，以获取劳动者工会帮助，维护自身利益；有些劳动者工会也会主动联系劳工要求提供企业的违规问题，劳动者工会还会主动到企业进行检查和找劳工调查企业的劳工管理问题。

一般情况下，劳动者工会会将企业相关违规问题向企业反映，要求企业进行限期整改，遇到此类问题，企业要积极与工会沟通，针对劳动者工会要求整改的事项积极安排整改，并将整改结果及时反馈给劳动者工会，以获取劳动者工会的理解和支持。如果企业不能及时解决劳动者工会反映的问题，劳动者工会可以向劳工法院提起集体诉讼。有时，劳动者工会也会将企业违反劳工管理规定的问题向劳工部或劳工公共事业部投诉，该类投诉将会导致劳工部、公共事业部到企业进行劳工检查。

企业必须严格执行巴西劳工法、NR 劳工监管标准，自觉维护劳工权益，降低劳工管理风险，以免劳工和工会投诉案件过多，造成重大经济和声誉损失。

5. 其他非政府组织

自 20 世纪 80 年代中期以来，随着巴西政治和社会环境的改变，巴西非政府组织进入快速发展阶段，非政府组织关注的社会领域不断拓宽，非政府组织的社会角色也呈多样化的发展趋势。随着1985年民主政治的恢复和1988年新宪法的出台，有关非政府组织的法律框架不断得到充实和完善，这也从法律层面规范了非政府组织的运行环境，理顺了非政府组织所承担的权利和义务，并明确了非政府组织的社会角色以及非政府组织与政府之间的关系。巴西非政府组织的社会角色具有多样性的特点，它不仅是推动民主政治重建的重要力量，而且也扮演着政府部门的“合作者”、“监督者”和“督促者”的角色。即使是同一个非政府组织，在不同时期或不同领域可以扮演各异的角色，也可以在同一阶段或同一领域发挥不同的作用。

据巴西国家地理统计局数据显示，目前巴西共有29万个非政府组织，从业人员210多万。这些非政府组织广泛活跃在各个领域里，关注政治、经济、社会、环保、宗教等各种问题。

Chapter 3
第三章

前往巴西须知

一、海关出入境管理规章制度

（一）签证

出入巴西须持有有效签证，主要签证类型包括过境签、旅游签、商务签、技术签、工作签、投资签。

过境签证：一次入境有效，停留期最长为10天，不能延期。

旅游签证：发给以休闲、观光、探亲为目的，且无移民倾向、无意在巴西从事有偿活动的申请人。在巴西可以停留90天，可多次入境。在停留期届满前，可延期一次，但全年在巴西停留总时间不得超过180天。

商务签证：发给以商务、采访、新闻报道、拍摄影片、收养儿童等为目的且不在巴西境内获取报酬的人员。该签证有效期最长为5年，可多次入境。一般每年停留期不超过90天。在停留期届满前，可申请延期一次（90天），但全年在巴西停留总时间不能超过180天。商务签证持有人不得在巴西工作，也不得去施工现场。

工作签证：发给来巴西工作或根据合同来巴西提供服务的人员，包括科研人员、教师、技术人员等，办理一个工作签需要招聘两名巴西当地员工。停留期最长为2年，可申请延期2年。签证持有人须在抵巴西30天内到当地联邦警察局进行登记。技术签证也属于此类，技术签有效期一般为1年，可申请续签1年。

投资签证：在巴西投资达60万雷亚尔的外国人士可获得此类签证，签证有效期为5年。持有人须在抵巴西30日内到巴西当地联邦警察局进行登记。签证到期前可以到联邦警察局办理新身份证，延长签证有效期。

（二）入境

外国人入境须持巴西有效签证或巴西居留证（或居留证取证凭据），否则将被原机遣返。

须完整填写并签署由巴西移民局提供的出入境登记单，在抵离时交巴西有关当局查验。出入境登记单一式两联，白色一联入境时留入境处，绿色一联须妥善保存，待离境时交验，如丢失将被罚款。

旅游签、商务签人员入境巴西时，海关会查验往返机票及酒店预订信息，如提供不了以上信息可能会被遣返。

1. 入境注意事项

巴西入境最需要注意的是卫生防疫。巴西多发疾病为黄热病、登革热、寨卡，外国游客首站入境巴西一般不要求检查黄热病证书，如访客在抵达巴西之前去过其他拉美等国家，可能会要求其出示黄热病国际预防接种证书，中方人员出国前最好注射相关疫苗。

（1）黄热病。

巴西的黄热病时期通常从每年 12 月一直持续至次年 5 月。这是一种由受感染的蚊子传播的急性病毒性出血疾病，病名中的“黄”是指影响一些患者的黄疸体征和症状。一旦受到感染，黄热病病毒在体内潜伏 3 ~ 6 天，大多数情况下，症状在 3 ~ 4 天后消失。一小部分患者在从最初症状恢复后 24 小时内进入毒性更强的第二期。这个阶段会重新出现发热，一些身体系统（通常是肝脏和肾脏）受到影响，患者可能出现黄疸（皮肤和眼睛发黄，“黄热病”的病名便由此而来），尿色深以及腹痛并伴有呕吐，口、鼻、眼或胃可能出血。进入毒性期的患者半数在 7 ~ 10 天内死亡。

黄热病的传播范围很广，从其历来所在的地区可以扩展到巴西东南部大西洋沿岸，这里以前被视为无风险地区。

巴西境内最近的两次黄热病传播浪潮，一次发生在2016—2017年的黄热病季节，据记录，有778例人类感染病例，其中262例死亡；另一次发生在2017—2018年黄热病季节期间，有1376例人类病例，其中483例死亡。

主要症状：大多数感染人群无明显症状，但如果出现症状，最常见的是发热、肌肉疼痛（尤其是背痛）、头痛、食欲不振和恶心或呕吐。

防治措施：黄热病可通过一种非常有效的疫苗得到预防。通过清除潜在的蚊子繁殖场所，包括在储水容器和有积水的其他场所喷洒杀幼虫剂，也可降低黄热病传播风险。

出行时，尤其在农场、森林、河流、瀑布、公园和乡村环境等容易暴露的地区，最好采取个人保护措施，如减少皮肤暴露和使用驱蚊剂等防止蚊虫叮咬。根据产品说明使用驱虫剂；穿长裤和长袖上衣（衣服尽可能宽松，不粘在身体上），尽可能多地盖住皮肤；尽可能避免迁移到农村地区，如果因为工作需要或旅游需要而进入森林，最好提前充分准备好蚊帐纱窗等物料。

特别提醒：中国公民出入境巴西，需随身携带黄热病国际预防接种证书，在巴西当地也可接种黄热病疫苗，但须在接种十天生效后到国际机场等指定地点换领国际预防接种证书。

（2）登革热。

登革热是由虫媒病毒引起的严重发热性疾病。虫媒病毒是通过昆虫叮咬，尤其是蚊子传播的病毒。登革热的传播者（媒介）是埃及伊蚊，这种病毒需要积水才能扩散，每个地区降水量最多的时候，就是传播率最高的时期。在巴西工作生活一定要注意保持卫生，避免每天积水，埃及伊蚊的蚊卵生存能力极强，可以生存一年直到找到最佳的发育条件，因此不管是否处在雨季，都要注意环境卫生。

登革热的易感染人群范围也很广泛，几乎所有年龄段的人都可能感染，但老年人患登革热和其他可能导致死亡并发症的风险更大。如果患者患有慢性病（如糖尿病和高血压）时，即使接受治疗，病情加重和死亡的风险也会增加。

据历史数据，巴西登革热病例数量在2017和2018年保持一段低水平之后，2019年再次暴发。在2019年1月至12月7日期间，卫生部记录的登革热疑似病例共计1527119例，与2018年数据（247393例）相比增长了517%，达到自1990年首次记录以来的第二高位。

专家们将2019年登革热病例数量的再次上升，归因于登革热2型病毒传播的增强，这是自2008年以后首次出现的情况。2型病毒传播增强导致人们的患病风险上升。登革热病毒可能有4种类型，此前巴西最广泛传播的登革热病毒为1型和4型。

巴西卫生部还指出，2019年全国登革热疑似病例总数约达150万例，但在某些地区更为集中。其中65%集中在圣保罗州、戈亚斯州和米纳斯吉拉斯州。截至当年12月7日，仅圣保罗州就登记了442235例登革热病例，其中263人死亡。

中国人在前往巴西之前一定要关注疫情高发地区的实时情况，确保人身安全。

主要症状：突然高烧，身体和关节疼痛，恶心和呕吐，身体可能出现红斑和瘙痒。

预防措施：目前只有一种在Anvisa注册的抗登革热疫苗，根据制造商WHO和ANVISA的说法，这种疫苗每隔一年分3剂使用一次，并且仅在已经感染至少一种登革热的人群中使用。预防登革热的最佳方法是对可能成为繁殖场的积水或污水进行清洁消毒，防止埃及伊蚊的繁殖。

在蚊子最活跃的时期，尽量做到不暴露皮肤，防止被叮咬，尤其是在暴发期间，注重对生活区或公共区域使用驱虫剂和杀虫剂进行消杀，蚊帐也可以作为良好的外部保护措施。

（3）其他流行病。

除登革热外，卫生部还登记了 2019 年巴西其他虫媒病毒病例数量，如基孔肯雅热和寨卡病毒。登记数据显示，2019 年全国基孔肯雅热病例共计达 130820 例，其中有 85758 例均集中在里约热内卢州。同期，巴西寨卡病例共计达 10741 例，在多州范围内均有记录。

2. 随身资料

复印备用。为备急需，建议在出国前复印护照（护照资料页及加注页、外国签证、出入境记录等），以及公证认证法律文书等资料。必要时，也可事先办理重要文件复印件与原件相符的公证认证手续备用。

应急资料。建议随身携带外方邀请函和邀请人姓名、地址、联系方式等基本信息（有的国家规定当事人必须随身携带）。建议行前访问中国领事服务网，摘记中国驻当地使领馆地址、联系方式等信息，以备不时之需。

3. 禁止入境物品

不能被视为行李的物品；准备再出售或者用于工业用途的物品；地面机动交通工具，如汽车、摩托车、小轮摩托车、电动自行车和牵引车等，以及空中和水上交通工具；巴西生产且只能在境外销售的烟和饮料；在原生产国不能商业流通的烟草制品；仿真枪具；野生动物制品，包括骨头、犄角等工艺品；任何水产品；仿冒和盗版产品；有毒农药，包括成分和制成品；侵犯道德、优良传统、健康和公共秩序的商品；麻醉剂和毒品。

（三）出境

1. 不能携带出境的物品

（1）未经过加工的两栖或爬行动物的皮革；

（2）未经环境部批准的野生动物、鳞翅目（包括蛾、蝶两类昆虫）或其他昆虫或制品；

（3）未经环保局批准的各个生活期的水生动物；

（4）未经文化部同意的文物。

2. 须申报的物品

（1）携带折合超过 1 万巴币的现金或旅行支票，须事先通过互联网进行申报，并到口岸海关接受核查；

（2）超过免税额的物品；

（3）折合超过 3000 雷亚尔的物品。

二、巴西对外国投资的市场准入

2019 年巴西国内生产总值（GDP）增长 1.1%，连续三年增长，各组成板块增长幅度如下：服务（1.3%）、工业（0.5%）、农业（1.3%）、家庭消费（1.8%）、政府消费（-0.4%）、投资（2.2%）、土木建筑（1.6%，连续五年下降之后的首次回升）、出口（-2.5%，5 年内首次下降）、进口（1.1%）。服务业中，2019 年增长最快的行业是：信息和通信（4.1%，为 GDP 的所有组成板块中最高的增长率）、房地产（2.3%）和贸易（1.8%）。在农业方面，玉米

(23.6%)、棉花（39.8%）、橙子（5.6%）和豆类（2.2%）的种植拉动增长。

继 2017 年投资下降 2.6%之后，2018 年增长 3.9%，2019 年增长 2.2%（增速放缓）。受公共账户赤字和预算紧张影响，政府消费支出下降 0.4%。2019 年投资率为 GDP 的 15.4%，高于 2018 年的 15.2%。储蓄率自 2018 年的 12.4%降至 12.2%。

受新冠肺炎疫情影响，2020 年巴西经济预计将下跌 5.3%。2021 年巴西经济预计增长 2.9%，比之前的预期高出 0.6 个百分点。与此同时，巴西央行最新一期的焦点调查显示，市场预计 2020 年将收缩 1.96%，2021 年增长 2.7%。世界银行预测巴西 2020 年 GDP 下滑 5%。2020 年巴西失业率预计将飙升至 14.7%，2021 年降至 13.5%，而通胀指数预计 2020 年上涨 3.6%，2021 年上涨 3.3%。遭受疫情重创的巴西经济，正面临近一百年来最严重的经济衰退。巴西贸易对外部市场的依赖很高，受疫情影响，全球生产经营活力严重受限，人流物流大幅萎缩，巴西铁矿石、石油、大豆、肉类等大宗产品的出口也受到较大冲击，贸易萎缩将是大概率的事情。

（一）投资主管部门

近年来，巴西对其投资促进的主管部门进行了重大调整。现行的“引资计划”（IPA）就是以投资促进机构调整为基础的。

1. 联邦投资促进机构

投资促进事务由巴西出口与投资促进局（APEX-Brasil）负责。其工作目标是：增加出口企业及产品的数量；提高出口量和出口值；开辟新市场，加强传统市场；增加收入和就业机会。该局提供经营管理和对外贸易方面的培训和认证服务，并帮助产品及其加工过程适应竞争日益激烈的国际市场需求。它还通过各个项目在巴西及其境外的商品交易会和博览会上推介巴西出口商品，包括为此邀请境外进口商至巴西和组织贸易代表团出访。

2004 年 12 月，APEX-Brasil 设立了投资机构，负责吸引外资进入巴西。其目标是将巴西的出口推广与吸引外资结合起来，发掘信息与机会，将外资导入巴西出口部门，并为中小企业出口产品创造条件。不同行业的外资政策一般由负责该行业的政府部委具体负责，例如，能矿部，通信部，交通部，发展部，工业和外贸部，中央银行，农业部等。

一些重大项目的外资政策最后还需总统批准。

2. 地方投资促进机构

巴西各州设立了地方一级的投资促进机构。目前，已有 15 个地区建立了投资促进机构，分别是：阿克里州发展局、阿拉戈斯州经济发展中心、阿马帕州发展局、亚马孙州促进局、巴伊亚州贸易与投资促进局、联邦区政府发展与外贸局、圣埃斯皮里图州发展局、戈亚斯州促进局、伯南布哥州经济发展局、南里奥格兰德州促进局、米纳斯吉拉斯州工业发展局、里约热内卢工业发展局、罗赖马州促进局、圣卡塔琳娜州促进局和巴拉那州促进局。

这些地方投资促进机构大多数位于已吸引了大量外资的富裕地区，除了投资促进外，往往还承担制定该地区总体经济发展战略的任务。

（二）投资行业的规定

巴西管理外国投资的主要法律是《外国资本法》，其实施细则是 1965 年第 55762 号法令，与投资有关的法律主要有：《外资管理法施行细则》（LEI 4131/62）、《劳工法》（LEI 5452/43）、《公司法》（LEI

6404/76)、《证券法》(LEI 6385/76)、《工业产权法》(LEI 5772 / 71)、《反垄断法》(LEI 12529/11)、《环境法》(LEI 6938/81)。

1. **禁止投资领域**

巴西禁止或限制外国资本进入的领域包括：核能开发、医疗卫生、养老基金、远洋捕捞、邮政、国内特许航空服务以及航天工业等。

2. **限制投资领域**

近年来，为吸引外资、促进发展，巴西政府实施了一系列产业开放政策，但仍是有限制的开放。

巴西政府通过修宪，逐步放松了国家对石油、天然气和矿产开采等领域的垄断，并对电信、电力业实行私营化。但根据规定，外资通过参与巴企业私有化进入巴西市场，至少6年之后才能撤资。

巴西报纸、杂志、出版以及广播电视领域，外国投资的比重不能超过30%。

外资进入巴西金融领域需视情况而定，若切合巴西政府当时的利益则可适当放宽准入条件。

公共航空服务领域，若外国投资者希望参与巴西常规航线的运营，需预先获取巴西航空主管部门的批准后，方可与巴西本地企业组成联合体，但外资成分不能超过49%。

渔业领域，外国企业需与巴西本地企业组成联合体，并且仅允许在大陆架和专属经济区内作业。

对于联合体中外资份额高于本地份额、外籍人员或外资法人代表在巴购买土地的绿地投资需预先获得巴西国会批准后方可进行。

若绿地投资企业要购买位于巴西边境地带土地，涉及国家安全问题，需通过巴西国家安全委员会批准。

（三）投资方式的规定

1. 外国自然人投资合作

外国自然人在巴西投资不会受到有别于外国法人的法律限制。自2015年12月2日起，外国自然人投资巴西至少50万雷亚尔才能获得巴西永久居留权，之前只需要15万雷亚尔。

2. 外国货币投资

使用外国货币在巴西进行的投资不必事先经巴西政府批准。在巴西投资建厂或获得现有巴西企业的所有权，只需通过巴西有权进行外汇操作的银行将外国货币汇入巴西。外资注册由巴西受益企业向巴西央行提出申请，申请应在外汇买卖合同成交后30天内进行，申请时应同时提交资金的资产化证明。

3. 外国信贷转化的投资

由外国信贷转化的投资须事先经巴西央行批准。经批准后，应进行象征性的外汇买卖操作。巴西企业应在30天内将该资金资产化，并向巴西央行提出外资注册申请。

4. 以实物投资

巴西以实物投资的形式主要包括进口清关及资产融合。

5. 外资并购

根据巴西《公司法》，股权收购实现对巴西上市公司的兼并，可通过现金或股权交换来完成。

6. 二手设备出资

外国投资者以二手设备出资时，在通关时须接受“同类产品审查”，若发现巴西有同类产品生产，则进口会受到一些限制。进口的“二手货”必须用于能促进巴西经济发展的项目。

（四）能源领域政策和规划

2019 年 11 月 4 日，巴西能源监管机构 EPE 新发布了 2019—2029 年能源发展规划，对于水电、燃机、风电、光伏等电站新增装机规模进行了规划，详细分析如下。

1. 电源发展现状及需求情况

截至 2019 年 5 月底，巴西全国总装机 1.636 亿千瓦，发电量达 6014.0 亿千瓦时。

水力发电：水力发电是巴西主要的发电形式。2019 年 5 月，巴西全国水电装机容量为 10394 万千瓦，占全国装机总量的 64%；预计 2029 年，水力发电累计装机将达到 113 吉瓦（GW）。

火力发电：火力发电仅占巴西电力供应的一部分，2019 年 5 月，火力装机占全国总发电量的 10%。其中，燃煤发电、天然气发电、燃油发电装机分别为 2672 兆瓦（MW）、12921MW、2047MW。预计 2029 年，火力发电累计装机将达到 38.2GW，主要表现在燃机装机容量迅速增加，燃煤、燃油发电则减少很多。

核能发电：目前，巴西有两座核电反应堆——Angra 一期和 Angra 二期，装机容量分别为 630MW 和 1350MW。据相关报道，矿业和能源部部长本托·阿尔伯克基于 2019 年 11 月 20 日表示，将在 2020 年第二季度发布 Angra 三期（1405MW）招标邀请，以邀请安格拉 3 号核电站恢复工作。他说，国家经济和社会发展银行正在完成可行性研究，以允许该项目中的私人合作伙伴关系。Angra3 工厂已建成 60% 以上，耗资近 100 亿雷亚尔。为了完成这项工作，还有 150 亿雷亚尔的投资，这笔投资必须来自私人合作伙伴，并要从模型的定义中进行选择。预测工作将于 2021 年恢复施工，并于 2026 年完成。截至目前，因疫情影响，该核电站的招标邀请尚未发布。

非水可再生能源发电：巴西非水可再生能源装机2019年装机容量为31.4GW，未来10年装机总量将增加到75GW，其中风电、光伏及分布式发电将有飞跃式的发展。

预计到2029年，随着巴西人口增多和国民经济增长，电力行业产能和产量将持续提高，装机容量将达218GW，发电量预计达942亿千瓦时（TWh）。

集中发电：用于扩展参考的发电装机容量的演变（2019—2029年），相关内容见表3-1。

表3-1 2019—2029年巴西各类型发电装机统计表

类别	截至2019年		计划至2029年		占比变化（%）	增加容量（GW）
	GW	占比（%）	GW	占比（%）		
水电（UHE+PCH）	107.7	64	113	50	↓14.1	5.3
生物质	13.4	8	15.8	7	↓1.2	2.5
光伏	2.2	1	10.6	5	↑3.9	8.5
风电	15.0	9	39.5	17	↑8.2	24.5
燃机	12.9	8	36.2	16	↑8.0	22.8
燃油	4.7	3	0.4	0	↓2.7	-4.3
煤电	3.0	2	2.1	1	↓0.9	-0.6
核电	2.0	1	3.4	1	↑0.3	1.4
Itaipu	7.0	4	7	5	↓3	0
总计	168		228			60

在未来十年，受环保政策影响，风电、光伏和燃机仍然有较大的发展空间；小水电有一定的增长空间；大型水电站和煤电没有新的发

展规划；燃油机组将陆续关停。

根据巴西电网五年发展规划（PAR 2019—2023），水电、核电、燃机、燃煤、生物质、燃油、风电、太阳能及其他类型的装机容量见表3-2：

表3-2　2019—2023年巴西电源发展需求规划（千MW）

Fontes	2019	%	2020	%	2021	%	2022	%	2023	%
水电	112.652	67.3	114.072	66.6	114.297	65.9	114.433	65.4	114.433	64.3
核电	1.990	1.2	1.990	1.2	1.990	1.1	1.990	1.1	1.990	1.1
燃机	12.820	7.7	14.336	8.4	15.641	9.0	16.107	9.2	17.780	10.0
燃煤	3.420	2.0	3.420	2.0	3.420	2.0	3.420	2.0	3.420	1.9
生物质	13.730	8.2	13.754	8.0	13.754	8.0	13.863	7.9	14.017	7.9
燃油	4.638	2.8	4.924	2.9	4.924	2.8	4.924	2.8	4.924	2.8
风电	15.075	9.0	15.394	9.0	15.528	8.9	15.642	8.9	16.681	9.4
太阳能	2.316	1.4	2.316	1.4	2.316	1.7	2.316	2.1	3.655	2.1
其他类型	804	0.5	950	0.6	1.000	0.6	1.000	0.6	1.000	0.6
总计	167.445	100.0	171.156	100.0	173.553	100.0	175.034	100.0	177.899	100.0

从表3-2中可以看出，水电装机占比从2019年的112652MW逐渐增加到2023年的114433MW，装机净增加1781MW，总占比从2019年的67.3%下降至2023年的64.3%；核电装机容量1990MW保持不变，总占比从2019年的1.2%下降至2023年的1.1%；燃机装机从2019年的112652MW逐渐增加到2023年的114433MW，装机净增加4960MW，总占比从2019年的7.7%增加至2023年的10.0%；燃煤装机容量3420MW保持不变，总占比从2019年的2.0%下降至2023年的1.9%；生物质装机从2019年的13730MW逐渐增加到2023年的14017MW，装机净增加287MW，总占比从2019年的8.2%下降至2023年的7.9%；

燃油柴油发电装机从2019年的4638MW逐渐增加到2023年的4923MW，总占比2.8%保持不变；风电装机从2019年的15075MW逐渐增加2023年的16681MW，装机净增加1506MW，总占比从2019年的9.0%增加至2023年的9.4%；太阳能装机从2019年的2316MW逐渐增加到2023年的3665MW，装机净增加1349MW，总占比从2019年的1.4%增加至2023年的2.1%；其他类型装机从2019年的804MW逐渐增加到2023年的1000MW，装机净增加196MW，总占比从2019年的0.5%增加至2023年的0.6%；总装机从2019年的167445MW逐渐增加到2023年的177899MW，装机净增加10454MW，燃机、风电、太阳能、生物质是今后发电发展的重点。

2. 输变电现状及需求

根据PAR/PEL 2020—2024电网中期发展规划，巴西国家电网负荷每年将增加约3GW，加上原有输变电设施的改造，因此将大力进行相关输变电设施的建设。在这一期间，电网方面将招标扩建566km－500KV、106km－440KV、593km－345KV、2762km－230kv的输电线路；变电站方面新建、扩建的容量由500KV－16498MVA、440KV-600MVA、345KV-5950MVA、230KV-11927MVA。

（五）基础设施领域政策和规划

巴西是世界上最大的消费市场之一，也是农产品和商品的主要出口国。制成品也是该国出口的重要组成部分。

这意味着面积为850万平方千米（第五大国家）的巴西非常依赖物流和运输网络来保证其竞争力并保持增长。其他基础设施资产，例如发电、采矿和卫生设施，也是巴西发展的关键问题。

该国基础设施的亮点具有充满希望的商业前景，它具有多样化的能源矩阵以及拉丁美洲一些最重要的机场、港口和连接点。

自 20 世纪 90 年代以来，随着私有化和公共部门与私营部门之间伙伴关系的发展，主要的国内和国际公司通过巴西的特许经营合同投资集中于基础设施。如今，这一过程仍在继续，甚至更加实质和集中。

联邦政府完全致力于弥合国家基础设施方面的差距。它担当着发展促进者的角色，是负责规划、监管和监督基础设施服务的公共部门。

每个基础设施部门都已制定了有关 PPP 协议的新规定和大量资产。在可靠的公共计划中，未来诸多特许经营权投资机会以及市场的巨大需求，这些投资已显示出长期的增长趋势。

投资合作伙伴计划（PPI）于 2016 年 5 月启动，旨在协调和监督联邦政府基础设施项目的特许权和私有化。PPI 的特殊部门支持各部委和监管机构规划，建模和监视项目组合，并保留其政治和监管能力。

列出要拍卖的项目和服务包括飞机场、港口码头、发电厂、油气田、矿区、铁路和公路的建设，管理或商业勘探。更不用说战略建设和环境许可。2019 年，PPI 也被指定支持和资助州和市级项目的开发。

三年来，该计划为巴西的基础设施给出了相关成果。它给了私营部门 16 个机场、10 个港口码头和一段南北铁路的特许权，收益超出了最佳预期。仅这些项目的投资预测就可能达到 17 亿美元。到 2019 年底，将至少有 15 个其他项目，预计投资额将达到 352 亿雷亚尔（合 96 亿美元）。简而言之，在 36 个月后，PPI 审核了 248 个项目，其中 147 个已经完成。在这些已完成的项目中，有 55 个是外国投资公司独资或与巴西公司组成财团中标。

结果是，已完成的项目投资额为 2602 亿巴西雷亚尔（712 亿美元）。外国投资公司独资或与巴西公司组成财团投资金额为 2230 亿巴西雷亚尔（约合610亿美元），占总金额的85.7%。

1. 国家物流计划

国家物流计划（PNL）的主要目标是，在诊断运输基础设施的基础上，确定并提出能够鼓励降低成本，改善服务和提高运输效率的解决方案。在EPL主页上已经可以找到巴西货物装卸的各种信息，例如2015年区域间运输全景图，各种地域的原始目的地矩阵的投影、方法报告和运输成本模拟器。基础设施开发特殊税收制度（REIDI）由第11.488/2007号法律创建于2007年，该税收制度允许具有基础设施批准项目的公司在获得中间产品和服务时申请社会税收豁免（PIS和Cofins）。运输、能源、灌溉和卫生项目均符合条件。豁免有效期为5年。巴西计划和物流企业（EPL）是一家国有公司，其目的是通过研究来构造和鉴定该国的综合物流计划流程，使公路、铁路、港口、机场和水路相互连接。

2. 运输基础设施和服务

巴西运输基础设施具备广阔的网络。但是其运输仍然不平衡，公路占全国货运量的61.1%，其他地区，尤其是铁路和港口，则需要持续改善。

政府一直在加大力度促进这一领域的发展，并且制定了解决不平衡现状的方案，在未来几年中，将有数个投资机会，从供应链和服务，到为新计划的建设和运营进行的招标。

机场：巴西拥有拉丁美洲最大的航空市场，也是世界上最大的航空市场之一。2018年，约有2.15亿旅客使用巴西机场，同比增长4.3%。在巴西运营的国家和国际航空公司提供飞往世界各地120多个目的地的航班，每年有135000多个国际航班和805000个国内航班。国内客运量继续保持适度增长，这与国内经济状况的持续复苏相一致。

巴西机场的货运量在2018年增长了13.4%，达到12.48万吨。在2019年3月举行的“第五轮机场特许权”拍卖中，西班牙集团Aena中标巴西东北部的六个机场，苏黎世机场成为里约热内卢和圣埃斯皮里图州两个机场的特许经营权拥有者。

投资巴西机场的机会：机场部门目前的办公场所与之前的PPI优惠轮目的相同，都旨在改善基础设施和服务质量，促进竞争并吸引有经验的运营商。

监管框架的重点是：（1）使监管适应机场规模；（2）基于需求触发因素的资本支出；（3）经济法规（价格×收入上限）。

预计到2023年，所有巴西机场都将移交给私人企业，巴西机场基础设施公司（Infraero）将不复存在。

港口：巴西货物贸易总流量的约95%通过港口。港口对于该国的发展至关重要，主要是为了支持对外贸易活动以及其创造数千个就业机会的潜力。2018年，巴西港口运送了1120381796吨货物，在此期间，货物装卸量比上一年增长了2.7%。

巴西港口的基础设施包括有组织的（公共）港口和私人港口。目前有37个有组织的港口，有230个经营租赁和189个私人港口。预计该行业将在未来几年获得大量投资，这主要是由于农业生产和采矿产品的扩张。

根据国家港口物流计划（PNLP）建立的框架，政府计划的长期港口基础设施项目预计到2042年将产生510亿雷亚尔（140亿美元）的投资。

2017年，巴西发布了第9.048/2017号法令，该法令对港口行业进行了相关调整，特别是在与基础设施投资相关的问题上。

投资巴西港口的机会：PPI在2017年和2018年举行了新的拍卖

会，结束了为期四年的停滞期。根据巴西对石油和天然气行业的政策，拍卖的港口旨在存储燃料和衬玻璃管，专注于高效项目开发的新方法改善了2018年港口行业的拍卖步伐。预计未来几年会出现新项目。

公路：巴西是全球陆上第五大国家，拥有世界上最长的公路网之一，总长1719991千米。但是，目前巴西只有213208千米的铺装道路，相比美国（43.81万千米）和中国（35.99万千米），其覆盖率仍然远远低于其他国家。巴西政府近年来注重加大对公路设施的投入，仅在2018年上半年，政府就投资了30亿雷亚尔（8.208亿美元）用于道路维护、改善和扩建。

过去已经进行了几项投资和高速公路特许经营，并将在未来几年继续保持下去。下一次公开销售将恢复高速公路和收费业务的联邦特许权计划。目前已经授予了21个路段总计9960千米。

投资巴西公路的机会：PPI、EPL和IFC（世界银行）一直在为公路部门的项目开发寻求新方法。目的是提高研究质量，并在整个联邦政府中传播这种新文化。同时正在为新的特许权提供额外捐助，例如特许权期间的新投资、风险分担和特许权合同的扩展。

铁路：铁路曾经是巴西最重要的交通方式之一。然而在整个20世纪，随着国际趋势的发展，许多铁路被抛弃，公路和汽车工业成为经济的核心引擎。

尽管巴西拥有拉丁美洲最广泛的铁路网络，但对于国土如此广阔的国家来说，这还远远不够：每1000平方千米只有3.4千米的铁路，远远落后于美国（29.8千米）、印度（20.8千米）、中国（13.2千米）和阿根廷（13.3千米）。

为了支持农业疆界的扩大，提高谷物生产的运输能力，降低货运成本，支持巴西出口的大幅增长并增强世界粮食安全，巴西政府优先考虑增加该国的铁路运营，并计划进行多项投资以进行扩张，铁路行业将面临更多的战略机遇。

投资巴西铁路的机会：铁路部门是巴西发展最快的部门之一。这些指导方针是根据以下目标制定的：填补铁路系统的投资空白，支持农业前沿的扩展以及降低货运成本。尽早进行特许经营权更新，不仅可以建设新的铁路延伸线和促进新的综合物流解决方案，而且还可以预期新的投资，可以作为步道网络瓶颈的解决方案。

三、巴西对外国投资的优惠

（一）优惠政策框架

为促进本国工业的现代化，开发国土自然资源，解决国内的就业问题，增加政府的财政收入，巴西政府积极鼓励外国企业到巴西进行投资。

巴西对外国投资主要的优惠政策框架包括：对中小企业给予优惠税收；给予外国投资者国民待遇；对外资进入部分行业给予税收优惠；对外资进入部分地区（含特殊经济区域）给予优惠；对外资企业在巴西境内生产的出口产品；可向巴政府申请出口信贷和保险等。

为了鼓励中小企业，巴西联邦政府提供三种税收优惠：

简易税率：要求企业年营业额在120万元雷亚尔以内，且所有外国股东都必须有巴西永久居留证。

假设利润：要求企业年营业额在4800万雷亚尔以内，且不限制所有股东都必须有巴西永久居留证。

征收标准是以公司营业额为准，每月按税率征收，征收金额依以下税率计算：社会一体化税 0.65%；社会安全费 3.00%；企业所得税 1.20%；法人盈利捐（税）1.08%。在计算企业所得税时，如当月营业额超过 25 万雷亚尔，该月企业所得税将加征 10% 税金。

实际利润：年营业额在 4800 万雷亚尔以上的公司可自行选择是否适用本优惠税率，不限制所有股东必须都有巴西永居证。社会一体化税及社会安全费是以公司每月营业额为计算基准，企业所得税及法人盈利捐（税）是以每一季（3 个月）的净利润为计算基准，算出每个月应征收之金额。征收税率如下，社会一体化税 1.65%；社会安全费 7.60%；企业所得税 15.00%；法人盈利捐（税）9.00%。在计算企业所得税时，如果当月之净利超过 2 万雷亚尔，该月企业所得税将加征 10% 税金。

（二）行业鼓励政策

免征部分资本产品以及软件产品等的工业产品税。具体的产品涉及：农用拖拉机、蒸汽锅炉零件、汽轮机零件、泵类零件、非电热的工业或实验室用炉、皮革制品的制作机器、冶金、炼焦、铸造机械等 14 种资本产品；信息处理机器用的软件 CD 或 DVD 母片（不包括音像制品和其他软件）；用于制作发票的机器。

其中，基础设施领域是我国与巴西产能合作潜力最大的领域。和大多数拉美国家一样，巴西的基础设施特别是交通基础设施薄弱，成为制约经济发展的瓶颈。

而农业合作是我国与巴西产能合作最能优势互补的领域。农业在巴西经济中占据重要地位，虽然农业产值仅占其国内生产总值的 5.3%，但农产品出口量却占到总出口量的 50%。

为吸引外资投资巴西农业，巴政府正在研究考虑向外资出售农用土地，取消每位投资者购买 10 万公顷和租赁 10 万公顷的限制，但禁止出售包括亚马孙生物群落区（那里土地面积 80% 以上为法定保护区）以及边境地区土地，外国投资者可以是控股股东，但必须与巴西企业成立合资公司后方可在巴西购地。

（三）地区鼓励政策

为鼓励开发巴西北部和东北部地区，巴西联邦政府和地方政府对外国投资（必须是合资形式，而且巴西方面投资要占大股）实行免征 10 年企业所得税，从第 11 年起的 5 年内减征 50%；免征或减征进口税及工业制成品税；免征或减征商品流通服务税等地方税。

巴西主要的港口有桑托斯、里约热内卢、巴拉那瓜、累西腓和维多利亚。巴西在上述口岸设立了各种形式的自由区，如自由港、自由贸易区、保税仓库和转口区等。比较知名的是马瑙斯自由区。

1. 巴西各州政府提供的优惠政策

税收优惠：州政府以低息贷款的方式返还企业销售产品时应交的 17% 的商品流通服务税，一般有效期为 14 年，贷款期为 1 年；进口加工用原材料、零部件免征商品流通服务税；进口投资用的机械设备等免交商品流通服务税。

土地优惠：如州政府的发展公司以低于市场价格出售土地等。

2. 巴西市政府提供的优惠政策

城市房地产税免 10 年，公共卫生税免 10 年，营业执照税免 10 年。以低息贷款形式返还企业商品流通服务税，优惠政策有效期为 12 年等。

四、巴西关于企业税收的规定

（一）巴西税收体系和制度

巴西实行属人税制，企业须就其全球范围内的利润和资本收益纳税。无论投资者是外籍还是巴西本国人，其资本的来源与纳税无关，必须按照与巴西当地企业相同的方式纳税。企业纳税年度为自然年度，不是公司的财政年度。

巴西税收种类较为复杂，按行政可以分为联邦税、州税和市税三级。其中，联邦税包括所得税、工业产品税、进口税、出口税、金融操作税、临时金融流通税、农村土地税等；州政府税包括商品流通服务税、车辆税、遗产及馈赠税等；市政府税包括社会服务税、城市房地产税、不动产转让税等。除此之外，企业还要交纳各种社会性费用，具体包括社会保险金、工龄保障基金、社会一体化计划费、社会安全费等。巴西政府对税收采取分级征收和管理的办法。

（二）主要税赋和税率

巴西税目繁多、复杂，企业和个人需到当地税务部门了解和咨询所需缴纳的税种，特别是外来投资者更应提前咨询当地律师事务所，就税目、税率等情况进行了解，根据不断颁布、修订的法律、规章，税目、税率也随之变化。

1. 企业所得税（IRPJ）

巴西的所得税细则为1999年3月30日颁布的3000号法令1，该法令包括个人所得税、企业所得税和预提所得税三个部分，其中企业所得税在该法规的第二部分。

企业所得税是联邦税。其税率为计税利润的 15%，若利润额超过 24 万雷亚尔，超额部分则需缴纳 10% 的附加税。同时企业也需要缴纳社会贡献费（CSLL），属联邦税，税率为 9%。

企业所得税主要有如下三种计税方法：

（1）实际利润法。企业所得税的计税基数为企业的会计利润加上税法中规定或建议的调整。需要注意的是，在此计税法中，税收损失可以无限期结转，因为税法未对其时限进行限制。然而，企业只可使用其累积亏损来抵扣 30% 的计税利润。

（2）估算利润法。企业的营业收入总额加上其他收入（例如存款利息收入）乘以固定的百分比。一般来说，对于服务型企业，IRPJ 和 CSLL 的百分比为 32%，对于贸易型（购买和销售）企业，IRPJ 的百分比为 8%，CSLL 的百分比为 12%。该计税法只允许年收入（指上一个财政年）小于 7800 万雷亚尔的企业使用。

（3）简易计税法。不仅包括企业所得税，也涵盖了其他各种联邦税、州税和市税。简易计税法与推算利润法相同，是按照企业的收入计算应缴税金。

简易计税法的限制比推算利润法还多，例如采用该种计税法企业的收入不能超过 360 万雷亚尔，外国股东入股的企业，及金融、运输、电力、汽车和摩托车进口商和厂商、房地产开发商等特定行业不能使用。

2. 关税（I. I.）

进口商需要缴纳关税，关税的税率根据产品的 HS 代码而定，税率一般为 16%，计税依据为货物的到岸价。

3. **工业产品税**（IPI）

工业产品税属于联邦税，工业产品税在进口清关环节，厂商、进口商在巴西国内销售环节缴纳。批发商和零售商从生产商、进口商采购，再出售时则一般不需要缴纳 IPI。税率根据产品的 HS 代码而定，税率一般为 15%。计税依据为货物的到岸价加上关税。IPI 的进项税额与销项税额可相抵，类似于增值税。

4. **社会一体化费和社会保险融资贡献费**（PIS/COFINS）

社会一体化计划费和社会保险融资贡献费由进口商缴纳，其税率一般为 12.75%。PIS/COFINS 的计税依据为到岸价加 PIS/COFINS 本身加上 IPI 加上 ICMS。根据纳税人的 PIS/COFINS 的计税方式不同（累积计税法 cumulative 或非累计计税法 noncumulative），PIS/COFINS 可被抵扣。

5. **增值税**（ICMS）

增值税必须由进口商缴纳。ICMS 是州税且有一些特殊的规定，税率可能根据产品以及进口商所在州的不同而不同，一般州税率为 17% ~19%。ICMS 的计税依据是到岸价加上关税、IPI、PIS、COFINS 以及 ICMS 本身。进口时缴纳的 ICMS 可以被抵扣。

6. **预提所得税**（WHT）

税率为 15%（或 25%，如果是低税率国家），税基为汇款的金额。若该服务不包含技术转移，则税率可能升至 25%。

7. **经济秩序干预税**（CIDE）

若提供的服务构成技术性服务，则需缴纳 CIDE。技术性服务需要缴纳的 CIDE 税率为 10%。

8. **市政府服务税**（ISS）

企业在进口服务时也需要缴纳市政府服务税。ISS 的税率为 2% ~

5%，根据进口服务方所在城市的法规而定。ISS 不可被抵扣。

9. **金融操作税（IOF）**

金融操作税的税率为 0.38%，税基为结汇的金额。

（三）基础设施建设免税政策（REIDI）

基础设施建设免税政策是针对基础设施建设的税收优惠政策。拥有基础设施建设（能源、交通等）项目的企业可申请 REIDI 政策，暂缓缴纳以下税费：

（1）巴西国内收入所对应的 PIS 和 COFINS。

将新的机械或设备销售给享有 REIDI 的企业时可暂缓缴纳 PIS 和 COFINS，基建项目中使用的新设备必须计入企业的固定资产；

将建筑材料销售给享有 REIDI 的企业时可暂缓缴纳 PIS 和 COFINS，基建项目中使用的建筑材料必须计入企业的固定资产；

为享有 REIDI 的企业提供与基建项目有关的服务时可暂缓缴纳 PIS 和 COFINS，该服务需要计入固定资产。

（2）进口环节对应的 PIS 和 COFINS。

享有 REIDI 的企业进口的新机械或设备时可暂缓缴纳 PIS 和 COFINS，基建项目中的设备必须计入企业的固定资产；

享有 REIDI 的企业进口建筑材料时可暂缓缴纳 PIS 和 COFINS，基建项目中使用的建筑材料必须计入企业的固定资产；

享有 REIDI 的企业支付进口服务的款项时可暂缓缴纳 PIS 和 COFINS，服务需运用于基建项目中，且需计入固定资产。

五、巴西投资注册企业相关手续

（一）注册手续

1. 设立企业的形式

在巴西企业的设立形式主要有：

（1）分公司或代表处：外国企业在巴西设立分公司或代表处，以及对其营业或许可进行变更时，都需要向巴西联邦政府进行申请。只有当联邦政府核发许可后，才能在各州申请注册登记。完成时间至少为一年。外国公司在巴西设立分公司时，均需由主管机关许可，但外国公司申请设立分公司的程序、审核过程繁复，且在税赋上受到一定歧视性待遇。鉴于在巴西设立子公司时，并无国籍歧视且成立程序较为简便，所以一般律师或会计师并不会建议外国公司在巴西境内设立分公司。

（2）子公司：主要为申请设立巴西国内公司，由两个外国股东合资（自然人或法人），或是一个巴西股东和一个外国股东。该方式的审批相对较快，一般在申请后 3 个月内可完成。但需要有一位巴西当地负责人，该负责人应为巴西公民或持有巴西永久居留证的外国人。该负责人将具有公司股东所有权利，包括公司股份买卖、公司动产及不动产买卖及公司银行账户的所有商业往来行为。

企业的组织形式依据巴西《公司法》，企业可以采用个人独资企业、简易合伙企业、有限责任公司、股份有限公司和合作制企业等组织形式。其中，最为普遍的是有限责任公司（LTDA）和股份有限公司（S/A）两种形式。

（1）个人独资企业：个人企业家独自开展经济活动，包括产品和服务的生产和流通。企业由一个自然人设立，自然人以自己的姓名给企业命名，对企业的全部活动负责。这一类型的法律实体适用于工业、商业以及服务业领域的经济活动，但与科学、文学或艺术相关的职业不包括在内。

（2）简易合伙企业：指合伙人不实施商业活动的合伙组织形式，以及目标旨在实施智力活动、科学活动、文学创作活动或艺术活动的组织形式，公司制或合作制性质的组织形式不包括在内。简易合伙企业须在法人民事登记所登记组织证明文件。企业的资产不足以支付企业的债务时，简易合伙企业的合伙人对企业的全部债务承担无限连带责任。

（3）有限责任公司：这种形态的企业需由两人以上出资设立。出资人内部可以签订企业设立合同，辅之以适用于股份有限公司的章程或适用巴西简易合伙企业的规章制度。有限责任公司可从事商业、工业和服务业经营活动，企业设立合同需在商业登记所登记。出资人各自持有的份额代表出资人对公司资本的参与和享有，出资人以其出资额为限对公司债务承担有限责任。

（4）股份有限公司：设立这一形态的企业，至少需有两个股东，股东对公司的责任以其认购或取得的资本的发行价格为限。公司股本分成等额股份，公司必须以营利为目的。不论其设立目的为何，股份有限公司必须是商业团体。开业前必须实施经济和财务的可行性研究，以获得公司基本结构的信息以及公司确实能够成功的证明。公司资本金由现金和资产组成。按照公司发行的有价证券是否在证券交易所或柜台交易市场交易，可将股份有限公司分为开放型股份有限公司和封闭型股份有限公司两类。公开型股份有限公司的股票可以在证券交易所上市交易，封闭型股份有限公司的股票通过金融机构交易。公开型股份有限公司必须在证券交易委员会登记，联邦独立行政机关负责对其实施监督和审计。上述两种形式的股份有限公司都必须在商业登记所登记。

（5）合作制企业：合作制企业是一种民主的、集体形态的团体的创设，由20人以上自愿联合成立的组织形式，与简易合伙企业的设立形式相同。

2. 注册企业的受理机构

巴西商务委员会、联邦税务局、市政厅\税务机关。

3. 注册企业的主要程序

（1）制定公司章程。内容包括：

①企业性质，说明是个人微型企业、有限公司或股份有限公司。

②经营范围，销售产品类型或服务类型。

③所属领域，属于哪个市场领域。

④地址，以及市政府是否允许在此地经营的文件。有些公司可能需要其他文件，如营业执照及消防局和公共卫生机构的检查证明。

⑤公司注册资本。

⑥其他股东或合作方情况。

（2）确定企业税制需经会计师事务所等专业人士指导选择一种税制，并根据税制规定缴纳相应企业税金。

（3）注册公司名称。

①选择公司名称时，首先在巴西国家工业产权局（INPI）网站免费查询是否有其他公司已注册该名称。

②通过IBGE网站确定要注册的经济活动类别（CNAE）。

③在INPI网站注册商业名称，此过程可能需要两年以上，但不是

注册企业的必需步骤。

（4）商务委员会登记向所在地的商务委员会或法人注册处提交企业注册申请。所需文件：

①公司章程或个人企业家申请表（3份）。

②公司所有人的巴西身份证件和个人税号的认证副本，如有合伙人也要一并附上。

③标准要求（商业委员会封面）（1份）。

④国家注册表格（FCN）（模板1和2，1份）。

⑤通过联邦收税单（DARF）支付费用。

商务委员会通过以上文件审核后，将生成NIRE（商务局企业识别号）。

（5）取得CNPJ（法人国家登记号）从商务委员会取得NIRE后，即可到联邦税务局网站申请CNPJ，此为巴西公司在巴西的唯一法定身份识别。所有公司无论其税收制度如何，都必须在联邦税务局网站登记并更新其注册信息。取得CNPJ后，公司即可拥有法律规定的各项权利。如开具发票、开设金融账户、申请贷款、雇佣员工等。同时也要承担纳税及年度所得税申报的义务。

（6）服务类企业申领营业执照服务类企业需要去公司所在地的市政厅（或市政府指定的地区行政部门或市财政局）申领营业执照。所需文件包括申请表、企业地址、咨询申请、CNPJ副本、公司章程副本、监察机构的报告（必要时）。

（7）贸易类企业申领贸易类企业需到税务机关（SEFAZ）进行注册，办理ICMS（商品和服务流通税）缴税手续，所需文件：DUC（单一注册文件）、DCC（补充注册文件）、股东地址证明的公证副本、证明不动产使用权（租赁合同）的公证副本、会计师的税务登记号、ISS

纳税证明（服务类企业）、商业委员会简化登记证（适用于成立3个月以上的公司）、公司章程副本、CNPJ副本、营业执照副本、股东的身份证和个人税号副本。

（二）申请专利和注册商标

1. 申请专利

（1）事前调查。

在巴西提出专利申请前，最好对先前的注册登记事项实施个别或特别调查。申请人可到国家工业产权局总部所在地实行个别调查。申请人有三天的时间实行事前调查，所发现的信息资料应在专利申请报告中简要记载。若申请人本人无法实行个别调查，可以选择实行特别调查。国家工业产权局的相关人员代为执行，并根据调查对象的数量收取一定费用。详细信息可登录国家工业产权局网站（www.gov.br/inpi/pt-br）。

（2）受理机构。

申请人必须前往国家工业产权局申请专利。专利评审人员对相关专利申请材料审核分析后，授予专利权或准予登记注册，专利权在全国范围内有效。

申请人需提交以下材料：申请书、说明书、权利要求书、附图和摘要等文件。申请人向国家工业产权局提交三份申请书，留一份自己保存。提交申请书前，必须填写一张特殊形式的表格，并提交已通过指定银行支付相关费用的凭证。表格可在国家工业产权局的前台领取，也可在任何一个分支机构或代表机构领取，或从国家工业产权局的网站上下载。申请人可从前台领取受理证书，然后与申请书复印件一并提交确认。上述事项可通过发送电子邮件patente@inpi.gov.br询问。

国家工业产权局（INPI）制定了标准化规则以规范专利申请书的制作方法。这些规则可从INPI的网站上下载。申请人在制作申请书时必须注意正确填写相关文件资料。申请人必须在说明书中详细说明类似方法或既往已经存在的相关申请（巴西人或外国人提出的申请），必须说明具体细节以便该部门的技术专家能够实现该专利对象。说明书从申请题目开始写起，详细陈述选用的材料、产品的使用方法等信息。如果有必要还应当提交所附图片的所有参考资料。

申请人必须在权利要求书中说明申请的对象，权利要求书从申请题目开始写起，也可将发明创造的描述作为题目的一部分，主要内容包括模型的技术特征，可使用“具有如下特征”之类短语，描述的特征主要是既往申请的专利中所没有的事项。摘要在50～200字之间，主要描述专利对象本身。申请人有任何疑问，可前往里约热内卢市普来西马洼7号国家工业产权局总部1017室，也可发送邮件至patente@inpi.gov.br，联系专利评审委员会，获取技术指导。

（3）专利审批。

对于专利申请的审批，采用早期公开（自申请日或优先权日起18个月即公开）和延迟审查（在公开后的24个月内申请人提出审查请求后再审查）制度。申请实质审查须在申请之日起3年内提起。为尚未上市的某些能受新专利法保护的专利提供特殊保护。专利保护期为申请之日起20年或授权之日起10年，实用新型专利则为申请之日起15年或授权之日起5年。如果自批准之日起3年内专利权人没有在巴西国内实施专利，或者终止实施在1年以上，或者虽然实施不能满足市场需要的，则可以采取强制许可。若专利批准后4年不实施，或订有许可合同5年不实施，或中止实施2年以上，即可宣布专利权失效。如果外国人在巴西获得了专利权，并且该项技术已在外国实施，则巴西有权进口专利产品而不必经过专利权人的同意。

2. 注册商标

商标所有人应在巴西国家工业产权协会进行注册。在注册之前，首先需要对商标实施事前调查，以便了解同一经营范围内是否存在已注册的商标。但是这一程序并不是强制性的。申请注册商标可以使用适当的申请文件，在申请文件上记载商标和申请人的相关信息。申请人可以到国家工业产权局总部、分支机构或代表机构实施商标注册的事前调查。申请巴西注册商标的，可以是巴西籍公民，也可以是外国人。在巴西申请注册商标时，登记权人必须出示本国法律规定的证明登记权人法律地位的文件，同时出示登记权人经营范围的证明文件。

3. 赴巴西工作证办理

（1）主管部门。

巴西司法和公共安全部联邦警察局负责出入境相关法律的执行和当地临时居留证件审批和发放。网址：www. pf. gov. br/servicos-pf/imigracao。

（2）工作许可制度。

由于巴西国内一直面临就业压力，不鼓励引进劳务。在吸引国外投资上，巴西政府主管部门将有关引资项目能否为本国人提供就业岗位作为重要的审批依据。

巴西《劳动法》规定，本国劳工在人数和工资收入上分别不得低于企业全部劳工人数和工资总额的2/3。外籍劳工必须有特殊技术专长，并有工作签证，才可在巴西企业工作。巴西政府规定，所有的企业都可以雇佣外国人到巴西短期工作，但在审理有关申请时，作为主管部门的巴西司法部移民局有以下审批原则：外国劳工必须是有专业技能的人员，而且需具备两年以上的专业工作经验（有高等学历者），如为中等学历的专业人员，则需三年以上的工作经验。

(3) 申请程序。

工作许可和签证的审批程序。①由用人企业向巴西司法和公共安全部联邦警察局为外国劳工提出工作许可申请；②联邦警察局批准后即通知巴西外交部，由该部通知其驻外使领馆。外国劳工获巴西驻外使领馆通知后，即可去领取签证。

提供资料。申请临时工作签证时应提交的文件包括：申请表（固定格式）；授权书（雇主授权某人代表雇主办理外籍雇员来巴的手续）；委托书（雇主委托其公司职员代表公司招聘外籍职员）；公司简介；公司章程；董事会决议；巴西中央银行出具的公司注册资本证书；工龄保障基金（FGTS）证明和社会保险金（INSS）交纳证明（均需经公证的复印件）；所得税申报单（经公证的复印件）；外国公司（母公司）出具的雇员工资证书（译成葡文并加以公证和领事认证）；雇员简历、婚姻状况、无犯罪证明、健康状况证明、学历文凭、专业经验证书（均需译成葡文并加以公证和领事认证）、经济担保书、劳工合同或聘书（固定格式）、移民税缴纳证明、手续费缴付证明；外籍劳工申请表格和其他附加说明表格；劳务合同（固定格式，由用人企业和外国劳工签订）。

申请长期工作签证时应提交的文件同临时签证第五类所要求的基本相同，但需增加下列文件：外国投资企业同申请企业之间投资关系的证明，外国投资企业对被派遣人员的任命，外国投资进入巴西时在巴西央行注册的证明。

Chapter 4

第四章

巴西有关法律法规合规要求

一、巴西法律体系概述

巴西在历史上作为葡萄牙的殖民地，沿袭了葡萄牙的法律制度，属于大陆法系国家，法律制度众多，司法体系完善。巴西法律特点之一在于繁杂、司法程序冗长，效率低下。据统计，截至 2018 年底，巴西 27 个州和联邦的 90 个法院中有 7860 万宗诉讼案待审，平均每位法官每年需要审理 4000 多个案件。这样就导致如果企业选择诉讼程序，平均获得最终判决的时间长达 6 年，而这还不包括执行判决的时间。相较而言，巴西仲裁程序的默认规则是 180 天之内结案，体现了巨大的时间成本优势。此外，巴西近年来一直试图将自身打造为仲裁友好的司法管辖区，无论是仲裁程序中或是承认与执行仲裁裁决，整个司法系统体现出对仲裁的大力支持，因此不失为一种新选择。

我国与巴西于 2009 年 5 月 19 日签订《中华人民共和国和巴西联邦共和国关于民事和商事司法协助的条约》，该条约使得双方间的司法判决可以申请境外执行。根据该条约第 2 条，两国互负的司法协助义务包括：送达司法文书或司法外文书；调查取证；承认与执行法院裁判以及仲裁裁决；交换法律资料；不违反被请求方国内法的其他形式的司法协助。当事人可以向巴西法院申请承认并执行我国判决。承认程序是指巴西法院允许我国法院判决所确定的权利义务关系在巴西境内发生法律效力。经承认程序确认后，方可依据巴西国内法定程序进行强制执行。

巴西 2002 年加入《承认及执行外国仲裁裁决公约》（即 1958 年《纽约公约》），我国 1987 年加入《纽约公约》，因此双方间的仲裁裁决可以通过本公约及各当事国国内相关规定申请执行。值得注意的是巴西2015年仲裁法明确了由巴西高等法院负责外国仲裁的承认与执行，而根据观察，自巴西1996年仲裁法颁布以来的十几年间，巴西上层司法系统一直克制审慎运用司法审查权，不仅公布了所有已审理的外国仲裁裁决承认与执行的案件，同时尽力避免产生对巴西公司的保护倾向，体现了专业、公正、透明、高效的原则。在这一利好背景下，中资企业可以考虑运用这一替代性纠纷解决机制，维护自身权益最大化。

巴西是联邦共和制国家，是多个州、城市及联邦地区的联盟形态。其法律体系靠联邦政府、州市政府的法典和法律来约束，同时兼顾各地区的自身利益。一般情况下，司法裁决的做出是基于已有法典和法律，在没有已有法典和法律参考的情况下，法庭将通过类比以前类似案例、惯例及公认的法律准则做出裁决，但以前法律的裁决结果对以后的裁决不具有法律约束力。

联邦宪法准许联邦政府、州政府以及联邦地区在以下相关方面立法：税收、金融、经济、监狱、生产及消费、环境污染或消费者损害、教育、社会保障、卫生保护及防范疾病等。在上述这些方面，联邦政府的权限主要集中在总的指导方针的确定，而州及联邦地区政府的主要责任则是在联邦政府的总指导方针下，确立在这些方面的补充性法律。城市地区的法律权限被限制在与地区利益相关的事务方面。因此，巴西的各级地方政府和议会都有立法权，且地方自治权力较大，甚至有不少与上级法律冲突情况，全国的立法性文件数量达150余万之巨，而工程建设涉及方面较广，且存在地方性差异，因此只能从联邦层级的立法查看普遍性规定，巴西主要的法律文件是联邦通行的部门法，一些重要的部门法有巴西民法典、国家税收法典、刑法典、统一劳工法典、民事诉讼程序法典及刑事诉讼程序法典，但这些不得与巴西的最高法律即巴西宪法相违背。

二、巴西有关法律规定

（一）建筑行业重要法律法规

如前所述，因巴西法律繁杂，与建筑工程企业相关性较为密切的主要集中在以下联邦层级法律以及其解释性的立法规范或相关的地方性法规：

· 联邦共和国宪法；
· 统一劳工法典（LEI 5452/43）；
· 民法典（LEI 10406/02）；
· 交通法典（LEI 9503/97）；
· 国家税收法典（LEI 5172/66）；
· 城市服务税补充法（LCP 116/03）；
· 国家环境政策法（LEI 6938/81）；
· 电力销售法（LEI 10848/04）；
· 森林法典（LEI 12651/12）；
· 公共项目招标法（LEI 8666/93）；
· 保险法（LEI 73/93）；
· 公司法（LEI 6404/76）。

（二）劳工（动）法的核心内容

作为大陆法系的重要组成部分，巴西的劳工立法可以追溯到 16 世纪。在漫长的过程中，巴西劳工法经历了萌芽、发展和成熟三个阶段。1943 年统一劳工法生效，是巴西第一部系统的劳工法，后虽经不断修改，但至今仍是巴西劳工政策的基础。此外，劳动综合法（CLT）还建立了巴西的劳工法院和相关的机构以及为劳工诉讼程序订立规范。巴西1988年公布劳动综合法，为规范雇主与雇员关系的主要法律。巴西劳工党2003年上台后，特别是在卢拉执政期间，为维护和巩固其执政地位，制定和颁布了更多维护劳工权益的法律法规。作为一个联邦制国家，巴西联邦政府和各州都享有相应的立法权。除联邦宪法中有关劳动的规定之外，各州可以确立比联邦法律更优惠的劳工标准。

1. 劳工权益

劳工登记。任何获得报酬的雇佣劳动都必须进行劳工登记。劳工登记有两种形式：劳工的“劳动和社会福利证”（以下简称“劳工证”）；企业的“雇员登记书”。劳工证和雇员登记书均由巴西劳工部或其授权机构颁发和管理。企业雇佣劳工时，须在劳工证和雇员登记书中注明工资、工作条件等。根据巴西新劳工法规定，目前巴西已经开始推行电子工作证注册。中国没有劳动部门统一发放的工作证。

劳工合同。企业与劳工之间应签有劳工合同，明确规定工资、工种、工作时间等。劳工合同有两种形式：个人劳工合同和集体劳工合同。个人劳工合同由企业与劳工直接签署，集体劳工合同由工会代表劳工与企业签署。

个人劳工合同中止：如患疾病，劳工应履行服务的条款即被中止，但仍保留原先交纳的社会保险金（INSS）和工龄保障基金（FGTS），并且在5年内劳工应被考虑复职。如因服兵役或其他民事义务致使劳工合同中止，企业应为其保留工作岗位。

个人劳工合同结束：企业和劳工双方均可结束合同，但需签合同终止的文件，并需提前30天通知对方。劳工获解职通知后的30天内，每天可只上半天班，另半天可外出找工作。工会领导成员和CIPA（安全事故预防委员会）成员在其任期内和任期结束后的一年内不能被解雇，劳工工伤事故发生后一年内或工伤治疗期间也不能被解雇。正当理由解雇时，雇主应支付其工资余额，原交纳的社会保险金（INSS）和工龄保障基金（FGTS）仍然保留。在遭无正当理由（即任何与雇员本人无关的因素）被解雇时，企业需多给上述保留金额的40%。目前，新劳工法规定双方可以协商解除劳动合同，相关赔偿双方可以协商决定。劳工连续旷工一个月以上，企业才能开除。雇员主动辞职，雇主必须支付工资余额和部分休假工资和应得的各种补贴等。

集体劳工合同变更：由工会代表劳工与企业讨论确定变更条款后签署。

试用期：劳资双方应签订试用协议，一般情况下劳工试用期为45天，可延期一次（45天）（具体依据当地相关法律及工会规定为准，目前里约为30天+30天，如所在州无特殊规定的一般为45天+45天）。试用前，劳工应接受健康检查。

工作时间。劳工法规定，正常工作时间为每日8小时、每周44小时、轮班制每班6小时。正常工作时间之外为加班时间，非法定假日报酬按"正常工作时间"小时工资150%支付（具体按所在地州工会规定）；夜间工作（22：00—次日5：30）按日间加班工作120%计酬；假日工作按平常工作200%计酬。此外，巴西劳工法还规定了严格的工作休息时间，如在4小时的连续工作期间，劳工应有1小时的休息和用餐时间。

企业可以按照生产和业务需要，经与员工以及工会达成协议后调整员工的劳动时间，这一制度安排适用于各种类型劳动合同。例如，企业可在经营淡季缩短正常工作时间但不降低工资，剩余的工作时间企业可在经营旺季安排员工加班。调整期限不得超过120天，劳资协议另有规定的除外。若这一制度始于企业经营旺季，企业可延长员工工作时间（每天延长的时间最多不超过两小时）。在这一期间，企业不支付加班费，通过后期休假的方式抵消加班时间。工作时间可根据劳资协议的安排而作相应调整，但是每天工作时间最多不得超过 10 小时，在 120 天内，每周工作时间合计不得超过法律规定的最大值。另外，加班时间的补偿必须发生在合同期内，也就是说，如果合同（不管是何种形式的合同）终止时，加班时间没有完全得到补偿，就这些劳动时间员工有权要求企业支付工资和劳资协议规定的加班费用，在任何情况下加班费用都不得低于正常小时工资的 50%（具体参照当地工会相关规定）。

工资。劳工工资以雷亚尔按月发放。劳工工资不得低于法定的最低工资标准。最低工资标准每年 4 月底前后根据物价水平调整一次。各行业劳资双方在遵守政府最低工资的基础上，还可商定本行业的最低工资。在佣金、小费、计件、承包等各种酬金形式下，劳工的月收入都不得低于最低工资。未成年学徒工的最低工资在学徒期前一半为法定最低工资的 1/2，在学徒期后一半为法定最低工资的 2/3。劳工在工作满 12 个月以后，可在年休假时获得一个月的额外工资，另外再加上年休假的 1/3 金额（员工在每年 12 月份时，应按照当年服务的月数，依比例发给 13 薪）。已过试用期的员工，若雇主没有正当理由解雇工人，雇主必须继续支付一个月工资罚款。

年假。劳工除法定假日外，工作满一年的员工，每年还享有 30 天的带薪假期（但假期天数按缺勤天数递减）。

表 4-1　年休假无正当理由缺席及应休假天数对应表

序号	无正当理由缺席	该有的休假天数	备注
1	5 天以内	30	
2	6 ~ 14 天	24	
3	13 ~ 23 天	18	
4	24 ~ 32 天	12	
5	32 天以上	00	

劳动安全与卫生。企业应向劳工提供安全、卫生的工作环境，要接受当地劳工局的定期检查。

劳工本地化。巴西本国劳工在人数和工资收入上分别不得低于企业全部劳工人数和工资总额的 2/3。外籍劳工必须有特殊技术专长，并有工作签证，才可在巴西企业工作。

妇女、未成年劳工保护（14 ~ 18 岁）。除享有一般劳工权益外，妇女、未成年劳工受到特殊保护，在雇佣条件、加班时间、夜间劳动、工作环境等方面，劳工法均做出了特殊规定。例如，14 ~ 16 岁少年只能以学徒的身份参加工作，16 ~ 18 岁少年参加工作，其父母必须在劳工合同上签字，不得从事危险、有害以及夜班工作。孕妇在怀孕期间直至分娩后五个月内，雇主应保证其稳定的工作。产假是 120 天，雇主不得减少工资。

劳工的其他权益。包括家庭津贴、工龄保障基金（类似工龄补贴）和社会保险金（INSS 或称 CINSS）。

[案例4-1]

因违反与巴西政府签订的关于员工工作时长和工资的相关规定，美国快餐业巨头麦当劳及其在巴西的代理商阿科斯多拉多斯公司面临来自巴西劳工和社会保障部的巨额罚款，或高达1.03亿雷亚尔（约合2.06亿元人民币）。

根据2013年麦当劳与巴西劳工部门签署的协议规定，巴西麦当劳不得实行浮动工作制，员工午休时间可以外出用餐，加班时间不得超过两小时，每两次轮班的间隔时间必须达到11小时，且每周带薪休息的时间为24小时。但巴西劳工和社会保障部指出，6位检察官和专家对巴西515家麦当劳餐厅走访调查时发现，巴西麦当劳的员工至今依然经常会遇到工作时间以外仍被要求继续在岗、用餐时间必须食用麦当劳食品、连续上班时间超过7小时等问题。

参与调查的伯南布哥州检察官莱昂纳多·门多萨表示，他们在为期5个月的查访中调取了两万多份文件，其中包括4.2万名麦当劳员工的值班记录。调查认定麦当劳及其巴西代理公司存在违规行为。“从文件中看到，各门面的违规程度不同，主要是因为大部分员工在与麦当劳签订劳动合同时，完全不了解关于工作时长及休假制度的规定。”

巴西劳工部门指出，麦当劳的违规行为已“有历史”，这既不尊重当地劳工法律，也违背了与巴西政府签署的协议。2012年，巴西麦当劳就因为采用浮动工作制来减少运营成本、损害员工权利等问题遭到起诉。2013年3月，阿科斯多拉多斯公司与劳工和社会保障部签署协议将改善员工工作和休息条件，并支付了750万雷亚尔的集体精神损失费，同时规定若未能有效执行协议，将向每位员工支付每月2000雷亚尔的罚款。

点评：

巴西政府十分重视劳工的待遇和福利，对中国企业要求严格。中国企业要在法律、税务、劳工和文化融合这四个方面加强认知，才能顺利应对巴西市场的挑战。

2. 劳动合同的种类

临时劳动合同。临时劳动是指自然人为企业提供的短期劳动服务，以临时代替企业正规员工的工作，或满足企业短期内工作量增加的需求。劳动期限由雇主决定，期满可以延长一次，但延长的期限不超过先前合同约定的劳动期限。临时雇员享有以下权利：

①可以取得与企业内部同一工种的员工相同的报酬，按小时计算，保证当地最低工资；

②8小时工作制，加班时间不超过2小时，加班工资按照各州工会规定计算；

③按照劳动天数的一定比例提供休假时间；

④每周带薪休假；

⑤夜班额外报酬；

⑥无正当理由解除合同，按照劳工法规定给予补偿金；社会保障法规定的企业需交纳的社会保障金；

⑦在劳动社会福利手册（CTPS）中记载临时雇用的事项。

定期劳动合同。定期劳动合同是指预先规定起始时间和终止时间的劳动合同。定期劳动合同的有效期届满后，企业再次与同一员工签订新的固定合同，这一合同不存在试用期，将被视为无限期劳动合同。固定期合同员工享有以下权利：

①员工有权获得第十三个月薪水，具体按实际出勤天数和个人工

资计算。

②享有与无固定期限劳动合同相同的年休假。不定期合同通常系短期或中期劳动合同，合同终止时员工可享受按劳动天数的一定比例计算的假期，另加三分之一的假期。

③对怀孕女员工、工会代表及其代理人，CIPA（事故预防委员会）的成员，以及遭受工伤事故的职员，实行临时保障措施。合同到期后，保障措施终止。

④根据新的劳工法的规定，退休养老金以定期劳动合同项下的工作时间为计算基础。同时保障其他的社会福利。

⑤工龄保障基金（FGTS）按每月工资的8%计算。

不定期劳动合同。不定期劳动合同是企业常用的雇用合同之一。它也适用于连续签订定期劳动合同，中间无六个月间隔期的情形。不定期劳动合同项下雇员的权利：

①最低工资；

②平均每周工作时间不超过44小时；

③工资不得任意缩减；

④失业保险；

⑤第十三个月工资；

⑥加班费；

⑦年度带薪年休假；

⑧产假；

⑨父亲陪产假；

⑩劳动合同解除通知；

⑪退休养老金；

⑫工伤保险；

⑬工龄保障基金;

⑭对 CIPA（事故预防委员会）的成员，遭受工伤事故的员工，以及怀孕女员工和入社保的员工，实行临时保障措施。

(三) 外国人在巴西工作的规定

巴西国内一直面临就业压力，因此不鼓励引进外籍劳务。在吸引国外投资上，巴西政府主管部门将有关引资项目能否为本国人提供就业岗位作为重要的审批依据。

外国人必须有特殊技术专长，并有工作签证，才可在巴西企业工作。巴西政府规定，所有的企业都可以雇佣外国人到巴西短期工作，但在审理有关申请时，作为主管部门的巴西移民管理局有以下审批原则：

外国人必须是有专业技能的人员，而且需具备两年以上的专业工作经验（有高等学历者），如为中等学历的专业人员，则需三年以上的工作经验。

巴西《劳工法》规定，外国人的人数不得超过本企业员工总数的1/3，在外国员工人数不到1/3的情况下，其工资也不得超过本企业工资总额的1/3。

根据巴西法律，只有当国内没有充足的专业人才可供使用时，企业才允许雇佣更高比例的外国技术、技能型劳动者。

巴西政府在引进劳务时，由用人企业向巴西劳工部移民局为外国劳工提出工作许可申请，申请时应提交的文件包括：申请表（固定格式），外国劳工简历和经公证认证的文凭，用人企业公司的章程、有关数据以及提交申请前最后一次所得税和社会保险金（INSS）、工龄保障基金（FGTS）的缴纳证明，劳务合同（固定格式，由用人企业和外国劳工签订），手续费缴付证明。

外国劳工在申请工作签证时，需递交健康状况证明、无犯罪证明、原居住国居住证明和出生、婚姻状况及父母结婚证明。这些材料需公证和领事认证，巴西移民局审查批准了工作许可后将进行登报公告，并通知巴西外交部，由该部通知其驻外使领馆，外国劳工的工作签证由巴西驻外使领馆签发。

2013 年 5 月，巴西政府将采取两项措施吸引外国合格劳工，为企业寻找专业人才提供便利。具体措施是：减少申请工作签证材料，允许外国研究生利用假期到巴西从事短期工作。

工作签和投资签人员在巴西发放薪酬、缴纳社保，工作签人员根据注册的工作岗位按照不低于巴西规定的该岗位最低薪标准执行，每个岗位均有最低薪标准规定，如果低于最低薪属违法。投资签人员无须进行工作注册。社保将根据岗位工资、出勤情况计算的应发薪酬与各类别社保费率计算后缴纳。

（1）最低薪资。按照第 MP916 号法令，国会通过巴西 2020 年底薪为 1039 雷亚尔。

（2）个人社保。2020 年的个人社保基数标准，自 3 月份开始执行，个人每月最高缴纳 854.15 雷亚尔，详见表 4-2。

表 4-2　个人社保

序号	计税基数（雷亚尔）	计税比例（%）	备注
1	0～1039.00	7.5	
2	1039.01～2089.60	9	
3	2089.61～3134.40	12	
4	3134.41～6101.06	14	

（3）个税。2020 年个人所得税计税基础，详见表 4–3：

表 4–3　个人所得税计税基础

序号	计税基数（雷亚尔）	计税比例（%）	扣税金额
1	0 ~ 1903.98	0.00	—
2	1903.99 ~ 2826.65	7.50	142.80
3	2826.66 ~ 3751.05	15.00	354.80
4	3751.06 ~ 4664.68	22.50	636.13
5	4664.68 ~	27.50	869.36

（4）公司缴纳社保。公司可以选择按工资总额的 20% 或发票额的 4.5% 缴纳，如果按发票额缴纳业主将代扣代缴 3.5%。具体采用何种缴纳方式，应根据该企业的工资总额及发票额情况进行计算评估后确定。

[**案例** 4–2]

国外英雄联盟（LOL）社区爆料：韩国选手 Won “Reset” Jun ho 以及 Lee “Shadow” Min Ho 的脸书爆料称，他们惨遭巴西的一家黑中介的欺骗，前往巴西俱乐部打工，最后老板称无钱发工资跑路，损失 6000 美元的工资。

点评：

巴西政策上不鼓励并在一定程度上限制外籍劳工进入。巴西法律规定，外国劳工的人数不得超过企业员工人数的 1/3。

有个别中国黑中介与巴西当地人勾结，组织中国劳务人员赴巴西务工，但由于假签证或对签证期限理解有分歧等原因导致劳务人员无法入境、被罚款或遣返。另一些劳务人员入境后出现签证过期无法延期、与雇佣方发生经济纠纷等情况。有些上当受骗的劳务人员甚至上当受骗后对中介的名称性质都不清楚，因此中方劳务人员应提高警惕，辨别黑中介，避免上当受骗。

外国人在巴西工作，首先保证签证合法合规，要进行巴西劳工法、环保法、管理特点、习俗等相关法律法规的培训教育，做到真正了解、掌握和遵守巴西法规和习俗，深入开展属地化管理。

工作签人员需要同巴西员工一样办理工作注册、办理工作证、体检、入职培训、劳保用品领用、正常考勤、缴纳社保、按规定休假等，且相关资料一定要齐全、存档。技术签人员不得穿公司在当地的工作服，不进行入职培训，不领取劳保用品，不能长期在办公室工作，且注意对外的通讯录等不要出现技术签人员的姓名。商务签人员不得穿公司在当地的工作服，不能在办公室有办公位，不能去项目施工现场。中方人员的护照和签证安排中方管理人员保管，不要向外部人员透露中方人员的签证情况，做好保密。当遇到政府部门检查时，签证不合适的人员要注意规避。

（四）巴西关于环境保护的法律规定

1. 环保管理部门

巴西环保主管单位为巴西环境部，主要负责促进采取认知、保护和恢复环境的原则和战略，可持续使用自然资源，在制定和执行公共政策中贯彻可持续发展等。

从职能上来看，巴西环境部主要负责宏观层面，环保领域的执法职能由其下属的巴西环境和可再生资源协会（IBAMA）、水资源管理局和西科·门德斯生物多样性保护研究所等机构来履行。这些机构的负责人虽然由环境部来任免，但是在执法过程中独立性很强，就连环境部部长本人都没有权力干涉。其中，IBAMA 权限最大，任何企业投资建厂及项目施工前，必须首先得到该机构颁发的环保证书，否则不得破土动工。

[**案例** 4-3]

大众汽车公司因“排放门”丑闻在巴西吃到第三张巨额罚单。巴西环境部门调查显示大众汽车公司在柴油车上安装了作弊软件，用以掩盖尾气排放超标数据。巴西消费者保护机构日前对该公司罚款720万雷亚尔（1雷亚尔约合1.8元人民币）。目前，大众汽车公司因尾气排放问题在巴西累计被罚款6550万雷亚尔。

尽管大众声称安装尾气排放作弊软件在巴西并不普遍，但这一表述被巴西环境和可再生自然资源管理局的报告推翻。该报告显示，此类软件安装在巴西非常猖獗，涉嫌违规的柴油皮卡使用作弊软件后，其车辆检测数据合规，但实际排放超标，仅以此款柴油皮卡在巴西的使用时间来估算，约有100吨氮氧化物已被排放到大气中。

巴西政府认为，大众汽车违背了“供应商面对消费者时应有的诚意”。2015年，大众汽车公司被曝出在美国售出的部分柴油车上安装了应付尾气检测的作弊软件，随后全球多个国家对大众生产的汽车进行调查。巴西环境和可再生自然资源管理局在国内展开调查发现，大众在巴西销售的汽车同样存在尾气排放造假现象。

巴西环境和可再生自然资源管理局表示，造假行为触犯了巴西的《环境法》，因此大众在巴西的子公司被处以5000万雷亚尔的行政罚单，同时还须尽快召回问题车辆。大众汽车公司随后承认造假行为，在巴西召回涉事的17057辆柴油皮卡，并声明在巴西全面停止使用作弊软件。

点评：

巴西是全球环保制度最严格的国家之一，土壤、水体、大气等环境资源的使用、规划、监测、污染治理等，相关法律法规相对完善。2018年，里约热内卢宣布限塑令，全面禁止提供一次性塑料吸管，餐厅、酒吧、小吃店等商户只能为顾客提供可生物降解或者可回收的吸管。此外，餐厅、超市也不允许向顾客提供一次性塑料袋，只能使用环保塑料袋。商家若违反规定，最高可被罚款6000雷亚尔。中企在巴西开展业务经营，需要重视的是关于项目前期关于环境方面评估手续。

2. 主要环保法律法规名称

巴西1981年8月颁布的第6938号法规，制定了国家环境政策，规定该政策对土壤、水体、大气等环境资源的使用进行规划和监测，保护生态系统，对污染或潜在污染活动进行控制，鼓励环保技术研究，跟踪环境质量状况，对退化地区及濒临退化地区进行恢复和保护，将环境教育纳入各级教育中。1988年巴西宪法第一次专门增加了环境一章。宪法规定了一系列保护生态平衡的法规，并确定了国家政权及公民保护环境的权利和义务等。

巴西保护环境的法律主要涉及水体保护、森林保护、大气污染的法律以及投资环境影响的评价法规。主要环境法律法规见表4–4。

表4–4　巴西主要环境保护法律法规

法律名称	发布时间	主要内容
第24643号法令	1934年	该法为巴西水资源法典，保证了为满足基本生活需求可免费使用任何水资源，同时阻止在未经政府授权或许可情况下抽取公共用水进行农业、工业及卫生行业作业。

续 表

法律名称	发布时间	主要内容
第 4771 号法律	1965 年	设立了新森林法典。
第 76623 号法令	1975 年	颁布通过《濒危野生动植物种国际贸易公约》，2000 年 9 月 21 日颁布的第 3607 号法令对具体执行该公约进行了规定。
第 231 号法令	1976 年	巴西内政部颁布了国家空气质量标准，对二氧化硫、一氧化碳、颗粒物等物质的排放标准进行了规定。
第 6938 号法律	1981 年	对国家环境政策、目的以及运行机制等进行了规定。
第 6938 号法律	1981 年	将环境许可纳入国家环境政策，规定在全国范围内强制性实施环境许可制度。
国家环境委员会第 1 号政令	1986 年	对环境影响报告基本标准和指导方针进行了规定。
第 7509 号法律	1986 年	对木材的水上运输进行了规定。
第 7754 号法律	1989 年	规定了对河流发源地的森林保护措施。
巴西国家环境委员会第 3 号政令	1990 年	设立了空气质量标准并扩大了可纳入空气质量监测和控制的大气污染物范围。
第 750 号法令	1993 年	对大西洋森林再生过渡期初级植被砍伐、开发等进行了规定。
巴西环境和可再生自然资源管理局第 44 号法令	1993 年	对森林产品运输许可进行规定。
第 1298 号法令	1994 年	通过国家森林法规。
第 9433 号法律	1997 年	建立国家水资源政策，设立国家水资源管理系统。

续　表

法律名称	发布时间	主要内容
巴西国家环境委员会第 237 号政令	1997 年	对环境许可作出规定的法规，对需申请环境许可的项目或企业设立及运营进行了规定。
第 9605 号法律	1998 年	环境犯罪法。
第 2661 号法令	1998 年	对在森林和牧区地带使用火的工作预防措施进行了规定。
第 9985 号法律	2000 年	规定设立国家自然保护区。
巴西国家环境委员会第 267 号政令	2000 年	规定禁止使用破坏臭氧层的物质。
国家环境委员会第 278 号政令	2001 年	禁止砍伐和开发大西洋濒危树木。
国家环境委员会第 303 号政令	2002 年	对永久保护林标准、定义和限制进行了规定。
巴西特别环境秘书处第 41 号政令	2002 年	设立了大气排放标准。
巴西特别环境秘书处第 13806 号法律	2002 年	对大气污染控制活动的控制、空气质量的标准和管理进行了规定。
巴西环境部第 1 号技术法规	2003 年	设立森林产品和资源控制监测整体系统。
巴西环境和可再生自然资源管理局第 31 号技术法规	2004 年	对在国家林区内开展矿业研究及采矿活动，领取相关许可的程序进行了规定。
巴西环境和可再生自然资源管理局第 75 号技术法规	2005 年	对土地改革项目及其他公共项目进行中，获得砍伐许可证的程序进行了规定。

续　表

法律名称	发布时间	主要内容
第 5440 号法令	2005 年	对水供给系统质量控制程序及有关概念进行了规定，并设立了对居民饮用水质量信息调查机制。
第 11428 号法律	2006 年	对大西洋森林原生植被使用和保护进行了规定。
巴西环境和可再生自然资源管理局第 3 号技术法规	2007 年	对受财政鼓励及强制恢复森林的开发进行规定。
巴西联邦 12651 号法律	2012 年	对本土植物保护做出法律规定，并对过去相关法规做出修订。

3. 环保法律法规基本要点

1998 年 2 月 12 日第 9605 号法律《巴西环境犯罪法》（LEI No 9.605, DE 12 DE FEVEREIRO DE 1998.）规定，对环境有害的行为和活动将处以刑事或行政和其他措施的制裁。

（1）危害动物罪。

没有主管部门的正当许可、执照、授权或者不按照取得的许可、执照、授权，杀害、追赶、猎取、捕获、使用所在国或迁徙路线上的野生动物，处 6～12 个月的拘留和罚金。

以下情况为相同刑罚：

①未经许可、授权阻止动物繁殖的；

②修改或破坏动物巢穴、保护区或自然繁殖区；

③未经授权许可出售、展示、交易、获取、囚禁动物卵、幼虫或野生动物标本。

对于没有被视为濒临灭绝的家庭饲养的动物，法官可根据情况不进行处罚。

野生动物是指所有属于本地，迁徙和其他任何水生或陆生物种的动物，其全部或部分生命周期都在巴西领土或巴西管辖水域范围内的动物。

针对以下犯罪，刑罚增加一半：

①针对稀有物种或被视为濒临灭绝的物种犯罪；

②在禁止的狩猎期间；

③夜间狩猎；

④滥用许可；

⑤在保护区中狩猎；

⑥使用能够造成大规模毁灭的方法或仪器。

如果犯罪是由于从事专业狩猎而造成的，则刑罚增加至3倍。（本条的规定不适用于捕鱼行为）

未经环境主管部门的许可，将生皮、两栖动物和爬行动物出口到国外，处以1年至3年监禁，并处罚款。

在没有得到官方技术意见和许可的情况下，将动物引入该国，处以3个月至1年监禁，并罚款。

虐待、伤害或毁坏野生、家养以及本地或外来动物的行为，处以3个月至1年监禁，并罚款。在存在替代资源的情况下，即使是出于教学或科学目的，对活体动物进行痛苦或残酷实验的人也会受到同样的惩罚。如果动物死亡，处罚加重1/6至1/3。

通过排放废水或污染物质，使巴西河流、湖泊、堰、海湾或管辖水域中存在的水生动物标本灭亡，处以1年至3年监禁或罚款，或两者并罚。

在禁止捕鱼期间或主管机构禁止的地方捕鱼，处以 1 年至 3 年监禁或罚款，或两者并罚。

采用以下方式捕鱼的：使用爆炸物或其他对水生动物造成相似后果的物质，使用有毒物质或政府部门禁止使用的其他物质，处以 1 年至 5 年监禁。

（2）危害植物罪。

破坏永久性自然保护区（即使其在形成之中），或者违反保护准则使用这类森林资源、毁坏或损坏被认为属于永久保存的森林，处以 1 年至 3 年监禁或罚金，或者二者并处。

未经主管部门许可砍伐被认为属于永久保护的森林，处以 1 年至 3 年的监禁或罚金，或者二者并处。

对保护区或 1990 年 6 月 30 日第 99724 号令第 27 条规定的区域实施直接或间接损坏的，处以 1 年至 5 年的监禁。

应注意：

①保护区包括生物保护区，生态保护区，生态站，国家、州和市公园，国家、州和市森林，环境保护区域，具有生态利益的区域和精选生物保护区或其他政府确定的区域。

②对保护地内的濒危物种造成损害结果属于量刑的加重情节。

③如果犯罪属于非恶意的，刑罚减轻一半。

制造、销售、运输或释放能够引起森林和城市地区或任何人居地的植被火灾的，处以 1 年至 3 年的监禁或罚金，或者二者并处。

为了工业、能源目的或者其他不符合法定目的的经济性和非经济性利用而砍伐行政法确定的或者将其制成木炭的，处以 1 年至 2 年的监禁和罚金。

没有主管部门的执照或未经注册买卖动力锯，处以 3 个月至 1 年的监禁和罚金。

本节规定的犯罪的加重情节，在下列情况下，可以加重1/6至1/3的刑罚：

①犯罪事实的结果导致自然水源减少、土壤腐蚀或气候改变。

②在下列情形下犯罪的：

A. 在种子传播时节；

B. 在植被形成时节；

C. 针对稀有的和濒危的物种，即使是仅在犯罪地对这类植物造成了威胁；

D. 洪涝和干旱的时节；

E. 在夜间、周日或假日。

（3）环境污染或其他环境犯罪。

对人体健康造成或可能造成伤害，对动物造成死亡，或对植物群造成显著破坏的各种形式污染的，处以1年以上4年以下监禁，并处罚金。

未经相关政府部门的许可或授权，或违反许可或授权的条件，对矿产资源实施勘探、采集和提炼的，处以6个月以上1年以下监禁，并处罚金。

违反相关法律或法规的规定，生产、加工、包装、进口、出口、交易、提供、运输、贮藏、保存、使用有毒物质或对人体健康或环境有害的产品或物质的，处以1年以上4年以下监禁，并处罚金。

没有主管部门的执照或授权，或不按照法律和法规规定的相关规则在国土上建造、改造、扩建、安装或使用任何建筑、工程或者对公共设施造成潜在污染的，处以1个月至6个月的监禁或罚金，或两者并处。

传播任何对农业、家畜、动物群、植物群和生态系统有害的疾病、害虫或其他物种的，处以 1 年以上 4 年以下监禁，并处罚金。

（4）违反城市管理和危害文化遗产罪。

致使下列物品毁坏、破损的，处以 1 年至 3 年的监禁和罚金：

①受法律、行政法规或司法决定特别保护的物品；

②受法律、行政法规或司法决定特别保护的档案、记录、博物馆、图书馆、艺术收藏、科学装置等。

未经主管部门授权或者不按授权要求，改变因风景或生态、旅游、艺术、历史、宗教、或纪念价值而受法律、行政法规或司法决定特别保护的建筑或地点的外表或结构的，处以 1 年至 3 年的监禁和罚金。

未经主管部门授权或者不按授权要求，在因风景或生态、旅游、艺术、历史、宗教、民族或纪念价值而不允许在其上或周围进行建筑的区域内进行建筑的，处以 6 个月至 1 年的监禁。

在城市建筑物或纪念碑上涂鸦或以其他方法污染的，处以 3 个月至 1 年的拘留和罚金。

如果在因艺术、考古或历史价值而受保护的纪念碑或其他建筑上实施犯罪，处以 6 个月至 1 年的拘留和罚金。

（5）妨碍环境管理罪。

在给予环境授权或发放执照的过程中做虚假或欺骗性陈述，隐瞒事实或者隐匿信息或科学技术资料的，处以 1 年至 3 年的监禁和罚金。

违背环境规则从政府获得授权才能实施的活动、工作或服务提供执照、授权或许可的，处以 1 年至 3 年的拘留和罚金。

任何具有合同规定或法定义务的人不履行与环境利益相关义务的，处以 1 年至 3 年的拘留和罚金。

阻碍或者妨碍政府实施环境监管行为的，处以 1 年至 3 年的拘留。

4. 环保评估的相关规定

项目建设前如需占用环境资源或可能对环境产生破坏（包含耕地、水域等），必须向政府部门进行申请得到许可证明。

（1）签发环境许可证的机构。

巴西环境部、巴西环境和可再生自然资源管理局（IBAMA）负责涉及国家战略重大资源的项目或者地跨两个州以上的重大工程项目；各州市环境局（SEMA）负责普通工程。

（2）环境许可（LA）。

项目的环境许可，对项目规划、设计、建设、运营各个阶段的发展是必不可少的，LA 由 LP、LI、LO 组成。

（3）环境预许可证（LP）。

用于项目初期的设计、项目选址等审批。

（4）伐木许可（ASV）。

由国家环保局（IBAMA）或州立环保局（SEMA）批准，执行伐木施工的前提。

（5）环境影响研究（EIA）和环境影响报告（RIMA）

申请 LI 所必须的文件。

（6）环境基本计划（PBA）。

LI 申请需要提交的文件，由业主提交（一般是业主指定的环境监理公司编制）。

（7）永久保护区（APP）。

沿水道、池塘、湖泊或水库周围，泉水和泉眼附近，山顶上，沙丘上，高原或高原边缘，坡度大于 45°的坡度和路径上的区域。

（8）关键程度次于永久保护区（AC）。

关键区域即容易遭到破坏的区域。

（9）考古区域（PA）。

是指存在具有任何性质的考古，史前或历史起源的物品，代表过去人类占领的见证或痕迹。这种遗产主要表现为石床、墓穴、墓地、洞穴、岩石下的庇护所、岩石铭文以及发现陶器碎片（陶罐或陶罐的碎片）、石罐和斧头、尖头和箭头、陶制土管的地方等。

（10）环境恢复计划（PRAD）。

它旨在恢复因项目建设而改变的土地的原始特征，防止，减少或消除侵蚀过程的出现。构成该计划的措施包括土木工程，例如：在受施工影响的位置安装通道，挡土墙、栅栏、草本、灌木和乔木树种等。PRAD 由施工单位环境工程师编制，提交业主审批。

根据建设项目规模以及对环境影响程度，环评申请手续的审批时间一般为 3 个月至 24 个月；不少工程建设项目的环评审批耗时较长，甚至因环评手续导致项目被迫延迟。

（五）巴西反对商业贿赂的法律规定

1. 适用的法律

目前为止，巴西并没有像委内瑞拉和乌拉圭那样制定一部统一的反腐败法，有关处理腐败问题的措施由刑法和专门法律予以规定，涉及的法律法规主要如下：

（1）《反洗钱犯罪法》（LEI No 9.613/1998）。1998 年颁布，适用于个人和企业犯罪。根据该法规定，洗钱就是把非法获得的货物和价值观合法化。针对这一行为，除了其他制裁之外，法律规定监禁 3～10 年并处罚款。对于公司来说，罚款（i）相当于用于洗钱的合同价值的两倍，或者（ii）等于洗钱行动中获得的利润的两倍，或者（iii）2000 万雷亚尔。

（2）《反贪腐法》（LEI No 12.846/2013）。2013 年颁布，适用于企业犯罪。依照本法，公司涉及腐败活动需将非法所得上缴国库，并按启动诉讼程序前一年度的营业总额的 0.1% ~20% 的罚款。

（3）其他法律法规。除上述两部法律外，巴西《刑法典》中有关腐败问题的惩罚性规定主要有：侵吞公款（第 312 条），以权谋私（第 316 条），收受贿赂（第 317 条）；不履行公共职责（第 319 条），在国际商业交往中行贿受贿（第 337 条 B 款），行贿（第 333 条），在竞标中违反招标机密（第 326 条）。刑法中有关反腐败方面的法律框架比较完善，被国际廉政组织（Global Integrity）认为“非常强大”，但是巴西的司法效率低下是全球闻名的，这也是巴西反腐败斗争裹足不前的重要原因，因为对腐败犯罪的惩戒功能没有得到充分彰显。

①《反不当行政法》（LEI No 8.429/1992）。适用于个人和企业犯罪，打击公职人员以及向公共实体提供服务的公司非法敛财。对于参与非法行为的个人（即使不是公务员），法律规定了赔偿金额可达损害额的 3 倍；对于违法企业，禁止在 2 ~5 年向公共机构提供服务，禁止接受税收或财政奖励。

②《招投标法》（LEI No 8.666/1993）。适用于个人和企业犯罪，打击为公共实体提供服务的合同欺诈。对于企业来说，可在 2 年内禁止其向公共机构提供服务并按合约额的 2% ~5% 处以罚款。对涉案个人可处以 6 个月到 6 年有期徒刑，并处罚金。

③《经济犯罪法》（LEI No 8.137/1990）。适用于个人犯罪，如果腐败行为被认为涉及破坏经济秩序，例如在公职人员的帮助下，组建一个垄断公司，获得非法的市场优势，可以适用这一法律，对涉嫌违法行为的人员，处以 2 ~5 年的监禁。

除了上述法律外，根据贪腐案件的具体特点，还适用于其他法律，例如《民法典》（LEI No 10. 406/2002）、《公共民事诉讼法》（LEI No 7347/1985）、《反犯罪团伙法》（LEI No 2. 850/2013）和《消费者保护法典》（LEI No 8. 078/1990）等。与此同时，某一法律对案件的适用并不妨碍其他法律也适用于同一案件。

2. 反对商业贿赂或官员腐败行为的法规要点

据国际透明组织2019年最新报告显示，通过对全球180个国家和地区反腐败情况的评估，巴西在世界反腐败水平排名第106位，较2018年排名下降1位，得分35分（100分制），低于平均得分43分。

同时，巴西非常重视参与国际间的反腐合作机制，并且在执行这些国际反腐条约方面表现积极。目前巴西已经签署并批准了四个最重要的国际反腐条约：美洲国家组织（OAS）的《美洲反腐败公约》（2002年7月批准）、《经济合作与发展组织禁止在国际商业交易中贿赂外国公职人员公约》（2000年8月批准）、《联合国反腐败条约》（2005年6月批准）、《联合国打击跨国有组织犯罪公约》（2004年1月批准）。不仅如此，巴西还连续主办了多次国际性和区域性反腐会议。

[案例4-4]

2014年年底开始，巴西石油公司腐败案不断发酵，代号为“洗车行动”的反贪调查把政商两界不少高官拉下马。伴随调查深入，该国最大建筑企业的海内外行贿丑闻也逐渐浮出水面。

在拉美建筑行业，几乎没有谁能和巴西奥德布雷希特建筑公司比肩。这一家族企业2016年底承认，曾在12个国家以行贿手段获得工程合同，贿金总额将近8亿美元。除巴西本国外，奥德布雷希特公司的“行贿足迹”还遍及9个拉美国家，分别是墨西哥、阿根廷、秘鲁、委内瑞拉、古巴、洪都拉斯、危地马拉、巴拿马和多米尼加。自2015年以来，拉美多国开始调查奥德布雷希特公司行贿案，多名政府高官近期被曝卷入其中。

奥德布雷希特公司自1998年一共在秘鲁参与23个公共工程项目，涉及金额至少169亿美元，其中16个工程被查出有潜在违规风险，导致国家损失2.83亿美元。

哥伦比亚检方逮捕了交通部前副部长加布里埃尔·加西亚。此人涉嫌于2009年向奥德布雷希特公司索贿650万美元，交换条件是将一条主要高速公路的合同给予这家公司。他是因牵扯奥德布雷希特公司腐败案而在哥伦比亚被捕的第一人。

除立法层面对腐败行为的打击和惩处，巴西的反腐败机构对于反腐机制建设起到了重要作用，主要有以下四种：

（1）联邦检察院。

宪法赋予联邦检察院广泛权限，独立于行政、司法、立法三大权力机构，在巴西有“第四权力”之誉，可以独立调查一切违反公共利益的案件。联邦检察官只服从于法律和自己的良心，联邦检察长亦无权干涉检察官的调查活动。

（2）国会调查委员会。

宪法规定国会任何一院都可以联合或单独成立国会调查委员会来监督和调查具有重大意义的案件，国会调查委员会是隶属于立法部门的一个重要反腐机构。

（3）联邦审计法院。

联邦审计法院是协助国会进行监察的最高审计机构，拥有很强的独立性，有权对总统的账目开支以及立法、司法、行政机构和一切国有企业的财产账目进行审计，一旦发现不法行为，审计法庭可以命令其作出改正或临时没收嫌疑人的财产。

(4) 联邦警察局。

隶属于司法部，宪法赋予其“对违反政治和社会秩序，或者违反联邦政府的美德、服务和利益的刑事侵害进行调查”的重大职责。联邦警察可以独立地调查包括腐败、洗钱在内的各种刑事案件，有权根据公民举报对政府部长、州长等高级官员展开调查。

(六) 巴西对外国公司承包当地工程的规定

1. 许可制度

巴西没有专门负责外国企业在巴西开展承包工程的综合管理部门。财政部，发展、工业和外贸部等相关部委均有部分相关政策措施。在巴西国内实施的大型基础设施项目，根据涉及行业领域不同由不同部委分管。如以技术密集型为主的冶金、石化和水力等工程由巴西矿能部管理，而以劳动密集型为主的房建、修路等单纯土建项目由巴西交通部管理。外交部合作司负责管理利用联合国等世界金融组织贷款进行的工程项目，州政府各局负责本局工程项目，州工程局负责市政建设工程，如排水供水、城市化工程、卫生工程等。电力能源类项目则由 ANEEL（巴西电监局）负责，如发电类项目、输变电项目，每年 ANEEL 都会举行能源及新能源类项目拍卖、输变电项目类拍卖。如 2019 年举行了 2 次输变电项目拍卖、6 次能源及新能源类拍卖，2020 年受新冠肺炎疫情影响，ANEEL 则取消了所有的能源及新能源项目拍卖，但于 12 月份举行一次输变电类项目拍卖。鉴于巴西近年来在基础设施方面缺乏资金、投资不足，2004 年 12 月 30 日政府实行了“公私合营模式法”（PPP），旨在为基础设施建设领域开展融资、保持经济持续增长创造条件。“PPP 模式法”联邦管理委员会由计划部、财政部、总统府民办组成，对国内大型基础设施项目招标及建设统一管理。

点评：

任何外国公司在巴西实施工程项目都需要在巴西联邦商会注册，常规的做法是成立有限责任公司。公司在联邦商会注册后，还需要在联邦、州、城市三级税务机关登记。操作任何项目必须要有技术负责人，技术负责人必须为在巴西专门的工程师协会注册的相关专业注册工程师。因外国人获得该注册较难，一般技术负责人从本地招聘。

任何使用环境资源以及当前或将来可能对环境造成污染的建筑设施，其建筑、安装、扩建和使用，必须得到政府环境保护机构的项目预许可。在某些情况下，必须经联邦环境保护局和巴西环境可再生自然资源研究所的分析确认，才能颁发许可证。对当前或将来可能造成环境污染的项目或活动，必须实施环境影响研究分析，出具环境影响分析报告。

上述项目或活动必须取得初步许可证、安装许可证、运营许可证。

（1）初步许可证。也称作预许可，它被授予初步规划步骤，在批准该位置和工作的概念。适用于项目实施的预备阶段，包括在选址、设置和操作过程中需要满足的基本条件。它指出对环境的可行性，并且限定条件，以与其他步骤得以遵守。

（2）安装许可证。项目实施前的批准程序；它授权的安装工作，根据所提出的环境保护措施和项目，它建立的条件在施工步骤必须遵守。

（3）运营许可证。批准项目的实施以及污染控制设备的运行。它授权的工作的操作中，有效遵守事先许可的注册的检查之后，判断为操作步骤的附加条件。

项目工程建设、验收的要求最低应满足巴西技术标准委员会的相关专业技术标准，设备及材料采购则应满足美国 ASME 标准。与业主签订的项目合同中有专门的质量、安全、环境、进度、健康、设计等标准和规范。承包商根据合同中的标准和规范制订相应的操作程序文件报业主审批，业主批准后方可执行，承包商必须按业主批准的程序文件要求操作项目，否则业主有权要求停工整改甚至拒绝接受项目工程。合同执行过程对当地化的比例要求较高，达 75%。如不能满足当地化比例要求，可能招致罚款。项目合同中的罚款条款比较严厉，工程延期、性能试验不达标、环境排放不达标、达不到当地化比例等都会导致业主罚款。工程结束后业主按照合同规定对工程进行验收，符合合同要求，业主签发临时验收证书 CAP，项目进入质保期，质保期一般为两年，质保期满后工程没有发现承包商责任问题，业主签发最终验收证书 CAF，项目合同结束。

2. 禁止领域

在涉及国家国防、安全等领域禁止外国承包商在当地承包工程。

3. 招标方式

特许经营权项目由巴西联邦政府各部负责本部工程项目及采购招标，如 ANEEL 则负责电力能源类项目的招标，像燃气电站、燃煤电站、生物质发电、太阳能发电、风能发电以及输变电等项目。巴西工程项目招标的法律、程序和方式与欧美国家相近。承包当地工程的招投标方式一般为公开招标，邀请招标和议标。

业主分为国有和私营两大类，国有企业招标比较正规，通过公司网站发布招标信息，标书制作有着严格的要求，整个投标过程比较公平公正。

私营企业的招标则各不相同，也相对不太规范，业主通过邮件发布招标信息，对标书的编制也没有明确的规定。

但不论是国有企业还是私营企业，都要先通过企业注册成为该公司的合格供应商后才有资格参与项目的投标。

（七）巴西对保护知识产权的规定

1. 当地有关知识产权保护的法律法规

20 世纪 70 年代以后，巴西政府相继出台了《工业产权法》（1971 年）（包括商标和专利）、《著作权法》（1998 年）、《计算机程序著作权保护法》（1998 年）、《生物安全法》（1995 年）、《种子法》（1997 年）等法律法规，保护和激励知识创新，促进本国经济增长。

巴西不断修改和完善专利制度，为保护知识产权提供更有效的法律保障。1996 年巴西引进新的工业产权制度，同时修改了《工业产权法》，新法于次年 5 月 15 日生效。设在里约热内卢市的巴西国家知识产权局负责审查和批准专利申请、登记注册商标、审批引进技术等工作。该局隶属于巴西发展、工业和外贸部，现有工作人员约 600 人，年审理知识产权申请近 3 万份。2004 年，巴西又成立了一个由政府、企业、社会团体共同组成的机构——“打击盗版和制止侵犯知识产权全国委员会”，其成员来自 7 个政府部门以及联邦警察局、联邦公路运输局和联邦税务局，另外还有 4 名相关产业部门的代表和 2 名国会代表。

（1）对知识产权保护类型和要求。

巴西的知识产权保护类型包括发明专利、实用新型专利、外观设计专利、版权、商标、商号、未公开信息、植物新品种、集成电路布图设计和地理标志等。巴西知识产权制度中对于各个保护类型的定义或要求：

①发明专利。任何一种包含了创新性步骤和具有工业应用价值的创新（《工业产权法》第8条）。任何自然人或法人都可以提出专利申请或工业设计的注册登记，专利申请只在巴西领土范围内有效，国家对专利给予有效保护。专利保护期为申请之日起20年或授权之日起10年。

②实用新型。可以应用于工业的，具有新的形态或结构，包含了创造性活动。有效期限为申请之日起15年或授权之日起5年。

③外观设计。装饰性的艺术实体或者由线条、颜色组成的表示一个产品的装饰性设计；从外观上来看，该设计具有新的和原创性的视觉效果，能够用于某种工业制造（《工业产权法》第95条）。有效期限为从申请日起10年。

④著作权。由人类创造性智力活动产生的具有创新性和原创性的智力成果，这些智力成果由有形或无形的任何方式表达出来。保护期限为作者有生之年加上其死亡后70年。

⑤软件。软件即计算机程序，第9.609号法令（1998年2月19日）《计算机程序著作权保护法》，计算机程序的保护期限为50年。

⑥商标。视觉上可辨识（《工业产权法》第122条），具备显著性、客观真实性、合法性、可申请性。保护期限为从注册授予之日起10年，届满后可以续期。自注册后连续5年不使用，即丧失商标权。

⑦商号。要求商业公司进行公共登记注册，同时要求对以下商业活动也进行行政登记：A. 为商业公司进行公共登记的有法律约束力的行为提供担保或为其进行广告宣传、真实性、安全性和有效性保证的行为；B. 外国公司在巴西境内的经营行为。

⑧未公开信息。包括：A. 针对用于动物疾病治疗、肥料、化学农

药的商业化药品或其相关原料，为获取相关行政审批或登记注册，作为必要条件向相关部门提交的信息；B. 针对用于人类的商业化药品或其相关原料，为获取相关行政审批或登记注册，作为必要条件向相关部门提交的信息；C. 工业或商业性质的保密信息。

⑨植物新品种。某种高一级植物的基因或种类的品种，通过最低限度的基因特征性表达，使其明显区别于其他已知品种，且其在后续的连续繁殖后基因特征保持了一致性和稳定性，其在农林系统和有关杂交物种的基因遗传信息中具有价值，并在公众容易获得的公开出版物中得到描述（2366 号法令第 5 条）。保护期限为从颁发《植物品种保护证书》之日起 15 年。

⑩集成电路布图设计。要求设计是原创的、不寻常的、新颖的。保护期限为从申请日或首次利用两个日期中比较早的一个开始计算 10 年。

⑪地理标志。包括：A. 原产地标识，是指作为获取、生产、制造特定产品或服务的地理中心点的国家、城市、地域或城镇的地理名称；B. 原产地名称，指代的国家、城市、地域或城镇的名称，必须满足产品或服务的质量或特性基于或实质依靠当地的地理环境，包括自然和人文因素的要求（《工业产权法》第 177 条、第 178 条、第 182 条）。

（2）保护知识产权的法律法规。

巴西属于成文法国家。有关知识产权的立法权为国会所特有，各州不能自行立法。巴西知识产权法律的渊源主要包括：

· 《巴西联邦宪法》第 29 章第 5 条；

· 《巴西民法典》；

· 《巴西民事诉讼法典》；

· 《巴西刑事诉讼程序法典》；

·《工业产权法》(LPI)(2001 年修订);

·《版权法》(LDA)(1998);

·《计算机软件保护法》(LDS)(1998);

·《植物新品种保护法》(1997);

·《生物安全法》(1995);

·《集成电路布图设计法》(2007);

·《巴西广告登记法典》(CONAR);

·《国家工业产权局生物技术和制药领域专利申请指南》(1994 年 12 月提出);

·《国家工业产权局专利部专利检索手册》(2002 年 12 月公布);

·《国家工业产权局第 132 号决定》(2006 年 11 月颁布);

·《国家公共健康署第 45 号决定》(2008 年 6 月颁布);

·《巴西保护生物多样性和遗传资源暂行条例》(2001);

·《生物技术与制药领域专利申请指南》;

·国家工业产权局(INPI)、国家公共健康署(ANVISA)等行政机构的其他决议;

·巴西加入的国际公约(例如 TRIPs 协议、1994 年版本的《保护工业产权巴黎公约》、1978 年版本的《国际植物新品种保护公约》)等。

点评:

文化产业的年产值已占巴西国内生产总值的 13% 左右,但各种盗版音像制品和游戏软件也充斥巴西市场。巴西市场上大量盗版和假冒产品的出现,严重侵犯了知识产权,导致政府税收大量流失,干扰了正常的国民经济。据巴西税务局估计,巴西每年因走私、假冒、盗版等侵犯知识产权而造成的经济损失达 15 亿美元以上。

针对市场上猖獗的盗版侵权活动，巴西政府不断修改和完善专利制度，为保护知识产权提供更有效的法律保障。巴西成立了跨部门的打击盗版和制止侵犯知识产权全国委员会，其成员来自联邦警察局、联邦税务局、海关等政府部门，统一协调全国打击盗版侵权的行动。

2. 知识产权侵权的相关处罚规定

巴西知识产权保护的行政执法部门主要包括巴西海关和警察局等。巴西联邦宪法确立了五个警方执法机构：联邦警察局、联邦公路警察局、联邦铁路警局察、州军事警察局和消防队、州民事警察局。其中，前三个附属于联邦政府，后两个隶属于州政府。所有的警察机构都是联邦或州政府的行政机构的一部分。知识产权方面的行政执法主要由联邦警察局和州民事警察局来执行。

作为南美洲重要的发展中国家，巴西历届政府十分重视知识产权法律制度建设。巴西政府从制度上和法律上加强对知识产权的保护力度，逐步建立起比较完整的知识产权保护体系和管理工作体系。

点评：

近年来，巴西多次采取大规模联合行动，打击各种侵犯知识产权的违法行为，重点对走私、假冒和盗版制品的源头，如贸易港口、边境城市、批发市场等进行了缉查。

巴西政府近年来提高了执法严格程度，对于侵权的惩罚力度也较强。其中，在依法对于专利权人的保护方面做得较为完善。

在巴西，当专利权人拥有提起民事诉讼的必要证据时，为了立即停止侵权行为，专利权人可以要求采取临时措施。依照巴西《工业产权法》第209条规定，在专利侵权案件中，允许法官授予临时禁令，以阻止进一步侵权。原告可以在任何时候请求采取临时禁令（甚至在被告知悉诉讼之前）。法官甚至可在原告未作出明确请求的情况下授予临时禁令（若其认为向被告发送传票将对证据的完整性造成威胁的话）。而且，还允许取得临时禁令以在依据事实真相作出最终判决之前冻结侵权人的资产。此外，《巴西民事诉讼法典》允许在被告经营场地单方搜查和扣押侵权产品。除民事诉讼外，也可以针对侵权人的资产执行刑事调查。

认定被告有罪的判决生效后，法院可能会命令销毁扣押的侵权产品；可能根据当事人的实际情况，对被告采取逮捕措施。专利侵权的刑事处罚一般是 1 个月至 1 年的有期徒刑或者判处罚金。

（八）巴西政府对于外资购买土地的规定

（1）依据巴西 1971 年 10 月公布的第 5709 号法和 1974 年 11 月 26 日公布的实施细则（第 74956 号法），在巴西的外国居民（指在巴西有居住权的外国人）、被批准在巴西营业的外国法人和外资占大股的合资企业均可在巴西获得土地不动产，但必须遵守以下规定：

外国自然人或法人购买的土地必须在巴西国家安全委员会认为不会影响国家安全的地域。

外国自然人或法人购买的土地面积不能超过所在市总面积的四分之一；在每一个市，同一国籍的外国人不能拥有上述限额的 40%，但土地面积小于三块莫都乐（MODULO，土地面积单位，因所处地理位置而异。一块莫都乐最小为 5 公顷，最大为 110 公顷）以下的土地不被计算在可获土地面积限额之内。如果有利于国家发展计划的实施，法令规定可以作个案处理。

对欲移居巴西的外国人，即使尚在原籍国家居住，亦可被允许在巴西购买土地，条件是：三年内定居巴西并对其土地进行开发。如不能做到，土地将重新归原卖主；如果买方有正当理由未能在三年内定居巴西，但已经对所购土地实施长期开发计划，那么前述三年的限期可延长。

外国自然人购买土地不得超过50块莫都乐，不论土地是否连接在一起；购买土地在3～50块莫都乐之间，必须获得巴西土地开垦和土改局的批准；3块莫都乐以下的土地，可自由购买，不需批准。但是，自然人要购买一片以上的、每片都不超过3块莫都乐的土地，则需要批准。自然人要购买20块莫都乐以上的土地，必须有相应的开发计划，并获得批准。

（2）私人垦殖企业开发的分片土地（指将农村大片荒地通过修路等进行合理分片），至少应有30%分给巴西人。垦殖企业负责依法对外国人获得土地进行指导，直至完成公证手续。该企业每半年应向INCRA递交土地获得者名单，报告“分片土地”中属外国人的比例。（私人垦殖企业是指“以实施使土地增值或土地分片计划为目的的，定居或居住在巴西的本国或外国自然人，或在巴西组建的或总部在巴西的法人”。）

（3）凡需要批准的土地，购买者必须向INCRA提出申请，并说明获得新土地后，自己拥有的土地总面积将不会超出50块莫都乐。如果在50块以内但又超过20块莫都乐，买主需递交开发计划。

（4）INCRA在听取国家安全委员会意见后才可以发放批准书，批准后买主即可进行公证。公证时应带身份证、在巴西居住证明、

INCRA 批准书。

（5）INCRA 的批准书有效期仅 30 天，买主必须在此期间进行公证，并在随后的 15 天内，到不动产登记所进行登记。

（6）外国法人或外资占大股的合资公司，只有在以下情况下才能购买土地：从事与其法定营业目的相关的农作物种植、畜牧业、工业或垦殖定居。申请由农业部负责审批，但要征得 INCRA（负责评定垦殖计划）、SUDAM－亚马孙发展总署和 SUDENE－东北地区发展总署（两者负责评定农业、畜牧业计划）、发展工商部（负责评定旅游项目）的同意。申请时应提交各种法人证明文件。申请被批准后，也应在 30 天内进行公证，并在随后 15 天内到不动产登记所登记。

（7）任何违反法律规定获得的土地不动产完全无效。

（九）巴西对中国企业投资合作的保护政策

1. 双边投资保护协定

1994 年 4 月，中国与巴西政府签署了《关于鼓励和相互保护投资协定》工作文本，但是该协定和巴西政府对外签署的其他双边投资保护协定一样，尚未经过巴西议会批准。

2. 中国与巴西签署避免双重征税协定

1991 年 8 月，中国和巴西政府签订了《中华人民共和国政府和巴西联邦共和国政府关于对所得避免双重征税和防止偷漏税的协定》。

3. 其他协定及发布的声明

近 10 年中巴之间签订的主要的避免双重征税协定如下：

（1）两国政府 2010—2014 年共同行动计划（2010 年 4 月 15 日）。

（2）中巴关于从巴西输入熟制牛肉的检验检疫和兽医卫生条件议定书（2010 年 4 月 15 日）。

（3）中巴关于巴西烟叶输华植物检疫要求议定书（2010 年 4 月 15 日）。

（4）中国国家质量监督检验检疫总局与巴西发展工业外贸部和巴西计量标准和工业质量研究院合作谅解备忘录（2011 年 4 月 12 日）。

（5）中华人民共和国政府和巴西联邦共和国政府十年合作规划（2012 年 6 月 21 日）。

（6）中华人民共和国政府和巴西联邦共和国政府关于海关行政互助的协定（2012 年 6 月 21 日）。

（7）中华人民共和国农业部与巴西联邦共和国农业、牧业和食品供给部关于加强农业合作的战略规划（2012 年 6 月 21 日）。

（8）中华人民共和国商务部和巴西联邦共和国工业、外贸和服务部关于电子商务合作的谅解备忘录（2017 年 9 月 1 日）。

（9）中华人民共和国政府和巴西联邦共和国政府关于修订《中华人民共和国政府和巴西联邦共和国政府关于简化商务人员签证手续的协定》的协议（2017 年 9 月 1 日）。

（10）中华人民共和国国家质量监督检验检疫总局与巴西联邦共和国工业、外贸和服务部和巴西联邦共和国国立计量、质量和技术研究院谅解备忘录（2017 年 9 月 1 日）。

（十）在巴西解决纠纷的主要途径及适用法律

1. 商事纠纷解决途径

在巴西发生商业纠纷，如果需要维持良好的合作关系和避免额外司法费用，首选的解决途径是协商和解，双方代表就争议事项进行沟通谈判，尝试达成一致的解决意见，最后可通过和解书（Acordo）的形式书面确定下来，保障未来可被执行。同时在发生争议时，可以选择发送律师起草的法外通知（Notificação Extrajudicial，类似于律师函），正式说明其诉求并限期答复或执行，否则将诉诸司法途径解决纠纷。因此，法外通知一般可看作发起诉讼或仲裁的信号。

争议的当事双方如果无法和解，可以根据双方合同选择诉讼、仲裁或争端裁决委员会的方式机制解决纠纷。

(1) 民事司法程序。

巴西对外资企业实行国民待遇，外资企业与本国企业一样必须遵守巴西的所有现行法律，专门涉及巴西国内管理外国投资的主要法律包括《外国资本法》和《外资管理法施行细则》。商业纠纷一般主要涉及债权纠纷，在此主要介绍债权人追索债务的司法途径。

在巴西，根据证明债权真实性文件的效力，巴西的民事诉讼法典提供了三种可供债权人选择的民事司法程序，分别是：执行程序、简易追偿诉讼和普通追偿诉讼。每种程序都有其特定规则。通常情况下，程序越高效，对于文件证据和适用条件的要求也越高。

①执行程序。

最长一般不超过两年。

《巴西民事诉讼法典》第二卷第 771 ~ 925 条对执行程序作了明确规定，执行程序可以理解为一种扣押偿债程序，十分类似于中国的督促程序。根据中国《民事诉讼法》规定，人民法院可根据债权人的申请，以支付令的方式，催促债务人在法定期间内向债权人履行给付金钱和有价证券义务，如果债务人在法定期间内未履行义务又不提出书面异议，债权人可以根据支付令向人民法院申请强制执行的程序。因为对辨方能提出的抗辩理由及依据有十分严格的限制，该程序是在巴西解决债务纠纷最为迅速的民事司法程序。

执行程序的必要条件是提供载有明确且到期应付的债务的文书，

债权人主要可根据票据（包括发票、本票、汇票、支票、债券等）和特定文书（包括有效的司法判决、仲裁裁决或具有两名证人共同签署的协议等）申请执行程序。（详见《巴西民事诉讼法典》第 784 条，共 12 种情形可适用该程序）。

法院受理后，债务人需要在收到法院传票之日起 3 天内支付应付债务。如债务人不能按期履行付款责任，债权人有权要求法院依照如下次序扣押债务人的资产以供清偿债务：

· 银行存款、现金和投资提存款；

· 政府公债；

· 市场上市的债券和证券；

· 陆上交通工具；

· 不动产；

· 其他一般动产；

· 家禽家畜；

· 船只和飞机；

· 股票和股权；

· 特定比例的业务收入；

· 珠宝或贵金属；

· 从销售承诺和担保信托销售中获得的收购权；

· 其他权利。其中最常见的是扣押银行存款，法院将通过巴西央行和司法部联合建立的 BacenJud 系统向巴西央行提交账户冻结申请，所有债务人名下的银行账户都将被冻结与债务等值的金额（仅被冻结金额无法使用），之后随机选择一个余额充裕的银行账户，转移与债务等值的金额到法院账户，债务人的其他银行账户被冻结的金额将随后被解冻。如无异议，法院确认后再将债务金额支付给债权人。（详见

《巴西民事诉讼法典》第 835 条。)

债务人可以在 10 天内要求替换被扣押财产。考虑到上述优先扣押次序，债务人会倾向于与债权人通过合同或书面文件指定特定的动产或不动产作为进入该程序时的扣押品，以避免债权人可以在拥有抵、质押资产的同时，仍有权按上述优先次序扣押债务人的其他财产。与分包商签订合同时可以添加。

而且，债务人有 15 天的时间进行抗辩，提起的抗辩程序在巴西葡语中称为 Embargos à Execução，根据实务可以翻译为禁止扣押程序或执行异议。《巴西民事诉讼法典》第 917 条规定了债务人申请该程序时的理由可以包括：

· 传票无效；

· 不可实施扣押（如在债务到期之前提起了其他诉讼程序）；

· 被告人不是实际债务人；

· 不合理的关联诉求；

· 索赔超过实际债务；

· 付款义务已变化或灭失（如债务互抵或已清偿）；

· 管辖权异议。在禁止扣押程序阶段，债务人可以对债权人提出的诉求进行抗辩，并且需要提供证据证明。

但是，原则上债务人提起禁止扣押程序不会必然导致扣押偿债程序暂停。在法官在批准禁止扣押程序的裁定做出前，扣押偿债程序会正常推进。但如果法官认为债务人的抗辩理由是可以接受的，且债务人资产被扣押与拍卖会导致不良后果，法官可以延迟执行程序直到禁止扣押的裁定做出。如果法官不受理禁止扣押，或法官受理后裁定不暂停扣押偿债程序，债务人资产将被扣押、评估和拍卖，处理后的收益将移交债权人，直至债权人的损失得以弥补。

同时，最新的程序修订给债权人在追偿诉讼中提供了一个更加有效的机制。如在旧的规则下，抵押财产仅能由法庭通过繁杂耗时的公开拍卖程序将拍卖所得冲抵债务，而新修订允许抵押财产在法院官员评估之后直接移交给债权人，由债权人（在法院监督下）自行寻找买家并促成交易以冲抵债务，从而避免了法庭耗费大量时间寻找买家的情况，加速了债务追偿。

②简易追偿诉讼。

最长一般不超过三年。

从程序上看，简易追偿诉讼与执行程序（Execução）非常类似，区别在于所需要的证据材料不如执行程序严格，当债权人无法提供执行程序所需的明确债权凭证，但可以提供证明债权存在的书面证据时，可以向法庭申请该程序。简易追偿诉讼可以看作是执行程序的“低配版本”，证据和程序要求更宽松但同时耗时更长。

法庭受理追偿诉讼后，向债务人发出支付令，但不能立即强制扣押债务人资产。债务人在收到支付令后，可以在 15 天内提起抗辩（与执行程序的抗辩程序相似，该程序中的抗辩也被称作“Embargos”）。

如债务人提起抗辩，双方当事人需要参加听证程序，即将一切必要的证据在法庭上予以开示，并等待法官做出裁决。如果债务人未提起抗辩，或法官支持债权人的主张，法官将要求债务人在 15 天内偿还债务并缴纳裁定金额 10% 的罚金。

在执行期间，债务人仍有权提起上诉。上诉理由可以包括：

· 支付令未送达或送达无效；

· 债权无可执行性（如未到应付款日）；

· 存在未解决纠纷；

· 债权人已获得足额清偿；

·任何可以影响、改变和消灭债权的理由。如果法官认为债务人提出的上诉合理，且强制执行将对债务人造成损失，他可以暂缓执行程序，直至法官对债务人提出的上诉做出最终裁定。

点评：

实践中，债务人一般在此阶段承认债务并提出分期还款计划。但首付款不得低于总金额的30%，同时余款偿还不得超过6期，且需加付1%左右的月息。如债务人未能按期还款，法庭将直接强制执行。

③普通追偿诉讼。

一般耗时五年。

普通追偿诉讼是债权人没有任何可以证明债权的票据或书面凭证时的一种选择，是三种实现债权的司法途径中最耗时的一种，但对文件证据的要求也最低。

债权人提起普通追偿诉讼后，法院向被告人送达传票。被告有15天时间进行回复，在此期间，债务人可以针对债权人提出的任何事实或权利进行抗辩。如果被告没有进行任何合理的抗辩，法官可以迅速做出判决，转入执行阶段。

如被告人进行了合理抗辩，法官会将抗辩内容告知原告，然后选择时间进行首次听证调解，法官会询问双方代表或律师和解意向。如果双方达成和解，法官将当场起草调解书，经宣读并双方确认无误后签字生效；如果双方无法达成庭内和解，诉讼当事人可以向法庭提供进一步的证据，比如证人证词和司法专家鉴定等，以供法庭做出判决，转入执行阶段。执行阶段程序与支付令的执行基本相同。

无论选择了哪种程序，其法庭费用差距不大。对于中国企业来说，在巴西采取上述三种法律程序可能涉及的费用主要分为两个部分：

A. 法庭费：法庭费用标准取决于起诉所在州（如在圣保罗州法庭费用为追讨金额的1%左右，一般在R$40000以内）。

B. 诉讼保证金（针对国外诉讼人）：《巴西民事诉讼法典》第835节规定，在巴西进行法律诉讼的国外当事人需要提供司法接受的担保或抵押以保证当法院做出有利于被告的判决，国外当事人能够承担被告的律师费和法庭费用。受理案件的法官根据需要决定诉讼保证金标准，通常为总额的10%~20%。值得注意的是，国外当事人可以就保证金金额与法官进行协商。而且，扣押偿债程序不需要诉讼保证金。

点评：

巴西有专门处理小额诉讼程序的法院，称为“JEC”，直译为特别民事法院。它是解决消费者纠纷的重要机构，因为它比普通司法机构更快速、更便捷。特别民事法院有权审理案件标的额不超过40个巴西最低薪的案件。同时，如果案件标的额不超过20个最低薪，不强制要求拥有代理律师，原告可以自己提起诉讼。如果案件标的额在20~40个最低薪之间，则必须由聘用律师。在大多数情况下，在特别民事法院进行小额诉讼程序是免费的，仅在不出席和解听证会或提起上诉的情况下，原告才承担诉讼费用。原告甚至可以口头起诉，诉状和证据也不是必须的，但是原告必须为年满18周岁的自然人，微型公司或公益组织，普通的有限责任公司无法适用本程序，因此小额诉讼程序主要用于处理消费者纠纷、个人欠款、交通事故、邻里纠纷等纠纷金额较低的案件。

综上所述，无论申请哪种程序，尽量提供更多巴西司法体系认可的证据可以在最大程度上保障债权人权益。

特别提示——相关文件的翻译及公证认证：

由于巴西官方语言为葡萄牙语，因而其对相关证据文件也有着相当严格的要求，特别是重要文件（如律师授权书、重要的债权债务证明等）均需由具有相关资质的机构进行翻译，并进行公证和认证才能得到法庭的认可。

（2）商事仲裁。

除了通过司法途径解决纠纷，对于大型合同的纠纷，一般通过仲裁方式处理争端。巴西拥有众多知名的国际或国内仲裁机构，常见的例如巴西-加拿大商会仲裁中心、国际商会国际仲裁院、巴西商事仲裁院、CIESP/FIESP 仲裁调解中心，以及巴西仲裁和调解中心等。此外，在中巴贸易领域，2018 年巴西-中国工商总会启动第一个涉及两国的调解和仲裁庭，旨在增加巴西和中国投资者和商界之间争议的法律确定性。该调解和仲裁庭将与中国国际经济贸易仲裁委员会合作开展，并将特别针对巴西和中国的合同。

①巴西-加拿大商会仲裁中心。

成立于 1979 年，附属于巴西-加拿大商会（CCBC）的一个国际性常设调解与仲裁机构，是巴西第一个专门管理替代争议解决方式（ADR）的机构，在圣保罗和里约热内卢设有办事处。2013 年以来，该中心每年受理案件数量维持在 100 起左右，截至 2019 年底，累计受理 1078 起争议案件，是巴西最受欢迎的仲裁机构之一。根据该中心官方报告显示，2017—2019 年，仲裁案件的平均结案时长为 13.2 个月。

②国际商会国际仲裁院。

成立于 1923 年，全球国际商事仲裁经验最丰富、使用最频繁、最富盛名的国际仲裁机构之一，是附属于国际商会（ICC）的一个国际性常设调解与仲裁机构，总部设在法国巴黎，但在全球各地设有办事处。2017 年，ICC 在巴西圣保罗开设了第一个拉丁美洲办事处，负责巴西国内案件的管理。目前国际商会国际仲裁院已成为巴西最受欢迎的仲裁机构之一，按照该仲裁院中来自不同国别的案件数量排名，巴西排在第三位，仅次于美国和印度。

③巴西商事仲裁院国际商会国际仲裁院。

成立于 1998 年，在圣保罗、贝洛奥里藏特、里约热内卢、累西腓、巴西利亚和萨尔瓦多设有办事处，被公认为巴西主要的五个仲裁机构之一。仲裁员由经验丰富的专业人员组成，具有公认的专业知识和法律实践，尤其是在解决有关基础设施、建筑、能源等争端方面，在众多仲裁机构之中始终保持较高的用户满意度。

④CIESP/FIESP 仲裁调解中心。

成立于 1995 年 5 月，由圣保罗州工业中心（CIESP）和圣保罗州工业协会（FIESP）共同设立的独立仲裁机构，总部设在圣保罗市，现任主席为已退休的前巴西联邦最高法院院长 Sydney Sanches 大法官，拥有约 150 位专业仲裁员可供选择。截至 2019 年底，累计受理 631 起案件，平均审理周期约为 18 个月，在巴西享有较高的声誉。

⑤巴西仲裁和调解中心。

成立于 2002 年，由里约热内卢商业协会（ACRJ）、全国私人保险行业协会（FENASEG）以及里约热内卢州工业协会（FIRJAN）联合设立，总部位于里约热内卢市，拥有成熟的仲裁规则和近 200 位专业仲裁员。

仲裁一般需要 6 个月至 2 年时间，根据仲裁协议明确约定争议解决使用仲裁、仲裁机构及仲裁地；巴西仲裁解决的强制执行无须通过司法权的认可，但依靠司法机构执行；外国仲裁裁决需经联邦发运的批准后，向联邦初级法院申请执行，批准时限是 2 年。

1996 年，巴西颁布了第一部国内《仲裁法》(9307)，经过十几年的发展，2015 年 7 月 27 日，巴西新修订的《仲裁法》正式实施。

2015年，巴西新仲裁法赋予了仲裁庭更大的权力，因此中资企业在进入仲裁程序中，需要注意充分运用这些新规定以保障自身权益。例如，在仲裁庭组成之前，当事人可以向法院申请临时措施，获得批准临时措施的裁定后，要在30日内申请仲裁，超期则解除临时措施。仲裁开始后，申请临时措施的权力就转移到仲裁庭，仲裁庭可以支持、修改或撤回临时措施，且仲裁庭可向法院发仲裁函。例如，通知证人作证、强制证人出庭、协助执行、要求银行（第三方）冻结仲裁当事人的银行账号等。

另外，1996年仲裁法中曾规定，仲裁裁决对当事人申请的仲裁事项有遗漏时，法院可将这一裁决撤销，并发回原仲裁庭重新仲裁。2015年仲裁法修订后，在当事人收到裁决90天之内，如认为仲裁庭未能对全部申请事项作出裁决，则可以选择是否向法院提出申请，要求仲裁庭补充仲裁，而不是撤销已作出的部分裁决。

同所有其他国家一样，由于涉及司法主权，外国仲裁裁决要在巴西国内生效并执行，必须首先得到巴西司法机构（法院）的认可。根据1988年10月5日巴西议会正式颁布的历史上第八部联邦宪法以及各州议会根据新宪法修改并通过的州宪法的规定，巴西的国家机构分为联邦一级和州一级，法院体系也分为联邦法院（由联邦最高法院、联邦特别法院和普通法院构成）和州法院（由州级法院和初审法院构成）。在法律上联邦法院体系和州法院体系互相独立，并且拥有各自的组织体系。其中联邦最高法院是全国最高司法机构。

根据巴西法律的规定，巴西各级法院均无权批准外国仲裁裁决，因此一个外国商事仲裁裁决是无法直接得到巴西法院的批准而在巴西得以生效并被执行的。为了使国际商事仲裁裁决不至于落空，通常情况下，外国仲裁裁决必须首先得到裁决作出地国家有管辖权法院的批准确认，从而转换成一个外国法院判决的形式，然后再由巴西法院根据批准外国法院判决的程序进行批准。根据巴西联邦宪法的规定，联邦最高法院是巴西法院体系中唯一有资格批准外国法院判决的司法机构。

总之，外国仲裁裁决必须首先转化成外国法院判决的形式，随后该外国判决（包含外国仲裁裁决的实质内容）还必须得到巴西联邦最高法院的批准，这是外国仲裁裁决在巴西生效的先决条件。

（3）争端裁决委员会。

除了通过诉讼和司法途径解决商业纠纷，在一些大型项目的合同中也可选择通过争端裁决委员会机制来处理双方争议。争端裁决委员会由雇主和承包商在项目开始或进行过程中，共同选择并授权独立第三方裁决机构解决双方争议的争端解决机制，具有超前性、合意性、保密性、专业性、快捷性和非对抗性等优点，有利于避免项目拖延、损失和浪费，从而保障项目顺利完成，最大限度地实现公正和效益的平衡。缺点在于争端裁决委员会的最终决定不具有强制执行性，靠当事方自觉遵守履行，因此在 FIDIC 的争端解决机制中，还是以仲裁作为最终的争议解决方式，作为对争端裁决委员会机制的实现保障和救济方式。

2. 争端解决适用法律

巴西对外资实行国民待遇，外资与本国企业一样必须遵守巴西的所有现行法律。专门涉及巴西国内管理外国投资的主要法律包括：《外国资本法》、《外资管理法施行细则》（1965 年第 55762 号法令）。

在仲裁方面，适用于国内仲裁的规则包含在 1916 年颁行的《民法典》（简称 CC）和 1973 年颁行的《民事程序法》（简称 CPC）中。而巴西国际司法的基本原则则包含在 1942 年 9 月颁行的《民法典导法》

（简称 LICC）之中。上述三部法典是巴西承认和执行外国仲裁裁决制度的最主要的法律渊源。

巴西已经批准了联合国以及美洲国家间国际商事仲裁两个公约。它也是美洲国家间域外判决和仲裁裁决效力公约和日内瓦 1923 年仲裁条款议定书的缔约方。然而，在巴西从事商业活动的外国投资者并不能享受《1965 年关于解决国家与其他国家国民之间投资争端公约》规定的适用仲裁方式的益处。

巴西已经与包括中国在内的 14 个国家签署了双边投资协定，但这些协定仍未得到批准，因此，还不具有可执行性。

（十一）巴西在新冠肺炎疫情大流行期间的相关要求

1. 劳工临时法令

新冠肺炎疫情期间，巴西总统博索纳罗于 4 月 1 日签署了关于新冠疫情期间稳定就业和员工收入的 936 号临时法令。法令要旨如下：一是缩减工时和相应工资，期限最多为 90 天；二是暂时中止工作合同。

7 月 6 日，博索纳罗签署了关于对新冠疫情期间稳定就业和员工收入的 936 号临时法令的修订。法令要旨如下：

期限上，原来法令对于减时减薪是 90 天，中止合同是 90 天，更新部分是总统按照公共灾难期间可公布延长，但是需要注意的是中止合同目前不能超过 90 天。

对于减时减薪和中止合同的期限是 90 天，需要另外的法令来给予更长期限。

通过个人合同来确认减时减薪或中止合同。

除了减时减薪 25%，其他需要通过集体协议的员工。

个人协议和集体协议有冲突时，第 14.020/2020 号法律提供了解决个人协议与集体谈判之间的冲突的假设。

退休员工只在雇主给付补助赔偿时，才能执行减时和中止合同。

怀孕员工可以减时或中止合同。如果生产则中止协议，由产假薪资给付。

怀孕稳定期，稳定期和其他员工相同，但从结束怀孕的5个月稳定期开始计算。

新冠肺炎疫情期间，禁止无正当理由辞退残疾员工。

雇佣双方可以通过协议取消预告，采取维持员工收入紧急计划。

禁止因为新冠肺炎疫情州、市政府暂时营业命令，禁止企业要求政府补偿为由辞退员工。

临时法令和法律有冲突的地方，临时法令有效期间执行临时法令，临时法令失效后执行劳工法。

2. 疫情防控要求

（1）一般措施。

制定疫情防控措施、计划或协议，内容应包括：监控工人入职和工作期间的健康状况，指导所有工人预防冠状病毒感染以及如何正确地进行手部卫生和执行其他预防措施；建立机制和程序，以便工人可以报告是否生病或有症状，如果工人与被诊断出感染冠状病毒的人接触，必须向公司报告事实；如果根据操作指南确认有确诊为感染冠状病毒的工人，卫生部积极寻找与之接触的工人、最初受感染的工人；根据劳工部的指导方针，保持工人之间的安全距离健康和工作环境的特征；避免共用个人用具、设备和工具，例如钢笔、手机、液位计、铅垂线、卷尺、刮刀、砂光机、滚筒等，如果需要共享这些材料，则必须在被其他工人使用之前保持卫生；做好工作场所的自然通风，空调避免空气再循环，并检查预防性和纠正性维护的充分性；用含有活性氯、1%次氯酸盐溶液的消毒剂对公共区域进行消毒；遵守个人保护措施，尤其是个人防护设备（PPE）；采取措施减少工人与工人之间接触的强度和持续时间，限制不在施工现场工作的人员的进入，外来人员必须遵守时限制逗留时间规定，并用肥皂和水或合适的洗手液（如酒精 70%）洗手；在建筑工地乘坐公共交通期间，采取不同班次以避免集聚；发布有关避免近距离接触的宣传，例如拥抱、亲吻和握手。

（2）一般措施良好的卫生和行为规范。

确定可以通过远程办公或工作开展活动进行远程处理，并在可能的情况下优先进行此类工作；有良好的卫生和行为规范；采用连续的手部卫生程序，使用肥皂和水定期清洗。如果无法洗手，请立即使用洗手液或 70% 的酒精；工人在打卡时间后，提供洗手或消毒设施；请注意有关使用 70% 酒精或凝胶酒精的注意事项，酒精属于易燃材料；所有手动使用的工具、机器和设备，使用之前和之后要用含有活性氯、1% 次氯酸盐溶液、消毒剂等消毒；指导工人在使用交通工具时，采取必要的卫生措施；用肥皂和水以及洗手液（如酒精 70%），并在工作开始时指导工人使用它；避免用手触摸嘴、鼻子和脸。

（3）饮食习惯。

禁止共享不卫生的盘子和餐具以及任何其他厨房用具；每次使用后都要清洁和消毒桌子表面；间隔座椅以增加就餐距离。考虑在用餐地点分餐，以减少同时就餐的人数；在餐厅中增加排队人员的间隔，引导他们避免交谈；与其他单位共用餐厅时，公司必须遵守餐厅公共规则。

（4）职业健康与安全管理中的要求。

2020 年 3 月 22 日的 MPN°927 规定进行职业、临床和医学检查的义务已中止补充，但在疫情期间的员工辞退体检除外，如果进行职业医学检查，员工最近的体检不到180天可以免除解雇时的体检；如果职业健康医疗控制计划认为延期对员工的健康构成风险，医生将要求公司开展体检。

3. **出入境管制**

自2020年3月23日起，巴西禁止包括欧盟成员国、中国、日本、澳大利亚、马来西亚和韩国等国公民入境。从巴西返回中国不受限制。2020年7月29日，巴西总统府民事办公室、司法与公共安全部、基础设施部及卫生部联合发布公告，进一步调整有关外国公民入境限制政策，主要包括：（1）根据公告第二条，巴西联邦政府决定自当日（2020年7月29日）起延长外国公民通过陆路、海路口岸入境巴西限制30天。(2）根据公告第六条，公告不限制外国公民在遵守巴西出入境要求的情况下（如持签证入境等）搭乘飞机入境巴西。

2020年7月20日，中国民航总局、海关总署和外交部等三部委联合通告来华人员登记前5天内完成核酸检测，7月28日中国驻巴西使馆通知目前在巴西登机前暂不强制要求核酸检测结果，但如中转国家或航空公司有要求则必须在巴西完成核酸检测。

4. **核酸检测机构**

当前中国驻巴西使领馆推荐的核酸检测机构较少且主要在大城市，多数机构需要进行预约，公立机构还需要医生证明才能进行检测。

（1）圣保罗。

· Drogasil 药房

地址：R. Tutóia，372–Paraíso，São Paulo–SP，04007–000

电话：(11) 96194–9515

· Droga Raia 医院

地址：Av. Bernardino de Campos，158 – Paraíso，São Paulo – SP，

04004-050

电话：（11）97313-1997

· Instituto CURA 医疗诊断影像中心

地址：Av. Brigadeiro Luís Antônio, 4487-Jardim Paulista, São Paulo-SP, 01401-002

电话：（11）3056-4707, 97135-2766

（2）里约。

· Sergio franco 诊断中心

电话：（21）2672-7070

网址：https://sergiofranco.com.br/resultado-unidades

· Bronstein Medicina Diagnóstica 诊断中心

地址：R. Dias da Cruz, 320 - Méier, Rio de Janeiro-RJ, 20720-012

电话：（21）2227-8080，（21）4004-3132

网址：https://www.bronstein.com.br/exames_covid19_rt_pcr

（3）伯南布哥州。

· Laboratório Central de Pernambuco 实验室

地址：Rua João Fernandes Vieira, S/N Soledade, Recife-PE

电话：（81）3181-6417

· Laboratório LASAC 实验室

地址：R. Cel. Manoel de Sá, 186-Centro, Salgueiro-PE

电话：（87）3871-0976

（4）米纳斯州。

· Laboratório Ana Clínica 检测中心

地址：R. Getúlio Vargas, 118-Centro, Arcos-MG, 37292-000

电话：（37）33513557

· Laboratório São Luiz 检测中心

地址：R. Jarbas Ferreira Pires，274 – Centro，Arcos –，健康码 MG，35588-000

电话：（37）33515213

（5）南大河洲。

· Centro de Referência e Prevenção ao COVID-19

地址：Rua 15，1110，Vila Operaria，Candiota，RS，CEP 96495-000

电话：（53）99961-2933 联系人：Fabiane

（6）马托格罗索州。

· Laboratorio carlos Chagas 医学实验室

地址：Praça do Seminário，229，Centro，Cuiabá-MT

电话：（65）3901-4700Whatsapp：（65）99210-0032

网址：https：//www. carloschagas. com. br/pesquisa？p=test

· Loboratorio pro-exame（hospital santa rita）医学实验室

地址：Av. São Paulo，No 60，B. Nova Várzea Grande，Várzea Grande-MT

电话：（65）3686-1676/3029-16766

网址：http：//www. laboratorioproexame. com. br/

Chapter 5
第五章

工程项目投建营全生命周期中的合规要求

作为企业风险管理重要组成部分的项目合规管理，首先要识别合规义务，即合哪些规。企业应以适合其规模、复杂性、结构和运行的方式记录其合规义务。合规义务的来源包括合规要求和合规承诺。

（1）合规要求：企业必须遵守的外部各项法律法规、监管规定。

①境内经营：境内工程建设相关的法律、法规、部门规章。

②境外经营：强调所在国的法律法规、国际条约、规则等。强调对外承包工程相关的投标管理、合同管理、项目履约、劳工权利保护、环境保护、连带风险管理、债务管理、捐赠与赞助、反腐败、反贿赂等方面的要求。

（2）合规承诺：企业自愿遵守的指引、合约、协议、内部章程、规定等。

按内容划分，合规义务又可以分为以下四类：

①法律、法规、规章、政策；

②行业协会等自律性组织的规范、标准、惯例等；

③公司章程及企业内部规章制度；

④诚实守信的职业道德。

我们按工程项目投建营全生命周期，梳理了生命周期各个阶段的合规要求。

一、第一阶段：项目前期论证

（一）中国境内合规要求

中资企业开展境外投资活动前，应当完成中国境内的核准、备案程序，避免出现境外工作完成后因境内合规问题导致投资失败的风险。

1. **中国境内相关政策法规**

中资企业境外投资需要遵守的国内相关政策法规主要包括国家发展改革委、商务部、国家外汇管理局、国务院国资委等部门制定的相关政策法规等，具体内容见表5-1。

表5-1 中资企业境外投资需遵守的部门规章

序号	部门规章	发文机构	发布时间
1	《境外投资管理办法》	商务部	2014
2	《企业境外投资管理办法》	国家发展改革委	2017
3	《境内机构境外直接投资外汇管理规定》	国家外汇管理局	2009
4	《关于境内居民通过特殊目的公司境外投融资及返程投资外汇管理有关问题的通知》	国家外汇管理局	2014
5	《关于进一步改进和调整资本项目外汇管理政策的通知》	国家外汇管理局	2014
6	《关于进一步简化和改进直接投资外汇管理政策的通知》	国家外汇管理局	2015
7	《关于进一步推进外汇管理改革完善真实合规性审核的通知》	国家外汇管理局	2017
8	《中央企业境外投资监督管理办法》	国务院国资委	2017

续 表

序号	部门规章	发文机构	发布时间
9	《关于进一步引导和规范境外投资方向的指导意见》	国家发展改革委、商务部、人民银行、外交部	2017
10	《境外投资敏感行业目录（2018）》	国家发展改革委	2018
11	《对外投资备案（核准）报告暂行办法》	商务部、人民银行、国务院国资委、银监会、证监会、保监会、国家外汇管理局	2018
12	《关于做好国内企业在境外投资开办企业（金融企业除外）核准初审取消后相关工作的通知》	商务部办公厅	2018
13	《对外投资备案（核准）报告实施规程》	商务部办公厅	2019

2. 境内核准（备案）流程及主要规定

（1）国家发展改革委相关规定。

对敏感类项目实行核准管理，对非敏感类项目实行备案管理。具体见表5-2。

表 5-2　国家发展改革委相关规定

项目分类	境内企业直接开展投资	境内企业通过其控制的境外企业开展投资	具体内容
敏感类项目	核准（国家发展改革委）	核准（国家发展改革委）	·实行核准管理的，投资主体向核准机关提交项目申请报告并附具有关文件，项目申请报告应当包括以下内容：投资主体情况；项目情况，包括项目名称、投资目的地、主要内容和规模、中方投资额等；项目对我国国家利益和国家安全的影响分析；投资主体关于项目真实性的声明。 ·核准机关应当在收到项目申请报告之日起 5 个工作日内一次性告知投资主体需要补正的内容。核准机关应当在受理项目申请报告后 20 个工作日内做出是否予以核准的决定。项目情况复杂或需要征求有关单位意见的，经核准机关负责人批准，可以延长核准时限，但延长的核准时限不得超过 10 个工作日，并应当将延长时限的理由告知投资主体。符合核准条件的项目，核准机关应当予以核准，并向投资主体出具书面核准文件。

续 表

项目分类	境内企业直接开展投资	境内企业通过其控制的境外企业开展投资	具体内容
非敏感类项目	央企、大额：备案（国家发展改革委） 央企、非大额：备案（国家发展改革委）	央企、大额：报告（国家发展改革委） 央企、非大额：无须履行手续	·实行备案管理的，投资主体通过网络系统向备案机关提交项目申请报告并附具有关文件。项目备案表或附件不齐全、项目备案表或附件不符合法定形式、项目不属于备案管理范围、项目不属于备案机关管理权限的，备案机关应当在收到项目备案表之日起5个工作日内一次性告知投资主体。备案机关在受理项目备案表之日起7个工作日内向投资主体出具备案通知书。 ·投资主体通过其控制的境外企业开展大额非敏感类项目的，投资主体应当在项目实施前通过网络系统提交大额非敏感类项目情况报告表，将有关信息告知国家发展改革委。投资主体提交的大额非敏感类项目情况报告表内容不完整的，国家发展改革委应当在收到之日起5个工作日内一次性告知投资主体需要补正的内容。
	非央企、大额：备案（国家发展改革委） 非央企、非大额：备案（省级发展改革委）	非央企、大额：报告（国家发展改革委） 非央企、非大额：无须履行手续	

其中的“敏感类项目”是指涉及敏感国家和地区的项目和涉及敏

感行业的项目。

“敏感国家和地区”是指与我国未建交的国家和地区；发生战争、内乱的国家和地区；根据我国缔结或参加的国际条约、协定等，需要限制企业对其投资的国家和地区；其他敏感国家和地区。

“敏感行业”是指由国家发展改革委发布敏感行业目录（2018 年 1 月 31 日发布），例如武器装备的研制生产维修、跨境水资源开发利用、新闻传媒、房地产业，根据我国法律法规和有关调控政策需要限制企业境外投资的行业等。

“大额”是指中方投资额 3 亿美元及以上。

（2）商务部相关规定。

2018 年 1 月 25 日，商务部、人民银行、国务院国资委、银监会、证监会、保监会、国家外汇管理局共同发布了《对外投资备案（核准）报告暂行办法》（商合发〔2018〕24 号)》，规定由商务部牵头对外投资备案（核准）报告信息统一汇总，各部门定期将备案（核准）信息和报告信息通报商务部，实行“备案为主、核准为辅”的管理方式。

2018 年 8 月和 2019 年 7 月，商务部分别出台《关于做好国内企业在境外投资开办企业（金融企业除外）核准初审取消后相关工作的通知》《对外投资备案（核准）报告实施规程》，明确了相关工作细则。

企业境外投资涉及敏感国家和地区、敏感行业的，实行核准管理。企业其他情形的境外投资，实行备案管理。实行核准管理的国家主要是与中华人民共和国未建交的国家、受联合国制裁的国家。必要时，商务部可另行公布其他实行核准管理的国家和地区的名单。实行核准管理的行业主要是涉及中华人民共和国限制出口的产品和技术的行业、影响一国（地区）以上利益的行业。

（3）国家外汇管理局相关规定。

银行按照国家外汇管理局《直接投资外汇业务操作指引》直接审核办理境外直接投资项下外汇登记，国家外汇管理局及其分支机构通过银行对直接投资外汇登记实施间接监管。

表 5–3　国家外汇管理局相关规定

银行直接办理的事项	境外直接投资前期费用登记	（1）境内机构（含境内企业、银行及非银行金融机构，下同）汇出境外的前期费用，累计汇出额原则上不超过300万美元且不超过中方投资总额的15%。 （2）境内机构汇出境外的前期费用，应列入其境外直接投资总额。 （3）银行通过资本项目信息系统为境内机构办理前期费用登记手续后，境内机构凭《业务登记凭证》直接到银行办理后续资金购付汇手续。 申请材料： （1）《境外直接投资外汇登记业务申请表》。 （2）营业执照（尚未办理“五证合一”的企业，还需提供组织机构代码证）。 （3）境外投资资金来源证明、资金使用计划和董事会决议（或合伙人决议）、合同或其他真实性证明材料。 注意： 境内机构为其境外分支、代表机构等非独立核算机构购买境外办公用房的，需提交以下材料： ①《境外直接投资外汇登记业务申请表》。 ②境外设立分支、代表机构等非独立核算机构的批准/备案文件或注册证明文件。 ③境外购买办公用房合同或协议。 ④其他真实性证明材料。

续　表

银行直接办理的事项	境内机构境外直接投资资金汇出	银行要求的审核材料主要有： （1）《境外直接投资外汇登记业务申请表》。 （2）营业执照或注册登记证明及组织机构代码证（多个境内机构共同实施一项境外直接投资的，应提交各境内机构的营业执照或注册登记证明及组织机构代码证）。 （3）非金融企业境外投资提供商务主管部门颁发的《企业境外投资证书》；金融机构境外投资提供相关金融主管部门对该项投资的批准文件或无异议函。 （4）境外投资资金来源证明、资金使用计划和董事会决议（或合伙人决议）、合同或其他真实性证明材料。 （5）外国投资者以境外股权并购境内公司导致境内公司或其股东持有境外公司股权的，另需提供加注的外商投资企业批准证书和加注的外商投资企业营业执照。 （6）其他真实性证明材料。

点评：

企业开展对外投资之前，应针对具体投资项目向各部门进行确认具体流程及要求。同时，国家对于境外投资行业的政策可能随时变化。因此，投资者应当关注我国针对具体行业的境外投资政策，特别是敏感行业或国家战略不支持的行业的政策变动，及时向相关部门咨询、核实。

（二）前期论证各子阶段

1. 投资机会研究

（1）领先的区域经济。

巴西是全球十大经济体之一，是南美第一大经济体，2019 年 GDP

达到 1.84 万亿美元（7.3 万亿雷亚尔）。

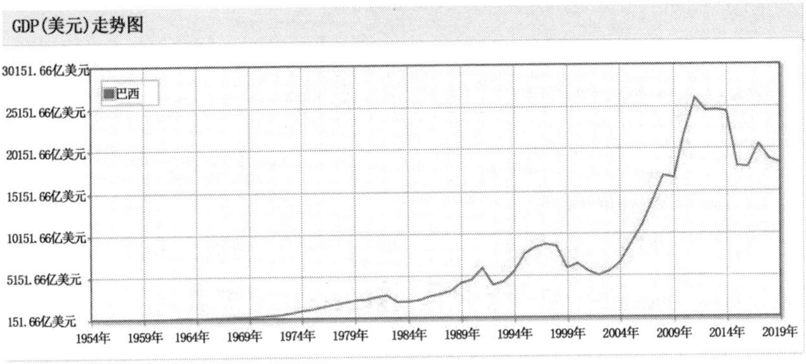

图 5-1　巴西 GDP 走势图

（2）全球的投资目的地。

本届政府积极推进国有资产的私有化进程，为外国投资者提供了机会。据联合国贸易和发展会议信息，巴西仍然是全球十大外商投资国之一，是拉丁美洲唯一一个上榜的国家。在联合国公布的 2019 年全球外国投资目的地排名中，巴西居于第四位，外国资本总额达到 750 亿美元，同比增长 26%，与上次排名相比上升了 2 个位次。据统计，2019 年南美洲地区共获得外国投资 1190 亿美元，巴西所获投资约占整个南美洲的一半以上。

巴西向外国直接投资开放并继续吸引领先和创新的国际业务，这来源于巴西境内盈利强劲的投资机会以及向投资者提供独立、可靠的司法环境，为投资者提供安全保障。

（3）有弹性的国内市场。

巴西是全球最大的消费市场之一，拥有人口超过 2 亿多，对服务业、商品和农产品有着强劲并稳定的需求。截至 2019 年底，巴西人均 GDP 为 8717 美元，超过主要的新兴国家，如印度和南非。家庭消费约占 GDP（2018）的 64.3%。

（4）拥有多元化的经济。

巴西拥有全面的经济结构，而不是仅仅依赖少数关键工业。巴西拥有有竞争力的工业体系，包括拉丁美洲最大的航空航天业、石油和天然气、采矿、资本货物、医疗设备、化学和技术工业园区等。

（5）能源发展快速。

巴西是世界上石油储量最丰富的国家之一，也是过去 30 年在西半球探明石油储量最大的国家之一，在巴西东南沿海发现了超深水油。目前，巴西是全球第十大、拉美最大产油国。巴西还是世界上最大的乙醇生物燃料生产国和出口国之一。

巴西是世界上利用可再生能源发电比例最大的国家，比例高达 80%，远高于经济合作与发展组织提供的平均值（23.8%）。由于巴西境内水量充沛，水利发电量占比达到了 60%，最近几年风能、生物质、太阳能也增长迅速，2018 年时其占比已超过 18%。

（6）丰富的劳动力。

活跃的工作年龄人口（15～64 岁）在 2018 年约占 69%，高于世界平均水平，为巴西市场招聘劳动力提供了良好的基础。

此外，还有一批经过巴西政府专业训练过的年轻而充满活力的队伍，为投资者提供专业技术人员。

（7）丰富的原材料。

巴西的自然资源十分丰富，是原材料的主要供应商。巴西是世界上最大的农产品和矿石（尤其是铁）生产商和出口商之一。此外，其丰富的生物多样性也是很大的财富之源。

巴西水资源丰富，据估计拥有世界上最大的淡水储备。

（8）强大的经济承受力。

巴西是一个坚挺的经济体，有能力承受不利的国际经济冲击。

2010 年，巴西还清国际货币的债务资金，成为外部净债权国，截至 2019 年底，已积累外汇储备总额超过 3569 亿美元。

（9）金砖国家。

巴西是公认的全球参与者，深度参与国际政治，在全球的贸易、环境政策和人权倡导等方面的谈判处于主要地位。作为一个主要经济体，建立健全政治和司法体系，参与国际事务，巴西在国际社会中扮演着重要作用。

点评：

中国和巴西是金砖国家组织成员，金砖国家遵循开放透明、团结互助、深化合作、共谋发展原则和“开放、包容、合作、共赢”的金砖国家精神，致力于构建更紧密、更全面、更牢固的伙伴关系。金砖国家合作机制成立以来，合作基础日益夯实，领域逐渐拓展，已经形成以领导人会晤为导向，以安全事务高级代表会议、外长会晤等部长级会议为支撑，在经贸、财金、科技、农业、文化、教育、卫生、智库、友城等数十个领域开展务实合作的多层次架构。金砖国家合作的影响已经超越 5 国范畴，成为促进世界经济增长、完善全球治理、促进国际关系民主化的建设性力量。

（10）通往拉丁美洲的重要通道。

巴西的大城市是全球投资的目的地，而且这种趋势在不断地增加，不仅是巴西，也是为整个拉丁美洲地区。巴西与阿根廷、玻利维亚、哥伦比亚、圭亚那、巴拉圭、秘鲁、苏里南、乌拉圭、委内瑞拉和法属圭亚那接壤，有良好的地缘政治环境。

巴西是拉丁美洲最大的自由贸易区，是南美经济共同体的创始成员国。作为南美经济共同体的成员，巴西最近宣布与欧洲达成一项重要的自由贸易协定联盟。巴西还与拉丁美洲，非洲和亚洲的国家、地区签署了12个投资便利化协议。

2. **初步可行性研究**

初步可行性研究的基本任务是在所在行业的发展规划和工程项目投资机会研究的基础上，通过搜集资料和调查研究，分析论证工程项目建设可行性所涉及的主要问题与条件，为编制可行性研究提供依据。

（1）项目背景。

巴西的公用基础设施工程建设项目一般都是政府各主管部门通过拍卖的方式发布，同时在招标文件中都已对项目进行了初步研究，有明确的技术、工期和投资额要求。此阶段要详细研读招标资料并与拍卖主管部门进行沟通，了解项目的情况。

（2）项目选址。

该阶段要了解拟建项目所在州的地理环境、基础设施、人文、环境、社会风俗、法律及政治环境、税务等因素对项目建设的影响。

（3）工程策划。

作为投资方要了解并收集当地的承包市场情况，承包公司的管理水平、技术水平、商务水平、履约能力、机械和人力资源等情况。

作为施工方要初步设定项目的施工组织模式，如采取当地分包还是自营（从当地招聘管理人员、技术工人的方式自己组织施工）。设备材料采购对本地化的要求，从第三国采购的初步可行性分析。

（4）方案评估。

对可供选择的工程方案进行投资估算和经济效益分析及社会效益评估，拟订建设资金筹措、贷款偿还的初步方案，推荐优先的工程建设方案。

作为投资方要初步了解建设资金的筹措、贷款偿还方案，是使用政策性的 BNDES 贷款还是从当地或中国在所在地的银行商贷，抑或是通过项目发债筹措资金。初步了解不同筹资方式的贷款利率、贷款期限、贷款担保等信息。

作为施工方，要初步了解启动资金的来源，施工过程中的筹资、税收、项目结算方式、投标保函、履约保函、质保等信息。

（5）重点研究事项。

提出在可行性研究阶段应重点研究的问题和建议方案。

点评：

不同国家技术标准和规范同国际标准之间存在差异，这些差异很有可能对项目技术方案可靠性、可行性带来风险。比如有些工程建设采用中国标准 GB，有些设计要求采用美国机械工程师协会（ASME）标准，有些可能倾向于 GOST 标准等。目前中国已经发布《标准联通“一带一路”行动计划（2015—2017）》，以期统一在“一带一路”倡议下的项目技术标准与规范。

3. **可行性研究**

（1）获取信息。

投资人需了解的项目信息包括项目名称、拟建地点、建设内容与规模、建设年限、概算投资、效益分析等内容。项目名称、拟建地点、建设内容与规模、建设年限等信息可以通过招标资料进行获取，政府拍卖机构会在网站发布详细的招标资料，如发电类项目则通过巴西ANEEL的网站发布。概算投资、效益分析则可通过自己的财务、商务、技术团队测算，也可借助当地的咨询公司编制。

（2）项目建设条件。

一般情况下，通过拍卖获取的项目信息没有必要分析项目建设的必要性，这些拍卖项目都是经过巴西的规划机构（如能源类通过EPE进行规划）进行详细分析进行规划的。

点评：

建设条件分析包括场址建设条件（地质、气候、交通、公用设施、征地拆迁工作、施工等）、其他条件（政策、资源、法律法规等）分析。对于建设条件，要通过建立自己的项目团队进行详细研究和分析，尤其要充分了解征地和环评的情况，这两部分对项目能否顺利开工至关重要。其他条件，如政策、资源、法律法规、税务则可以聘请当地的专业咨询公司提供信息。

（3）建设方案。

关于技术方案，因巴西采用ABNT、NBR、IEC、ASME等标准，其设计和施工与国内有着较大的区别，土建设计无法直接使用国内设计公司进行技术方案设计，只能聘请巴西当地或驻巴西国际化的设计公司。施工方面，受制于技术标准、语言、劳工保护等，可以通过当地分包或自营等方式组织。

关于设备方案，同样受制于技术标准以及高额的进口关税，一般项目都会从巴西当地采购。如果采用巴西政策性银行的资金，如BNDES、BNB贷款，对巴西本土化采购率有75%的限制。

关于工程方案，在政府拍卖的项目中，招标资料对项目有较为详细的工程方案设计，应从巴西当地聘请设计公司细化并出具平面图、工程量清单。

(4) 投资估算及资金筹措。

投资估算包括建设投资估算（先总述总投资，后分述建筑工程费、设备购置安装费等）、流动资金估算、投资估算表（总资金估算表、单项工程投资估算表）。做好投资估算要充分了解当地的扶持政策，如申请 REIDI 优惠、市政服务费 ISS 减免，同时要做好税费的规划，这些政策可通过当地的会计师事务所协助提供。

资金筹措包括自筹资金、其他来源。自筹资金可以通过三种方式来进行选择，一是使用政策性的 BNDES 或 BNB 贷款，要充分了解申请贷款的流程和资料；二是从当地或中国在所在地的银行商贷，该部分重点了解贷款期限、贷款利率、贷款担保，这对项目的投资至关重要；三是考虑通过项目公司发债筹措资金。

(5) 项目效益分析。

效益分析包括经济效益和社会效益，主要应该就经济效益进行分析。

经济效益部分包括项目收入估算、项目建设成本费用估算、利润与税收分析、投资回收期、投资利润率。项目收入部分一般分为固定收益和浮动收益，拍卖项目对收益都会有详细的规定，如输变电项目则是稳定收益——年收益 RAP+物价调整（IPCA），发电类项目则取决于 PPA 电价。建设成本可通过当地招标或者 EPC 价格，重点是要测算征地、环评的成本，应从当地聘请专业的征地、环评公司协助测算。另外，要重点考量项目的管理模式，测算管理费用。

表 5-4　境外投资项目可行性评估报告框架（参考）

一、总论	五、项目经济效益估算
二、项目实施必要性分析	5.1 投资估算依据
2.1 项目宏观背景	5.2 项目总投资估算
2.1.1 巴西宏观政经概况	5.3 项目收益估算
2.1.2 巴西宏观政经形势判断	5.4 财务评价
2.2 项目必要性	六、项目组织机构与运作模式
2.3 项目必要性结论	七、项目实施进度方案
三、项目实施可行性分析	八、风险与规避措施
3.1 宏观政治经济条件对项目形成有力支撑	8.1 风险因素识别
3.2 地区产业经济环境有利于项目实施开展	8.2 风险影响程度评价
3.3 项目拟选址已初步具备项目实施条件	8.3 风险规避措施
3.4 结论	九、结论与建议
四、项目实施方案	9.1 可行性研究结论
4.1 建设规模与内容	9.2 项目实施关键建议
4.2 产品方案与产值预测	9.3 专家意见
4.3 项目技术方案	

4. **项目评估及决策**

项目评估主要从项目建设的必要性、建设与生产条件、技术方案、经济效益和项目总评估等五个方面进行评估，对可行性研究报告的全部情况的可靠性进行全面的审核。此外，项目评估报告还要分析各种参数、基础数据、定额费率和效果指标的测算和选择是否正确，并且要求在报告中必须附有相关企业资信、产品销售、物资供应、建设条件、技术方案专利与生产协作、资金来源等一系列的证明和协议文件，以判断和证实项目可行性研究的可靠性、真实性和客观性，以利于决策机构对项目投资提出决策性建议。

二、第二阶段：建设准备

（一）工程项目计划与设计

1. 工程项目计划设计概述

项目计划按照流程顺序分为 E、P、C 环节，EP 环节前期工程设计及厂家制造设计非常重要，可以根据项目的具体特点和业主要求、主要设备材料的来源等进行相关的计划安排，但是必须满足当地有关技术标准规定。

项目工期计划按照业主总体工期及里程碑要求进行安排，一个 EPC 项目在巴西境内实施时 E、P 部分的设计工期与 EPC 总工期比例，通常比国内项目较大，工作量大，巴西项目工程设计工作相对较为细致，工作量大。

2. 输变电项目计划与设计特点

在巴西执行的输变电项目，除少数绝缘子、金具等材料可从国内进口外，所用大部分设备、材料如变压器、电抗器、断路器、隔离开关、绝缘子、避雷器、TP、TC、导线、避雷线、地线、铁塔等，巴西已发展了较为完善的供应链厂家，巴西厂家均可以自行生产；此类进口产品关税高（CIF 价的 60% ~70%）、供货时间长，费用高。因此通常选用巴西境内生产的设备、材料。此外，输变电等大型基础设施项目如果需申请 BNDES 银行低息贷款，还必须满足一定的巴西本地产品比例成分的要求，这也是限制过多地采用进口设备材料保护巴西本国工业产品的原因。

巴西自 20 世纪 90 年代实行电力能源项目商业化拍卖以来，EPC 各环节已经形成了较为完备成熟的工程设计、制造、施工产业链。输变电设计工作主要包括土建、结构、电气、仪表控制等方面的设计，小的设计公司 6～10 人拥有几套设计软件即可完成，但前提是各专业设计工程师必须有相应设计业绩并取得工程师协会（CREA）注册的技术负责人证书（ART）。因此输变电项目设计门槛相对较低，设计工作通常由巴西当地设计公司来做。

巴西的输变电设计，在圣保罗、里约、贝洛等城市有 20 多家较大的设计公司，设计竞争较为激烈，设计费用（不含地勘、航测等）仅占 EPC 总成本的 0.5%～1%。有些大型的承包商、电力公司拥有自己的专业设计团队，可以进行有关专业设计。

3. 大型火电类项目计划设计特点

大型火电类项目如燃机、煤电等项目，由于大型汽轮机、发电机、锅炉、燃气轮机、余热锅炉等设备巴西本地不能自行生产，需采用进口设备，通常采用 GE、西门子、三菱、上海电气、哈尔滨、东方等大型厂家设备，一些中小型的设备可以进行当地采购。

EPC 承包商可以根据业主要求和项目特点，选用巴西境内的国际设计公司或国外设计公司进行设计，但是必须满足业主技术规范书的标准规范要求。如果项目整体设计采用外国设计公司，如中国设计公司，还需进行当地设计转换，被称为“热带化”。设计转换的主要工作是核查设计是否满足巴西当地的 NBR 标准规范和习惯做法，另外就是有当地 CREA 注册的设计工程师对该设计工作负责，而外国设计公司通常无巴西 CREA 注册的设计工程师注册证书及无法注册相关设计 ART。

点评：

大型火电类项目，按照项目业主技术规范的要求，如果大量采用中国设备，初步设计和详细施工设计可以由中国设计公司来完成，厂家制造也要满足相关标准要求。当地设计公司所做的设计转换主要是土建设计转换和消防设计转换，满足巴西当地的规范 NBR 和材料要求；机务设计一般业主要求采用美标 ASTM 等设计，材料满足巴西标准即可；如果业主技术规范明确设备材料可采用中国标准 GB 制造，机务设计转换的工作相对较少。另外一个原因是设计转换的图纸必须采用葡语，国内设计公司设计的中英文图纸需要转换成葡英版的图纸。

4. **生物质火电类项目计划设计特点**

巴西是个农业大国，农业林业资源非常丰富，生物质发电项目在巴西工业发达的很多州较为普及，在巴西电力能源供应中占比较高(9%)。生物质发电项目单台装机较小，一般为 10～40MW，汽轮机、发电机、生物质处理设备等巴西均能自行生产。整个生物质发电项目的设计、制造、施工、运营均已形成了较为成熟的产业链。

生物质发电项目通常由巴西当地设计公司来完成，设计公司设计规模较小，有些设计如汽轮机、发电机、锅炉、生物质处理设备等则由厂家来完成，设计公司进行整体整合及土建设计。

5. **太阳能风电等新能源项目设计特点**

巴西太阳能、风电等新能源项目自 2014 年以来发展迅速，目前新能源项目占电力能源供应的比例已高达 8% 以上，并且这个比例随着光伏板性价比提高、风机单台装机容量增加将持续提高。新能源项目随着技术的发展进步，工期短、投资见效快、回报率高，加上国家能源政策支持，促成了新能源项目发展迅速。目前在巴西太阳能、风能比较集中的州，已陆续建立有关风机设备厂家、光伏板厂家，设备材料供应基本上能实现国产化。

新能源电站项目的发展，催进了在巴西沿海区域，尤其那些太阳能风能丰富的东北部州都有相关的专业设计公司；另外巴西圣保罗、里约、贝洛等当地大型的设计公司均可进行专业设计，设计资源较为丰富。

（二）工程项目征地及建设条件的准备

1. 概述

巴西工程建设项目前期需要完成测量、征地、环评、地勘、场地条件等的准备工作。各类能源类工程项目所需要满足的条件基本相同，因项目的大小范围不一样，在获得当局审批的时间会差别较大。

2. 项目前期工作

（1）地形测量（航测）。

地形测量通常由当地专业测量公司来完成，输变电项目通常需要进行航测。测量需要满足项目设计的精度要求。

地形测量主要工作：

· 完成平、断面图测量，根据地形勘察的平面坐标和高度点测量调查记录，代表土地的平面、垂直表面和一般约定的图形细节。

· 根据平面、断面图进行挖填土方计算，平衡土方。

· 对地形等高线、地物、地貌特征点进行相关描述记录和图上标志。

· 进行地籍测量。

· 线路还要进行进场道路和线路各类跨越的测量。

（2）征地。

征地工作通常由业主来完成，在测量地籍图的基础上，根据国家对征地赔偿的标准，业主自己或通过聘请专业咨询公司与地主进行协商谈判，办理征地产权过户登记。

（3）环境。

环境特许机构：都是联邦环保部和州环境局控制的机构，他们负责工程的环境许可证。

环境许可：包括工作环境许可的过程，这是必要的规划/工程、建设和运营的开发步骤。参见 1997 年 12 月 19 日环境理事会决议 237/97，按照项目实施的过程在获得 LP 或 LI 之前有以下三个环境许可：

①授权植被砍伐（ASV）：它必须有由 IBAMA 或由国家环境机构开展和植被砍伐（毁林）授予的授权。

②环境影响评估（EIA）和环境影响报告（RIMA）：通常需要由 OLA COM 授予 LP 文件。

③基本环境计划（PBA）：是为得到环境特许机构（LOA）授予 LI 所要求的通常文件，完整的定义见 1987 年 9 月 18 日环境理事会第 006/87 文件。

巴西环境许可的获得过程非常复杂，需要进行多次评估和改进环境方案，历时较长。

（4）文物保护和考古。

文物保护单位（UC）：在法律上由政府制定。该文物保护单位被分为两组：全面的保护单位和可持续利用单位。

全面保护单位（UPI）：主要目标是大自然的保护，只有间接利用其自然资源是允许的。它们包括以下几大类：生态站、生物保护区、国家公园、天然纪念物和野生动物避难所。

可持续利用单位（UUS）：不仅着眼于自然保护，也保证传统人的生活质量再现和改进。

考古遗产（PA）：是任何性质的考古资产，无论是史前或历史，现有遍布全国各地，代表了过去的历史和人类居住的痕迹。这些资产是通过特别代表的遗存，像水井坟墓、墓地、洞穴、帽贝、在岩石掩体、岩石铭文等，其中有陶器碎片（件陶壶或锅）、石盆、斧头、陶管，等。

如在施工现场所有发现的考古遗产，必须按照法律规定进行场地保护，向文物管理当局报告。

（5）用水许可。

大型电站项目需要进行水文研究，向水利局 ANA 申请获得用水许可和废水排放许可。

（6）售电许可 PPA 或运营许可。

发电类项目业主需要通过 ANEEL 的能源拍卖获得售电许可 PPA，以获得相关收益。

输变电类及配电类项目业主需要通过 ANEEL 的线路运营权拍卖以获得运营许可。

（7）地勘。

地勘包括工程地质和水文地质勘察、电阻率测量和热阻率测量等，需要按照设计规范要求和工程实际需要。

巴西地勘工作通常由当地地勘公司来完成，有注册地质工程师签发地勘报告。

（8）五通一平等场地条件。

巴西大型电站工程项目“五通一平”工作一般业主要求 EPC 承包商来完成。业主协助提供施工电源点或许可；业主协助提供使用用水许可及水源点，也有业主提供“五通一平”场地条件的。一般绿地项目现场建设所需的临时设施、道路、排水的由 EPC 承包商自己完成。

雨水排水沟两侧需要植草，坡度较大时需要设置台阶式跌水，排水过程中需要设置沉淀池、过滤器，以便进行定期清理；生活区、办公区及施工现场厕所生活污水需要设置化粪池、过滤器等经过厌氧发酵、加药等流程处理达标后方可排放；生活污水也可委托当地具有污水处置资质的机构运走进行处理。

输变电项目进场道路、塔位及通道砍伐一般业主安排由 EPC 承包商来完成。施工用水及用电由承包商自行解决。

(9) 大型设备的运输。

国内进口的大型设备海上运输通常由大型海运公司来承担，相关环节流程时长主要有：

订舱：7～14 天；

报关：7～10 天；

境外运输：海运 60 天，空运 14 天；

清关：7～30 天；

境内运输：7～10 天。

巴西海关清关时有红、绿、灰三个通道，红色、灰色通道用时 30 天，绿色通道 7 天。

巴西境内的运输通常由大型物流公司来承担，需要进行路径勘察，必要时进行桥梁加固。

(三) 工程项目招投标

1. 承包商招标

当承包商签订 EPC 项目合同后，如需要进行工程分包，一般通过公开招标、邀请招标或竞争性谈判进行招标。

(1) 公开招标。招标文件经批准后，由招标单位发出，并记录发标的相关信息。发标后，尽量避免多次进行修改；一旦招标书内容发生变更，则应在截标前及时通知所有投标商。

（2）邀请招标。对于涉及公司机密、项目技术复杂或有特殊要求、受自然地域环境限制只有少量潜在投标人可供选择时，可适用邀请招标。经招标小组在资质标评审后，在合格的公司范围内发送招标邀请函。

（3）竞争性谈判。招标过程中提交投标文件或者经评审实质性响应招标文件要求的投标商大于3家少于5家时，可以与投标商进行竞争性谈判。由招标谈判小组制定一份完整的谈判文件清单，应当包括响应文件编制要求、技术标准、资源投标比较、工期要求、HSE要求、合同条款、工程预算、价格构成或报价要求等。

在招标时，视项目招标难易程度和项目规模而定，应要求投标单位递交投标保函。

点评：

对于规模不是非常大、专业性较为普遍的项目，采用邀请招标和竞争性谈判的方式，对于推动招标、定标比较有效。

当招标时，招标单位首先应该要求投标单位提交各类资质文件进行资格预审，因为在巴西各施工公司财务状况普遍不好（可能今年财务状况较好，明年出现破产）、诉讼案件较多、黑名单普遍，需要重点审查州（市）的无欠税证明、注册资本金、近两年的财务报表、雇主签发的业主证明等，以免在中标后出现无法履约的局面。

2. **承包商投标**

投资方的招标方式一般为公开招标、邀请招标和议标。

业主分为国有和私营两大类。国有企业招标比较正规，通过公司网站发布招标信息，标书制作有着严格的要求，整个投标过程比较公平公正。私营企业的招标则各不相同，也相对不太规范，业主通过邮件发布招标信息，对标书的编制也没有明确的规定。但不论是国有企业还是私营企业，都要先通过企业注册成为该公司的合格供应商后才有资格参与项目的投标。

承包商的投标则是按照业主方的招标要求编制标书，一般分为资质标（如完成了投资方注册则不需提交）、技术标和商务标。

资质标和技术标都获得认可的投标者，招标单位的常规做法是与2~3家价格较低的投标者进行价格谈判，其中的每一家投标者都有1~2次机会降低价格再次报价，出价最低的一家投标者才能中标。

任何外国公司在巴西实施工程项目都需在巴西联邦商会注册，注册后在联邦、州、市三级税务机关登记；并招聘当地的劳工，项目建设必须有在巴西工程师协会（CREA）注册的技术负责人；相关质量、环保和安全文件必须由有资质的巴西安全工程师签字才生效。同时，很多项目对于当地的劳工比例也有要求。这是履行项目的前提条件。

点评：

原则上，评标条件对巴西国内公司与国外注册的公司一视同仁，主要参考公司资质、业绩证明、工期计划、资源投入、技术方案措施、项目报价、付款条件、保函要求、当地劳动力雇佣比例等条件，如果业主的资金属于BNDES或BNB贷款，或者国外的资金，相应的劳工要求和HSE管理标准会更高，并受贷款方的监督。

（四）工程建设材料采购

1. 主要施工材料的采购标准

巴西建设工程项目施工主材采购依据业主提供的设计技术规范为依据（个别项目也存在业主提供基本技术规范文件由承包商聘用的设计院设计，报业主批准后，形成书面技术资料）、NBR和当地的相关法律法规规定及材料建设清单向具有生产资质的各厂家发出采购招标邀请。

各厂家根据技术规范要求，设计相应施工主要材料，设计完成后形成书面技术材料及电子版材料上传业主项目技术网站供业主、监理审核。待审核完成后对通过审核的厂家进行招标采购。

2. 巴西采购市场与中国采购市场的对比

巴西物资材料采购与国内截然不同。国内主要是买方市场且市场资源多、产品丰富、生产周期短、物流运输便利，但巴西供应商资源缺乏、产品短缺、供货周期长、运输成本高且时间长，直接影响到采购的效率和成本，所有采购必须要提前一个施工周期。

由于巴西人生活节奏偏慢，不喜欢急匆匆地建立人际关系或作出重大决定，导致各种工作效率非常低。所以各种采购工作必须提前开展、协调各生产厂家。

其次，巴西产品与中国产品对比存在很大的差异，列入电气设备或工器具，巴西当地电压频率一般为60Hz，而我国一般为50Hz。且工器具配套耗材的规格也存在很大的差异，例如较为常用的切割片磨光片，中国通用规格为100mm×16mm，巴西市场的规格为115mm×22mm，因此中国的切割片内径小于巴西切割片的内径。

再者相对于中国市场，巴西市场物资品类不足，部分产品存在设计漏洞，如巴西当地出售的焊接面罩一般无法与安全帽配套使用，导致焊工在作业时必须摘掉安全帽，而此种做法导致高空坠物伤人的事故频繁发生。

3. 采购时间

巴西劳工法律规定，周六下午和周日为休息时间，如果企业不按规定执行，一旦员工向工会等劳工机构投诉，企业往往面临被罚款的风险。因此，在巴西，工业企业同商业、服务业一样，在非工作日采购物资不是那么容易，对方的电话打不通或者不接听是很正常的事情，巴西人休息日不希望被人打扰。

4. 采购方式

巴西政府采购均应通过具有竞争性的方式确定供应商，采取公开招标、邀请招标、询价、直接采购等方式，公开招标为优先选择的采购方式。非政府采购所采取的采购方式则自由灵活。

5. 采购媒介

巴西货物采购媒介除了传统的纸质媒介采购外，邮件、网络以及电子采购方式均很流行。作为政府采购范畴，巴西的电子采购起步较早，于21世纪初便开始建立包括政府采购业务的电子政务系统，随着该系统的不断发展完善，现在已实现采购信息发布、招标文件下载、投标、评标、开标、中标结果发布、合同签订等功能。

6. 巴西货物采购的税收规定

在巴西，要做好货物采购，必须了解巴西的税收规定。税收是货物价格的重要组成部分。巴西是南美税负较重的国家之一，共有各种捐税58种。巴西的税收按照行政划分为联邦税、州税、市政税三级。政府对税收采取分级征收和管理的办法。

（1）REIDI优惠。

部分工程施工企业可以享受REIDI优惠，主要的优惠措施是对满足以下条件任一条件的新设备、工具、用具暂停征收PIS及COFIN（税费名称）：

①当地采购及进口的被用于基础设施投资的新设备、工具、用具。

②属于基础设施投资固定资产一部分的新设备、工具、用具征。同时基础设施建设用的材料在REIDI内也暂停征收PIS及COFINS。一旦在基础设施投资中使用或者包含此类物品，暂停征收PIS及

COFFIN，免收社会贡献税。另外，REIDI 税收优惠有效期 5 年，从项目得到税务局批准起算。通过上面所说，如果项目满足 REIDI 税收优惠条件在材料采购过程中要向供应商说明，免除 PIS、COFFIN。

（2）ICMS（州增值税）。

ICMS（州增值税）向进口商品以及商品（包括电力）流通、市和州之间运输服务和通信服务的某些交易征收。所以在承包商进行采购合同签订时尽可能选择本州的供应商从而免除 ICMS 税。

7. 采购合同管理

采购合同中要明确标明采购数量、型号、单位、ICMS、IPCI、ST 各种税金额、质保（质保期以及质保条款）、保函情况（保函种类、保期、兑付条件以及保额）、专用工具、备品备件（包括施工备件以及运维备件）、工代需求情况、包装要求以及供货期。

在合同摘要中说明：报价单号、物价指数调整周期、供货时间、材料验收时效。如果材料配套易误解的要做详细说明，涉及小散件要标明损耗率。

合同中采购方要向生产厂家提供批准的技术资料、免除 PIS、COFFI 文件、商议的供货计划；厂家需要向中方提供：材料生产计划、实验计划、材料质量文件、实验文件，对于化学危险品含焊材需提供 FISPQ 证书。

8. 巴西货物采购客户付款管理

巴西货物采购，对采购方付款时间具有严格的管理规定，对延迟付款具有严格的控制举措，这也是巴西货物采购客户支付管理系统先进性的显著特点。

巴西货物采购的客户支付管理系统主要分三大步骤：一是客户信息注册；二是发票管理；三是支付投诉。合规发票如果不直接进行现金交易，那么，合作客户的信息资料注册，是供应商与客户建立货物买卖关系的第一步。注册需提交的资料一般包括企业简介、企业注册地、税号、联系人、联系方式等。供应商一般从纸质资料审查，结合网上对企业的注册信息核对，巴西网站 SERASA 提供公司财务查询服务，可通过付费查询其公司是否有不良记录，进而作为审核通过与否的依据之一。如果信息一致，且符合供应商建立合作关系的要求，则审核通过，客户信息注册成功。

约定付款方式。供应商在供货与发票开具前，需要与合作客户商定付款方式。比如是货到 30 天或者 3 个月不等。商定的付款时间，将直接打印在电子发票上，作为客户承诺付款的依据。一是根据银行付款单据而进行付款，上面皆有发票到期日以及缴费金额，一旦过期而未支付将重新计算付款金额，包括罚款、利息等的支付；二是支票签收并写上付款日期而进行支付；三是银行转账支付。

开具发票。现今巴西多个州政府已经执行电子发票系统，一是能减少纸张的使用、保护环境，以防发票损坏等问题；二是经过电子发票开票系统，政府相关机构可以有效地追查企业对于税金的缴纳情况，查看是否有逃税、漏税的可能性，进而跟踪追缴查询。

开具货物运输发票。采购的货物发运前，必须开具好货物发票。涉及长途运输的货物，还需开具单独的运输发票。在货物发票上，有发票号、开票时间、付款截止时间、供需双方的税号、运输目的地、货物名称、数量、单价、总价、税种、税额等信息。

因此，在巴西，企业或者个人必须注册税号。每个企业均应有一个 CNPJ 税号，每个人均应有一个 CPF 的私人税号，以便依法向政府交纳各种税额。完税信息均在供货方开具的发票上体现，企业或者个人缴纳税收的税种、比例一目了然。发票必须伴随货物，以备运输检查。在运输检查中，重点检查发票的税种是否齐全，是否已足额缴纳。不按法律规定交纳税额，或者发票上没有供需双方的税号，说明存在避税的可能。物流公司冒险承担货运物流，在过州境检查中，一旦被政府部门检查，会扣留运输货物和货车，并予以高额罚款。因此，过境检查中严格核实发票信息，成为巴西难以开具假发票的重要原因，体现了其管理的先进性。

收货付款。货物经过运输抵达目的地后，付款成为采购合同履行的重要环节。付款时间依据发票上显示的最终付款时间，收货方一旦超过发票上的付款时间而未付，供应商有权启动网上投诉管理系统，一旦提交的投诉资料属实并经巴西官方机构核实，则会在企业的注册信息上形成一个付款不良记录。如果延迟付款影响重大，甚至会被冻结企业账户资金。

巴西供应商对延时付款的处理。发现逾期未付款，一般情况下，会先以软性方式征询付款时间；供应商认为很难或无法收回货款，最终会启动网上投诉系统，进而采取法律途径回收货款。如果开具付款联的会列入黑名单，会在企业的注册信息上形成一个付款不良记录。

点评：

付款不良记录管理成为强化客户及时付款、提高企业信誉的有效手段。企业形成不良付款记录后，通过对企业注册信息的查询均能显示。对于形成不良付款记录的客户，第一，供应商即使愿意提供货物，往往会提出先付款再发货的要求以确保不会发生呆账问题；第二，不良记录对企业的投标等各种经济活动均有不利影响，从小型的加油站定期付款合作到大型的投标等活动，都会通过查询或是要求企业提供无欠税证明等方式进行核实。

在巴西，要消除付款不良记录，手续非常复杂。一是提供延期付款的说明；二是提供已经付款的证明，并在官方的公证机构予以公证。经官方机构再次审查，若认为延期付款确有可以理解的原因，才能消除付款的不良记录。因此巴西的任何企业都以无不良记录为优先重视事项。

(五) 合同管理

1. 一般规定

合同自由应依合同的社会功能原则并在该原则的范围内行使。

不论在缔结还是履行合同中，当事人都有义务遵守公平及诚信的原则。对于附合合同中的含糊或矛盾的条款，应按照合同优先权解释。

为了规范和指导合同当事人双方的行为，巴西境内较多承包合同同样使用国际工程界许多著名组织的合同示范文本，如 FIDIC（国际咨询工程师联合会）、AIA（美国建筑师学会）、AGC（美国总承包商会）、ICE（英国土木工程师学会）等，这对引导和规范建设行为起到非常重要的作用。

如果为其利益缔结合同的第三人被授予请求执行合同的权利，订约人不能免除债务人的义务。替第三人允诺了某事的人，第三人不履行，他将就损失和损害承担责任。第三人是允诺人的配偶，实施行为要求其同意的，并且只要根据其夫妻财产制，赔偿金将以某种方式由他们的财产承担的，此种责任将不存在。一方替他人允诺，如后者在负有义务后未为给付，前者不承担任何债务。

根据实订合同收受的有隐蔽瑕疵或缺陷的物品，不适合其设定的用途或导致其价值减少的，可以拒绝。

如转让人知道标的的瑕疵或缺陷，他应返还收受的金钱并赔偿损失和损害；如他对此不知，他只返还收受的价值，外加订立合同的费用。

虽然标的在受让人的控制下灭失，这种灭失是在交付时就已存在的隐蔽瑕疵造成的，转让人仍要承担责任。

从实际交付时起算，购买人丧失退货或降低价格的权利，动产标的是30天，不动产标的是1年后；如已占有标的，期限从转让时起算，并且减半。瑕疵基于其性质只能更晚才知道的，期限从对此知晓时起算，此等期限对动产标的最多为180天，对不动产标的最多为1年。

2. 合同的订立

巴西与其他大多数国家合同的订立程序相同，也采取要约和承诺方式，根据招投标有关规定，招标、投标、中标的过程实质就是要约、承诺的一种具体方式。招标人通过发布招标公告，或向符合条件的投标人发出招标文件，进行要约邀请；投标人根据招标文件内容在约定的期限内向招标人提交投标文件，发出要约；招标人通过评标确定中标人，发出中标通知书，作出承诺；招标人和中标人按照中标通知书、招标文件和中标人的投标文件等订立书面合同，合同成立并生效。施工合同的订立往往要经历一个较长的过程。在明确中标人并发出中标通知书后，双方即可就合同的具体内容和有关条款展开谈判，直到最终签订合同。

合同要约对要约人具有约束力，根据其条款、行为的性质或案件的具体情况达成要约。以下情形，要约失去约束力：

当面发出的要约（通过电话以及其他类似的通信工具缔约，视为当面发出要约），未约定期限，同时又未被立即承诺的；

对不在场者发出的要约未约定期限，经过了足够时间以至于要约人可以收到答复的；

对不在场者发出要约，但答复未在指定期限内寄出的；

在要约到达之前或同时，撤回要约通知到达另一方的。

对公众发出的提议如包含合同的基本要件，其效力与要约相同，但基于当时情形以及习惯结果相反的除外。

如承诺因无法预料的情形而迟延到达要约人的，应立即告知承诺人此种情况，否则应就损失和损害承担责任。

逾期的，增加了内容、限制或经修改的承诺，视为新要约。

如果要约是根据惯例并不需要明示的承诺的类型，或要约人已不要求明示的承诺的，如拒绝没有按时到达，同视为已缔结。

撤回承诺的通知先于承诺或与之同时到达要约人的，视为不存在承诺。

不在场者之间的合同在承诺寄出后成立，以下情形除外：

要约人已担保等待答复的；

承诺并非在约定的期限内到达的。

3. **合同谈判的主要内容**

关于工程内容和范围的确认，招标人和中标人可就招标文件中的某些具体工作内容进行讨论、修改、明确或细化，从而确定工程承包的具体内容和范围。在谈判中双方达成一致的内容，包括在谈判讨论中经双方确认的工程内容和范围方面的修改或调整，应以文字方式确定下来，并以“合同补遗”或“会议纪要”方式作为合同附件，并明确它是构成合同的一部分。

关于技术要求、技术规范和施工技术方案，双方尚可对技术要求、技术规范和施工技术方案等进行进一步讨论和确认，必要的情况下甚至可以变更技术要求和施工方案。

依据计价方式的不同，巴西建设工程施工合同同样分为总价合同、单价合同和成本加酬金合同。一般在招标文件中就会明确规定合同将采用什么计价方式，在合同谈判阶段往往没有讨论的余地。但在可能的情况下，中标人在谈判过程中仍然可以提出降低风险的改进方案。

价格调整条款，对于工期较长的建设工程（一年以上），容易受货币贬值或通货膨胀等因素的影响，可能给承包人造成较大损失。价格调整条款可以比较公正地解决这一承包人无法控制的风险损失。无论是单价合同还是总价合同，在巴西境内会依据 IPCA 每年调整一次。

关于合同款支付方式的条款，巴西境内施工合同的付款分四个阶段进行，即预付款、工程进度款、竣工结算款和退还质量保证金。关于支付时间、支付方式、支付条件和支付审批程序等有很多种可能的选择，并且可能对承包人的资金流、进度等产生比较大的影响，因此，合同支付方式的有关条款是谈判的重要内容。

合同条件中其他特殊条款的完善主要包括：关于合同图纸；关于违约罚金和工期提前奖金；工程量验收以及衔接工序和隐蔽工程施工的验收程序；关于施工占地；关于向承包人移交施工现场和基础资料；关于工程交付；预付款保函的自动减额条款等。

4. 合同文本的确定和合同签订

合同风险评估。在签订合同之前，签约人应对合同的合法性、完备性、合同双方的责任和权益以及合同风险进行评审、认定和评价。

合同文件内容。巴西建设工程施工承包合同文件构成：合同协议书；工程量及价格；合同条件，包括一般条件和特殊条件；投标文件；合同技术标；中标通知书；招标文件；其他双方认为应该作为合同组成部分的文件，如：投标阶段业主要求投标人澄清问题的函件和承包人所做的文字答复、双方往来函件等。

双方在合同谈判结束后，应按上述内容和形式形成一个完整的合同文本草案，经双方代表认可后形成正式文件。双方核对无误后，由双方代表草签，至此合同谈判阶段即告结束。此时，承包人应及时准备和递交履约保函，准备正式签署合同。

5. **巴西境内建设工程施工合同风险管理**

建设工程的特点决定了工程实施过程中技术、经济、环境、合同订立和履行等方面诸多风险因素的存在，在工程实施过程中还存在着许多不确定的因素，建筑施工比一般产品的生产具有更大的风险。

巴西境内合同风险一般可以分为合同工程风险和合同信用风险。合同工程风险是指客观原因和非主观故意导致的。如工程进展过程中发生不利的地质条件变化、工程变更、物价上涨、不可抗力等。合同信用风险是指主观故意原因导致的。表现为合同双方的机会主义行为，如业主拖欠工程款，承包商层层转包、非法分包、偷工减料、以次充好、知假买假等。

注重调查好业主资信和能力，规避业主资信能力风险。例如，业主企业的经营状况恶化、濒于倒闭，支付能力差，资信不好，撤走资金，恶意拖欠工程款等；业主为了达到不支付或少支付工程款的目的，在工程中苛刻刁难承包商，滥用权利，施行罚款和扣款等。

注重调查好分包商、供货商资信和能力资信和能力风险，规避业主资信能力风险。主要包括分包商、供货商的技术能力、施工力量、装备水平和管理能力，有没有合适的技术专家和项目管理人员，能不能积极地履行合同，财务状况等。

6. **巴西境内建设工程施工合同保险管理**

按照巴西惯例以及合同的要求，巴西境内投保范围主要包括工程一切险、第三者责任险、人身险、机械设备保险等。

工程一切险。巴西境内工程一切险在施工过程中，如果发生保险责任事件使工程本体受到损害，已支付进度款部分的工程属于项目法人的财产，尚未获得支付但已完成部分的工程属于承包人的财产，因此要求投保人办理保险时应以双方名义共同投保，来保证保险的有效性和连贯性。

第三者责任险。该项保险是指由于施工的原因导致项目法人和承包人以外的第三人受到财产损失或人身伤害的赔偿，在巴西该险种可以附加在工程一切险中。在发生这种涉及第三方损失的责任时，保险公司将对承包商由此遭到的赔款和发生诉讼等费用进行赔偿。但是应当注意，属于承包商或业主在工地的财产损失，或其他承包商在现场从事与工作有关的职工的伤亡不属于第三者责任险的赔偿范围。

人身险。为了将参与项目建设人员由于施工原因受到人身意外伤害的损失转移给保险公司，应对从事危险作业的工人和职员办理意外伤害保险。此项保险义务分别由承包人、分包商分别负责对本方参与现场施工的人员投保。

机械设备保险。保险的范围包括承包人运抵施工现场的施工机具和准备用于永久工程的机械设备。

7. 巴西境内建设工程施工合同担保管理

工程担保中大量采用的是第三方担保，即保证担保。在巴西已经成为一种行业惯例。经常采用的担保种类有：投标担保、履约担保、预付款担保、质保金担保等。履约担保是巴西境内招标人在招标文件中规定的要求中标的投标人提交最多的担保，也是各项担保中最重要、担保金额最大的工程担保。

业主为了保证承包商忠实和完美地履行合同规定的所有义务，一般会要求承包商应在签订合同后30天内，提供占本合同总价值10%～20%的担保，并应覆盖整个合同执行期，应该在每次合同延长或更新时进行更新。

通常承包商有权选择以下保证方式之一：（1）现款押金；（2）保险公司担保；（3）银行担保。

履约担保将在很大程度上促使承包商履行合同约定，完成工程建设任务，从而有利于保护业主的合法权益。一旦承包人违约，担保人要代为履约或者赔偿经济损失。履约保证金额的大小取决于招标项目的类型与规模。所以承包商需注重依法履约、全面履行，确保担保安全。

8. **合同关闭**

不妨碍行使合同规定的任何权利或适应任何惩罚的情况下，双方进入本合同范围内的最终结算。同时，各方应当向另一方沟通，只要满足合同明确规定的前提下，以书面形式签署临时验收证明及最终验收证明。

一旦双方履行了所有合同中规定的义务和条件或生效了相关的支付，没有任何其他双方关于履行合同的悬而未决的问题时，将签订最终合同结清协议，同时承包商按照规定条款回收相关担保。

9. **其他相关知识**

（1）无效/可撤销的合同。

巴西法律对于合同成立的要求规定较为宽松，只要合同要约得到了承诺即可认为合同成立。根据合同性质的不同，在满足法律规定的要件时合同才产生效力，一般情况下合同签字即生效，但根据巴西《民法典》第166条，法律行为在以下情形无效：

①由绝对无行为能力之人缔结的；

②其标的不合法、不可能或不可确定；

③当事人双方确定的共同意图非法；

④未遵守法律规定的形式；

⑤缺少某种法律认为对其有效必不可少的程式的；

⑥其目的诈欺强行法的；

⑦虽然法律未规定制裁，但明确地宣布它无效，或禁止其实施的。

因此，当签订合同的过程中存在上述行为的可认定合同无效。

此外，法律行为在以下情形可被撤销：

①行为人只有部分行为能力；

②存在错误、诈欺、胁迫、危险状况、显失公平或对债权人的诈害这些瑕疵。

（2）合同语言。

合同可由任何语言书写，只要合同内容和形式不违反巴西法律都有效，但是建议使用巴西官方语言葡萄牙语书写，因为根据巴西《民法典》和第13609号法令，对于非葡语书写的文件，在巴西只有通过认证的译员做成宣誓译文才能得到政府和法院等公共机构的正式认可。也就是说，外语书写的私人文件可以在当事人间生效执行，但如果一旦需要公共机构认可，比如申请许可、参与诉讼等情况，必须进行宣誓翻译。

（3）合同签名公证。

在巴西，对合同签名进行公证是普遍做法，但需要注意的是签名公证不是合同生效的要件，此外签名公证仅仅是认证合同中的签名与签字人在公证处注册的笔迹一致，证明由本人签署，但并不意味着签字人是适格的合同签订人，也不意味着合同有效。签字人是否有权签署合同，需要查看授权书或者公司章程，核实是否可代表公司签署合同。合同生效需要满足法律规定的要件，公证处并不审查合同条款。

（4）数字认证（电子合同）。

近年来，巴西逐渐开始流行使用数字认证来签署合同或文件。数字认证又称为公开密钥认证，是用于公开密钥基础建设的电子文件，用来证明公开密钥拥有者的身份，认证机构用自己的私钥对需要认证的人（或组织机构）的公钥施加数字签名并生成证书，即证书的本质就是对公钥施加数字签名。该做法的优势在于合同的签署过程完全电子化、绿色环保、便捷高效，特别是对于异地文件的签署，节省了打印和邮寄的时间和成本，并且无须再对合同签名进行公证，因为数字认证即是一种身份认证。

（5）合同见证人。

通常在巴西的商业合同中最后都需要两名见证人签字，这样做的主要原因是为了证明合同签订是真实的意思表达，双方不存在欺诈行为。只要年满 18 周岁具有完全民事行为能力，且与合同及合同当事人无直接利益关系的人员（例如，不可以是起草合同的律师、签字人的直系亲属、合同的担保人等），都可以成为见证人。见证人无须承担任何合同责任，也没有法律义务了解合同的具体内容。

点评：

见证人签名不是私立合同生效的要件，没有见证人签字的合同是完全有效的，但是根据巴西民事诉讼法规定，没有两名有效见证人签名的私立文书不可以申请执行程序，丧失了申请巴西司法程序中实现债权最快捷的程序的权利。

三、第三阶段：建设实施

（一）依法用工

1. 员工登记

巴西的员工有工作证、雇佣记录卡和社会保险卡（CTPS），由雇主签署，并列明职位和薪酬，从而确定正式的劳工合同。对外国人来说，除非能出示巴西联邦警察局颁发的外国人身份卡，否则不能被雇佣为外国员工。

所有的员工都必须在公司进行注册登记，并由雇主的代表在工作证中签字。公司必须定期向当地的劳工部提交申报表，报告员工总数，并说明雇佣的外籍员工和未成年员工的数量（如有）。

2. **工资及福利**

（1）注册工资。

巴西有一套完整的工资序列，虽然各州略有差异但差别不大。企业不论大小，都必须执行统一的工资序列，且同工同酬。员工不论在何种企业工作，注册工资都不能低于国家（或州）规定的本岗位的最低工资标准。

福利待遇：企业需要按照法律规定为员工提供强制性福利，其中主要的几项福利为：

①十三薪：企业在每年年底需要向员工支付第十三个月份的薪水，一般在 11 月、12 月分两次发放；

②年假：员工在工作满一年后可以享有一个月的带薪假；

③年假附加工资：员工在休年假期的工资比平常高 1/3，为预发制；

④产假：法律规定的产假为 120 天，若企业参与社会责任计划，则可再延长 60 天；

⑤交通补贴：根据员工每天上下班的交通费用计算，为了不作为工资的一部分，法律规定企业需要从员工工资中扣除交通费或工资的 6%。若员工的交通费超过工资的 6%，则超过的部分需要由企业承担。员工可以选择不收取交通补贴。

除了法律规定的强制性福利外，一般企业还会给予员工一些非强制性补贴：

①餐饮补贴；

②医疗保险；

③牙医保险；

④助学补贴；

⑤其他补贴。

关于餐饮补贴，企业需要在巴西劳动局的网站注册餐饮补贴计划（PAT），否则该补贴可被认为是员工的收入，并因此需要缴纳税金。

（2）工资及福利费用支付

员工只要正常出勤，提供了劳动或服务，企业就必须按时支付工资及各项福利费用，支付时间都有具体的规定。如《劳工法》规定，工资必须在每月的第 5 个工作日前支付到员工的指定的个人账户上。如果超过规定的时间尚未支付，即违反了巴西法律，将会引起严重的后果，轻者会引起抗议，重者可能会引起打砸、罢工事件，同时可能会引起劳工或工会的诉讼等。

3. 工时及考勤

（1）工时与加班。

巴西劳工法对劳工的工作时间有非常详细的规定，正常工作时间为每日 8 小时，每周 44 小时，超过部分即为加班。每天加班时间不能超过 2 小时，每月加班时间不能超过 36 小时，正常工作时间与加班时间之和每月不能超过 220 小时。员工加班必须要按法律规定支付加班工资，延长工作时间的加班按“正常工作时间”小时工资的 150% 支付；节假日加班工资按平常工资的 200% 计算。夜间工作（22：00 至次日 5：00）还要额外支付 20% 报酬。

点评：

（1）企业因工作原因在员工下班后给员工打电话，员工自接起电话时起，就开始计算为工作时间。

（2）中方员工利用休息时间组织集体（或个人）活动，如体育比赛、旅游、购物、休闲娱乐等，如邀请巴籍员工参加，也有可能被视为加班。

休息时间：每两个工作日之间最少要留有11个小时的连续休息时间；中午要至少保证员工有1个小时但不超过2个小时的就餐时间；连续工作6个小时要有1个小时的休息时间；每周要保证有24小时的连续休息时间等。

（2）上下班途中时间。

如果公司派专车接送员工上下班，那么自员工上车的那一刻起就算工作时间，如果员工乘公共交通工具或开私家车上班，从到达工作地点时开始计算工作时间。前者可不用给员工发放交通补助，后者必须根据员工上班的路途远近，核定并按月发放交通补助。对于前者，员工很可能提起诉讼，要求给予发放延长工作时间的加班工资。

（3）考勤管理。

有条件实行电子考勤机的，一定要实行电子考勤机，没有条件实行的，则实行纸版考勤。实行纸版考勤要注意如下事项：

①考勤应由员工本人每日填写并签字，再由部门审核签字。如有加班、休假（年假、病假）等，员工要标注清楚，并附有相应的单据。

②考勤不能在月底由员工一次性填写（非电子考勤时）。这样会造成笔迹、签名、签字用笔完全一致，在法庭上被鉴定为无效考勤，认为考勤作假。

4. 休假安排

巴西法律规定，员工工作每满一年，从满一年的次日起在一年之内可享受30天的带薪年休假，在这一年之内，员工可申请休假，企业也可安排员工休假，员工与企业必须协商达成一致。企业如不同意或不安排员工休假，则会招致罚款或引起劳工诉讼。

5. **人员配备**

巴西法律规定及工程师协会要求，项目施工必须配备相应的工程技术人员和服务人员。如土建工程师、电气工程师、森林工程师、环境工程师、安全工程师及相关专业技师等，甚至对医护人员、司机、保洁人员也有严格的规定，达到要求后才能进行施工。如不能达到要求，则不能施工，否则会招致巨额罚款或停工整改。

6. **工作安排**

项目或部门不得安排巴西员工从事与员工注册岗位不相符的工作，否则会带来较大的风险。一是员工起诉企业要求支付两份工资或补发工资差额及相应引起的其他费用。二是安排高岗位的人员从事低岗位的工作，可能会使员工感到受到了歧视或侮辱，要求雇主给予精神赔偿。

未成年工（即 14 ~ 18 岁，注：14 ~ 16 岁是学徒工，16 ~ 18 岁可以参加工作）、女员工怀孕期间不得安排从事危险、有害及夜班工作。

7. **生活与卫生**

巴西法律特别是 NR 系列法规（劳工监管标准），对员工的饮食、住宿、生活环境、卫生条件、设施配备都有详细、严格的规定，企业必须按规定执行。

（1）饮食。包括饮食卫生、营养标准、厨房、就餐地点及环境等。其中饮食要达到规定的营养标准，种类要经常变化，需要配备营养师制定餐饮计划等。

（2）住宿。包括墙壁、地板的材质、通风、采光、照明的标准、床的大小及高度、床与床之间的距离、床上用品的配备、房间其他用品（如衣柜、新鲜饮用水）等，都有详细的规定。

（3）卫生设施。主要指用于员工清洁身体和满足员工生理排泄的设施或场所。如淋浴间、卫生间、更衣室、洗衣房等场所的卫生要求和设施配备标准。建筑施工企业如果建立生活营地，无法接入市政排污系统时，需要单独建立容量合适的三级过滤化粪池和污水处理沉淀池，施工图纸需要由项目土建工程和环境工程师设计，使用过程中要按规定进行消毒及清理；需要设置防护栏和明显的标识。

8. 工作环境

主要包括危险作业环境和不健全工作环境。

（1）危险作业环境。是指对员工的生命构成危险的作业环境。如带电作业、高空作业、密闭空间作业等。如果在危险作业环境中作业，企业则应每月给予员工工资30%的危险作业津贴。

（2）不健全工作环境。是指对员工的身心健康造成伤害的作业环境。如在噪音、粉尘、有毒气体等环境下的作业，企业应每月给予员工最高不超过20%的不健全工作环境作业津贴。具体比例和数额视不同的作业环境而定。

9. 劳保用品

企业应根据员工的不同岗位、不同作业环境提供相应的劳保用品。主要包括工作服（棉、单）、工作鞋（防砸鞋）、安全帽、安全带、工作手套、防护眼镜、口罩、耳塞等。企业应为每人建立一张劳保用品领用记录卡，每次领用劳保用品应由本人签字认领，不得由部门统一认领或其他人代领。如果在劳保用品使用期限未到期之前，员工提出劳保用品已损坏，企业应立即检查旧用品，如属实则应及时给予更换，不得以未到期而拒绝更换。

10. 尊重员工

中方员工与巴西员工在一起工作，要尊重对方、平等相处、友好交往。尊重对方主要表现在以下几个方面：

（1）要尊重巴西的文化和历史，尊重当地的宗教信仰、民风民俗和生活习惯，禁止发表任何损害中巴两国友谊的言行。要尊重巴西公民，不能虐待任何动物和乱砍伐植物。

（2）部门或班组在安排、分配工作任务时要一视同仁，要客观、公正地评价巴西员工的工作，严禁故意刁难、歧视和不公平地对待巴西员工。

（3）在工作和生活中，都不能以任何理由侮辱、谩骂、歧视、嘲笑或戏弄巴西员工，更不能与巴西员工发生任何语言和肢体冲突。

（4）中方员工在生活中不能随意借用巴西员工的车辆、电脑等贵重物品，未经巴西员工的同意，不得动用他们的生活用品。

11. **员工解聘**

（1）解聘手续。按规定的程序办理解聘手续。如果是员工本人提出辞职，需由本人提交一份手写的辞职申请。各种解聘文件需由员工本人签字。公司应在员工工作证上签字注销，并及时返交本人。

（2）解聘费用。应按巴西法律及时结算员工当月的工资及其他各项费用，并在规定的时间内将这些款项打到员工指定的银行账户中。

（3）特殊人员的解聘。对于一些特殊的人员，解聘时要特别注意，不能违反巴西法律和工会的规定。如女员工怀孕或生育期间、员工由于工作及工作环境或条件造成工伤或疾病，在治疗期或治疗期结束后的一定时期内（有的类型为1年），企业不能解除合同，任期内的工会成员、CIPA成员（安全事故预防委员会成员）不能解除合同。

12. **劳务纠纷**

从历史上看，巴西劳工法因偏袒员工而名声不佳。巴西劳工法院一般允许接受口述证据来证明雇佣关系的存在，并倾向于通过和解来解决纠纷。此外，员工不需要承担诉讼费用。鉴于此，劳动诉讼通常会令公司产生一定的费用。通常员工在合同终止后，才会向公司提起劳动诉讼。巴西劳工法允许员工在离职后的两年内对诉讼日期前5年的劳工权利提起劳动诉讼。

点评：

巴西劳工诉讼概率高、范围广、费用高、耗时长，日常管理中最好聘用专业的劳工律师，参与企业的日常劳工管理工作，依法依规进行劳工管理，规避用工风险。遇到劳工诉讼，由公司劳工律师或外聘劳工律师负责处理，可以有效降低劳工诉讼损失。

（二）境外 QSHE 管理规范

巴西 QHSE 管理可分为质量、安全、职业健康和环境管理，各个环节独立性较强。

1. 项目质量管理

巴西主要依靠标准和认证对产品质量进行质量控制，对于涉及人身安全的产品实施强制性认证和市场准入制度。

巴西政府于 1973 年建立全国计量、标准化和工业质量体系，隶属于工业和贸易部。该体系的目的是提高产品质量、增加产量、降低成本、保证安全和保护消费者利益，以提高巴西产品在国际市场上的信誉和竞争能力。其管理机构是巴西国家计量、标准化和工业质量理事会，而中央执行机构为巴西国家计量、标准化和工业质量协会。其中，CONMETRO 属于巴西标准化体系中的第一层组织机构，即领导和决策机构，CONMETRO 的任务是制定计量、标准化和质量方面的国家政策，由以下部门和组织构成：经济部，科学技术与创新部，农业、畜牧业与供应部，环境部，基础设施部，矿山与能源部，外交部，司法与公共安全部，国家工业联合会（CNI），巴西技术标准协会（ABNT），消费者保护协会（IDEC）等。

CONMETRO 共有 6 个委员会：巴西标准化委员会（CNN）、巴西认证委员会（CBC）、巴西认可委员会（CONACRE）、巴西计量委员会（CBM）、巴西 CODEX 委员会（CODEX）、技术壁垒委员会（CBTC）。INMETRO 属于第二层机构，即执行机构，INMETRO 为 CONMETRO 提供技术支持，并执行 CONMETRO 提出的计量和质量方面的国家政策。INMETRO 的职责是实施有关计量、标准化和质量的国家政策，也是世界贸易组织技术壁垒协议（TBT）的咨询点。

第三层机构为巴西技术标准协会（ABNT）、巴西质量管理协会（ABCQ）和国家计量研究所（INPN），分别具体实施标准化、质量控制及产品认证、法定计量等。

（1）质量管理文件。

ISO 10005：2005《质量管理体系》《质量计划指南》

ISO 10007：2006《质量管理体系——配置管理指南》

ISO 19011-1：2012《审核管理系统指南》

ISO 21500：2013《项目管理指南》

ISO 9000：2015《质量管理体系——基本原理和词汇》

ISO 9001：2015《质量管理体系——要求》

ISO 9004-2009《为组织的持续成功而进行的管理——质量管理方法》

（2）现场质量管理流程。

依据合同约定和业主要求编报质量检验计划（PICQ），根据质量检验计划由质量工程师或技术主管编制质量检查验收清单和验收表，以执行项目过程质量检查验收。验收表由有经验的技术或质量工程师依据标准规范要求编制，主要依据巴西 NBR 系列标准规范编写。

2. 项目安健环管理

（1）主要规范标准简介。

中国安全管理要求通过《安全生产法》《消防法》等安全生产综

合法律以及国家安全生产行政法规、安全生产部门规章、国家安全技术标准、行业及地方法规等对安全管理进行规范要求。

巴西安全管理、职业健康主要监管标准为NR，关于职业健康和安全的规定，属于私人和公共企业、直接和间接管理公共机构以及立法和司法权力机构必须遵守的标准。巴西安全管理、职业健康主要监管标准为NR，关于职业健康和安全的规定，属于私人和公共企业、直接和间接管理公共机构以及立法和司法权力机构必须遵守的标准。

巴西SHE相关法规要求细、执行严，尤其是劳工保护及环境方面，管理标准非常高，对于不符合法规要求的问题巴西相关政府部门随时可以要求无限期停工或提出巨额罚款。巴西SHE管理实行工程师负责制，SHE人员对于标准规范的执行十分严格，而且现场管理权力相对较大，施工过程中可能因为SHE相关问题而下达停工整顿指令，造成现场SHE管理与施工管理部门之间存在一定矛盾。

巴西法律法规在职业健康保护方面十分健全，设有工会、CIPA等监管组织确保劳工人员职业健康得到有效保障，而且劳工自身也普遍具有较高的职业健康保护意识。这对于项目SHE管理虽然是一种有利的保障与促进，但是如果有劳工人员滥用这一权利，刻意收集甚至捏造作业过程中不利于职业健康的相关证据，对雇主发起恶意劳工诉讼以换取个人利益，将使得项目在经济和声誉上遭受双重损失。

适用于项目施工的NR监管标准主要为：

· NR-01 总则

· NR-02 预审

· NR-03 停工或关闭

· NR-04 安全工程和职业健康（医疗）专业化服务

· NR-05 事故预防内部委员会

· NR-06 个体保护性设备
· NR-07 职业卫生医疗控制计划
· NR-08 建筑
· NR-09 环境风险预防计划
· NR-10 电气装配和工作中的安全
· NR-11 材料的运输、交通、储存和调度
· NR-12 机械和设备运行安全条例
· NR-13 锅炉和压力容器
· NR-14 火炉
· NR-15 不健康活动、环境、作业行为规定
· NR-16 危险的工作和作业
· NR-17 人类工程学
· NR-18 建筑业的工作条件和工作环境
· NR-19 炸药
· NR-20 可燃和易燃液体
· NR-21 露天工作
· NR-22 采矿业
· NR-23 消防
· NR-24 劳动卫生和舒适条件
· NR-25 工业废弃物
· NR-26 安全信号
· NR-27 专业的安全技术员注册
· NR-28 监督与处罚
· NR-32 卫生服务工作的安全和健康
· NR-33 密闭空间作业安全及处理

· NR-35 高空作业

（2）组织机构。

项目安全管理组织机构亦称之为 SESMT（安全工程和职业健康专业化服务），主要目的为促进工作场所工人健康并保护其不受伤害，SESMT 由安全工程师、安全技师、职业医生、职业护士组成。项目 SESMT 人员的组成根据 NR-04 进行确定，当业主或合同有特殊要求时，必须保证不低于 NR-04 最低标准。人员的组成首先根据项目属性以及工程范围确定项目风险等级，一般分为 1～4 级（4 级最高），随后根据项目人员确定 SESMT 人员以及数量，可根据项目人员增减情况适时增减 SESMT 成员。

（3）事故预防委员会。

事故预防委员会是一种类似国内安全生产委员会的机构，旨在预防工作造成的事故和疾病，以进一步促进员工在工作中的安全以及职业健康保护；CIPA 与 SESMT 在日常工作中建立密切联系，并参与 SESMT 相关职业健康和安全管理工作。

当项目达到一定人员规模后则需开始成立 CIPA。CIPA 成员（分为正式成员和候补成员）通过两种模式产生：

第一种模式为雇主代表（主要为管理人员），由项目部指定员工参加。

第二种模式为员工自愿参选，通过投票选举产生。无论是第一种还是第二种，人员规模均要满足 NR-05 中的规模要求。

CIPA 的成立在报送所在地工会进行备案后，向员工公示报名的时间（员工在报名以后选举结果公示之前不得辞退），SESMT 根据报名员工名单，确定投票选举时间并公示，在公示的期限内组织投票选举活动，投票以无记名投票方式，所有员工均可参加。

CIPA 成员选举结束后需进行专项的培训，CIPA 需针对项目职业健康、安全管理情况每月定期组织召开会议并形成会议记录。

通过选举产生的 CIPA 成员，其任职期限为 1 年（允许连任），在其任职期间以及任期结束后一年内，禁止任意解雇或无正当理由辞退，禁止未经同意进行工作转移（项目工程结束除外）。

（4）安全管理核心文件。

重点介绍巴西最核心的三项安全管理文件，分别对应 NR－09、NR－18、NR－07，需要在项目工程开始之前完成编制，三个文件的编制以及签字必须由有资质并经注册的安全工程师或劳工医生进行；文件编制完成以后需根据项目的进展、当作业环境或施工工序发生变化后、文件超过有效期后（一般为 1 年）及时进行更新。

①工作环境风险预防计划（PPRA）。

由安全工程师编写，主要是对各工种的工作内容和工作环境的风险进行分析，并根据风险分析，对应列出各工种必须配备的劳保用品。

风险包括：物理风险、化学风险、生物风险、人体工程学风险、意外风险。

物理风险主要包括：噪音、震动、电离辐射、非电离辐射、冷、热、压力、潮湿等。

化学风险主要包括：灰尘、烟雾、气体、蒸汽、化学物质、化学品等。

生物风险主要包括：病毒、细菌、真菌、寄生虫、杆菌等。

人体工程学风险主要包括：拉伤、紧张、人力搬运、不适当的姿态、过高的生产节奏、轮流工作和夜间工作、劳工工作时间延长、单调和重复性等。

意外风险主要包括：不适当的物理安排、机器和设备没有保护、不适当的工具、不适当的照明、触电、火灾或爆炸的可能性、不适当的贮存、有毒动物等。

劳保用品包括（以野外高空作业为例）：工作服、遮阳帽、安全帽、护腿、劳保鞋、防蚊液、防晒霜、护目镜、手套、安全带、口罩等。

②建筑业工作条件和环境规划（PCMAT）。

由安全工程师编写，主要内容是按照现场施工具体工序，从土建、安装到调试、验收，具体辨识每道工序存在的危险因素，编制每项危险因素对应的预防和控制措施。PCMAT 文件还包括各级管理人员的安全职责，项目整体安全计划、个人劳保用品的使用说明、公共安全防护设施设计、防护设施规划表、工地规划图等具体内容。

③职业健康医疗控制计划（PCMSO）。

由劳工医生编写，主要包括各工种的风险分析和应进行的体检项目，应采取的健康防护措施。

（5）责任和义务。

①关于企业遵守并执行关于安全管理和职业健康的法律和法规的要求。

告知工人：可能出现在工作场所的职业风险；防止并限制这类风险的手段和该公司所采取的措施；工人的体检和其他诊断检查的结果；工作场所进行的环境评估结果；制定有关职业健康和安全的工作指令以及风险分析，并告知员工。

允许员工代表监督关于安全管理和职业健康的法律法规要求的执行情况。

确定在工作以外或相关疾病情况下必须采取的程序。

确定与工作发生的事故或疾病应采取的程序，并对原因进行分析。

向劳工监察员（政府部门）提供与安全和健康有关的所有信息。

当接到员工的建议后，及时采取预防措施消除或控制风险。

②关于员工遵守有关工作中安全与卫生的法律和法规规定，包括雇主发出的工作指令。

接受 NR 中规定的体检。

在 NR 的应用中与雇主合作。

使用雇主提供的个人防护设备。

当工人发现以下情况时，可以拒绝作业：

认为对生命和健康构成严重和迫在眉睫的风险的地方，立即通知他们的直接上级。

雇主在风险未消除之前要求工人进行开始作业。

每当员工被录取或转岗，应该收到有关以下信息：工作场所中已经存在或可能存在的职业危害、安全风险；预防和控制此类风险的手段；应该采取的措施；紧急情况下应采取的程序。

（6）劳保用品的配备

项目部安全工程师负责在项目正式开工前完成 PPRA 文件的编制，PPRA 主要是对各工种的具体工作内容和工作环境风险的详细分析，并根据工作环境风险分析，各工种的风险控制措施和必须配备的劳保用品进行了明确规定。如果工作内容和工作环境风险发生变化，根据新情况及时补充劳保用品种类，补充发放必需的劳保用品，并对 PPRA 文件进行更新升版。

劳保用品必须满足巴西劳工法和 NR 法律法规要求，有劳工局 CA 批准证书。

劳保用品发放要实行一人一档，填写要准确清晰规范，登记信息包括劳保用品领用日期、名称、数量、CA 号等信息，员工本人必须在劳保用品登记表上签名，不得代签或漏签。劳保用品发放要严格执行

PPRA 文件，按照不同工种对应的劳保用品配置标准进行发放，不得少发或漏发。员工劳保用品如有损坏和丢失，要立即补发，确保满足安全和劳工管理要求。

员工在各项目之间转移或同一项目各分区之间调动的，劳保用品登记卡必须确保同时转移。员工辞退，仓库管理员要及时将劳保用品登记卡交回项目安全部门、人事管理部门，进行归档保存。

（7）入职安全教育培训。

所有员工入职前应完成安全教育培训，从而保障以后的安全施工。

①入职前基础培训。

入职培训的基础课时最少为 6 小时，计入工作时间，并在工作人员施工前完成。培训内容应包括：关于工作条件和工作环境的信息；其工作所包含的危险性；对于个人防护用品（EPI）的使用；对于工作现场的公共保护设备的相关信息。

入职培训表中，员工和参与培训的培训师必须签名齐全，不得漏签，各培训师要有资格证明文件，方可从事培训活动。各项培训完成要发放培训证书，证书上必须有姓名、课程表、培训时间、地点、教师姓名、签名等。

②入职前专项培训。

针对司机、操作工、特种作业人员需根据从事的岗位在入职基础培训后，进行专项培训。

NR–10（带电作业或带电区域作业）：

NR–10 培训一般由专业的培训机构组织，如项目配备电气工程师，可与电气工程师进行协商达成一致后，由电气工程师进行培训并发放培训证书。

NR–10 培训根据作业区域、性质不同，主要分为两种：第一种为基础培训，培训课时为40小时，重点针对普通电工以及带电区域（如运行的电厂、带电的变电站等）作业员工；第二种为在40课时基础上进行专业培训，专业培训课时为40小时，累计培训80小时，重点针对高压电工或带电区域的带电作业员工等。员工所有培训时间均计入工作时间。

NR-12（电动工器具）：主要为电动工器具使用的培训，培训课时为2小时，可由安全工程师进行培训并发放培训证书；根据现场招聘的工种，一般凡是涉及电动工器具使用员工，则将NR-12与NR-18（入场培训）同步组织开展；特别说明，帮工是不允许使用电动工器具的，亦无须组织进行该项培训。

NR-33（密闭空间作业）：涉及有限空间作业培训人员分为：作业人员、监护人、授权（检查监督）人。作业人员以及监护人首次培训至少为16小时，授权（检查监督人）首次培训时间不少于40小时；上述人员应在每12个月定期接受资格培训，培训时间不少于8小时。（授权人可从事看守监护工作。）

NR-35（高处作业）：所有高处作业人员均需进行NR-35的培训，培训课时为8小时，可由安全工程师进行培训并发放培训证书。主要培训内容包括但不限于：适用于高空作业的标准和规范；风险及妨碍性情况分析；高空作业所固有的潜在风险及相应的预防和控制措施；集体保护系统、设备及程序；高空作业个人防护设备的选择、检查、保养及使用限制；高空作业典型事故；紧急情况下应采取的行动，包括抢救、急救观念。

关于NR-10、NR-12、NR-35的培训证书一般有效期限为2年，NR-33为1年，如业主、合同无特殊要求或其他特殊情况，在有效期内无须重复培训。

（三）工程技术标准

巴西标准化组织架构主要分为四个层级。第一层是国家计量、标准化和工业质量理事会（CONMETRO），为领导和决策机构；第二层是国家计量、标准化和工业质量协会（INMETRO），为执行机构；第三层包括标准化、质量控制及产品认证、法定计量等3个分体系，分别由巴西技术标准协会（ABNT）、巴西质量管理协会（ABCQ）和国家计量研究所（INPN）负责；第四层是工业、贸易和消费领域的广大用户。

巴西政府于1973年建立全国计量、标准化和工业质量体系（SIN-METRO），隶属于工业和贸易部。该体系的目的是提高产品质量、增加产量、降低成本、保证安全和保护消费者利益，以提高巴西产品在国际市场上的信誉和竞争能力。其管理机构是CONMETRO，而中央执行机构为INMETRO。ABNT隶属于CONMETRO，是其一个部门机构，按专业建立部门协调委员会，分别制定各专业领域的标准。

ABNT是巴西标准化的主管机构，它成立于1940年10月，是政府认可的非营利性社团组织。其主要业务是研究制定巴西标准（NB），开展产品质量认证及其他与标准化相关的活动，代表国家参与国际/区域标准化活动。ABNT于1947年加入国际标准化组织（ISO），它还是国际电工委员会（IEC）、泛美标准委员会（COPANT）、南方共同市场标准化协会（AMN）的成员。

除了国家法律、各部委颁布的行政法规外，巴西项目执行的规范标准主要是巴西当地NBR（巴西国家标准）、NR规范，如巴西没有类似标准则执行国际标准及美国标准，如ISO、IEC、ASTM、ANSI、NEMA、ASME、AWS等。

大型燃煤电站项目根据不同项目业主要求可使用不同标准。例如，

CANDIOTA CGTEE 电厂项目机务部分标准使用 GB（中国国家标准），在 PAMPA 电厂项目则业主要求采用美标和国际标准。

通常情况煤电站标准的适用范围可以分为：

工厂设计和设备制造，承包商的文件，安装和调试：应遵循国际标准和巴西标准（ABNT），GB；

锅炉和压力容器：ASME（美国机械工程师协会）、ASTM（美国试验材料协会）、AWS（美国焊接协会）；

主蒸汽阀：ANSI（美国国家标准协会）、AWWA（美国自来水厂协会）；

主要蒸汽管道：ASTM（美国材料测试学会）、AWS（美国焊接学会标准）、ANSI（美国国家标准协会）；

汽机：国际标准或 GB、HEI（美国换热器协会）；

电气设备：IEC（国际电工委员会）、IEEE（电气与电子工程师协会）、ABNT、ANSI、NEMA（国家电气制造业协会）、AISC（美国钢结构协会）、DIN（德国工业标准）、ACI（美国混凝土协会）、ASTM、AWS（美国焊接协会）、AWWA（美国自来水协会）、NR10（电气安装与服务安全标准）、UBC（统一建筑规范）、ASCE（美国土木工程师协会）、AASHTO（美国国家公路与运输协会）、NFPA（美国国家防火协会）、SSPC（美国钢结构油漆协会）、JEM（日本电器制造商协会）；

仪表、自动化设备：ISA（国际自动化学会）、IEC、ASME、ANSI、NEMA、ISO（国际标准化组织）、DIN、AISI（美国钢铁协会）、ASTM、AIP（美国石油协会）、ONS（国家系统操作电力系统程序）；

电动机：IEC（国际电工委员会）、ABNT（巴西技术标准协会）；

土木工程：ABNT（巴西技术标准协会）；

建筑安全工程：ABNT；

消防系统：ABNT、NFPA（美国国家防火协会）；

辅助设备：国际标准、ABNT。

在输变电领域，土建、结构、电气及控制系统主要执行 NBR，铁塔材料部分执行 ASTM 标准、ISO 标准。光伏电站，除了任何及所有适用的当地建筑法规、当地消防法规、安全规定、环保规定、水保护法规、可能存在的其他专门环境法规、任何适用的购电协议或经济激励计划要求、本地实用程序要求、国家公用事业要求等相关法律法规之外，国际标准及美国标准协会的标准均适用。

此外，以下环境、劳工方面的法规必须遵守：

联邦立法编号 3924-07/26/1961；

· 法律编号 4771-9/15/1965；

· 环境部法规编号 001/86-1/23/1986；

· 环境部法规编号 006/87-9/16/1987；

· 环境部法规编号 237/97-12/19/1997；

· 法律编号 9985-6/18/2000；

· 环境部法规编号 303-3/20/2002；

· 环境部法规编号 307/2002；

· 劳工部法规编号 3. 214of6/8/1978 及附件。

（四）依法保护生态环境

1. 通道的保护

施工区域如果途经农场，进场路径图需由农场主签字和业主审批，借用现有道路、新开辟施工道路需要征得农场主的同意。

路径的选择和修筑应由有经验的巴西工程师主导完成，特别注意需要改变水域的区域，需完善排水系统。

未经主管部门审批（IBAMA），不允许在保护单位及保护单位 10 千米范围内砍伐树木。

河道区域修筑道路不允许使用填埋的方式施工。

施工通道修筑过程中砍伐的树木需要进行记录，并分段堆积在道路两侧，方便农场主自行运输。

施工道路及现场应设置明显的标识牌，施工过程中对农场道路、围栏、大门产生的破坏要及时修复。

2. **基础保护**

所有土建基础开挖出的土壤，将利用做基础回填，应妥当存放于干净地区，避免掺杂碎屑物和有机物，应适当进行遮盖。挖出的材料如不在回填上加以利用，应放置于合适且不妨碍工作的地点。

基础开挖应进行必要的防护，如挡土墙、引水渠等，已开挖基坑应进行围挡，避免雨水倒灌，基础回填完成后应设置引水渠，避免雨水冲刷。

回填不允许使用有机物或不合适的材料，石子或碎石与土壤混合的材料经业主同意后可用于基础回填。如基础附近没有质量合适的材料，应尽量在近处寻找符合设计的材料并运至现场回填。

施工完成后需对基础区域地貌进行恢复，如区域平整可采用撒草种等方式；如基础处于斜坡上可采用挡土墙、排水渠、种草皮、梯田式沙土袋等方式防止水土流失；如坡度过大，则需联系设计公司和业主确定保护方案。

施工需通过永久保护区（APP）时要征得环保部门同意（尽量避免通过 APP 保护区）。

3. **施工过程的保护措施**

尽量减少伐木，控制到最小伐木量，严格按照环境机构颁发的伐木许可（ASV）执行。

避免骚扰当地居民的生活，尤其是印第安人的社区。

避免对土壤、水和空气造成污染。

避免土壤侵蚀和干扰水流，以及因材料的堆积造成水流干扰。

不允许使用燃烧手段来清理现场任何废弃材料。

当在法律上是禁止时，不允许员工钓鱼和打猎。

工程所产生的废弃物，应收集并妥当处理，以避免动物和昆虫的增殖，尤其是那些疾病传染媒介。

对油类、液体和固体废弃物，金属废料和碎石，使用合法合规的方式处理（专业的垃圾处理公司、市政府垃圾场等）。

对施工过程中造成的一切改变进行修复。

施工过程中如果产生噪音，应符合法律规定。

对所属员工进行环境专项培训，避免其造成环境破坏。

施工承包商应将 LI 和 ASV 在每个工地进行张贴公示。

进入私人区域执行作业时，应事先取得地主的同意。假如地主不批准，应事先通知业主。

现场应配置分类垃圾桶，且垃圾应装在袋子里以便收集。

所有在项目施工现场所产生的废弃物都应该每日分类收集，运送至料场垃圾站存放，便于统一处理。

施工现场每日撤离前应收集现场垃圾。假如垃圾不能即时弃于批准的卫生填埋点或另外权威机构批准的地点，应运输至项目垃圾临时存储点并妥当保存。

设置机械设备维修保养区域，此区域应配备废弃燃料、机油等回收装置。

车辆清洗应修建三级滤水池。

4. 伐木

只能在环境权威机构批准的地点执行伐木，检查许可证所定的面积和数量。在被环境机构批准的伐木区域，承包商在伐木现场应保持一份许可证的拷贝文件。伐木作业应由森林或农业技师督察。

在可持续利用及永久保护区域，比如山顶和河岸森林，限制伐木面积，确因需要经批准后方可执行，并控制最小伐木数量。在完整保护维持区域里，将被禁止伐木。

尽量不伐木，即使有些地区对此并没禁令，也应尽量不伐木。如可能的话，经常留住较大的或在景色上是重要的树木，且在选择性的伐木下，砍伐时不损坏到别的。

（1）伐木流程。

针对维持环境必要的流程，需培训人员使用电动锯。电动锯操作员应具备专业知识或实质被认可的经验。

砍伐树木向着缺乏植物区域倾倒，最好是入口走道的反方向，使其容易搬走，且没必要损坏周遭环境。在线路走道，倒下的树应搬运至中心点。在铁塔安装广场和放线广场，倒下的树应从中心点搬运至旁边，除非伐木是以反方向运作，或者说伐木是从周边开始，再向中心区域进展。

对那些较大的树木，有可能在伐木道外侧造成损坏，事先进行树冠的初步修剪，并可避免对剩余的植物造成额外的冲击。

保持草本和灌木植被以防止水土流失。

（2）除枝程序。

在砍伐树木后，继续除叶和将树枝切割成非商业用的小块，且最好将叶子材料散发在线路走道上。此程序可促进剩余植物碎屑的分解，不造成线路走道杂乱并对植物再生成长有助益。

树枝的顶端直径超过5厘米以上的，看是否可给地主利用做柴料。

（3）流程跟踪。

在经过砍伐和削割树枝后，将树干切割成段，以便从该区域撤出，再做商业价值利用。

根据当地的需要，由该区域的地主确定切割木块的长度。

（4）撤出木材流程和木柴堆积。

测量完木材体积后，从走道撤出并堆积原木至便于搬运至最终去处的地点。

撤出原木最好是用人工搬运，因此方法可对剩余植物和土壤减少冲击。

不允许将原木放置在线路走道、河流和天然的排水道。

如地主表明不需木头材料，将由承包商负责，向权威机构申请森林产品运输允许证，并计划搬运至最终去处，当然也要经过业主同意。

5. 环境恢复

施工过程中挖的所有基坑都应安全围起并进行围挡，使用合适强度的材料，能够承担人和大型动物的体重，同时放置警示牌，使得工人和其他在附近流动的人员能避免事故，无论是对人或动物都能起到保护作用。

每个施工区域，在工程施工完结后，施工承包商应在遭损坏的区域做修复工作，比如将所产生的垃圾和剩余的材料搬走并适当处理，除了恢复地貌外，根据实际情况，必要时需设置沟渠、挡土墙等防止水土流失，任何地方都不能出现土壤暴露的情况，如果地主正式要求则可不恢复。

应恢复施工区域原有的地貌，种植当地原本就有的植物品种。如果是牧草，用草苗的话应至少覆盖土地50%的面积，不允许只用种子撒种；如果是农地，土壤应保持不压实且合适种植的情况，维持原本土壤预防遭侵蚀的措施，比如梯田等。控制侵蚀过程，避免水土流失及水土流失造成的水道堵塞。

四、第四阶段：竣工验收

（一）竣工验收条件

竣工验收指建设工程项目竣工后，由投资主管部门会同建设、设计、施工、设备供应单位及工程质量监督等部门，对该项目是否符合规划设计要求以及建筑施工和设备安装质量进行全面检验后，取得竣工合格资料、数据和凭证的过程。

竣工验收，是全面考核建设工作，检查是否符合设计要求和工程质量的重要环节，对促进建设项目（工程）及时投产，发挥投资效果，总结建设经验有重要作用。应该指出的是，竣工验收是建立在分阶段验收的基础之上，前面已经完成验收的工程项目一般在竣工验收时就不再重新验收。

巴西项目工程建设、验收的要求最低应满足巴西技术标准委员会的相关专业技术标准。与业主签订的项目合同中有专门的质量、安全、环境、进度、健康、设计等标准和规范。承包商根据合同中的标准和规范制订相应的操作程序文件报业主审批，业主批准后方可执行，承包商必须按业主批准的程序文件要求操作项目，否则业主有权要求停工整改，甚至拒绝接受项目工程。针对需要巴西银行融资的公用设施项目，合同执行过程要满足合同规定的当地化的比例，否则可能招致罚款。项目合同中的罚款条款比较严厉，工程延期、不服从业主检查人员指挥、达不到当地化比例都可能导致业主罚款。工程结束后业主按照合同规定对工程进行验收，符合合同要求，业主签发临时验收证书，项目进入宽限期，宽限期一般为一年，宽限期满后工程没有发现承包商责任问题，业主签发最终验收证书，项目合同结束。

发包方在收到承包方提交的工程竣工报告，并具备以下条件后，方可组织勘察、设计、施工、监理等单位有关人员进行竣工验收：

（1）承包方在完成土建、安装等合同范围内的全部工作后，通知发包方项目施工已经竣工，已经做好开始调试验收准备，同时明确所有的材料、设备、系统或单个子系统都已满足技术规范；复查基础工程、安装工程等，已满足合同及附件中规定的所有要求，由发包方组成验收团队，对项目进行最终竣工验收。

（2）完成了工程设计和合同约定的各项内容。

（3）技术档案和施工管理资料完整齐全。

（4）发包方行政主管部门及委托的工程质量监督机构等有关部门责令整改的问题全部整改完毕。

（5）具有材料、设备、构配件的质量合格证明资料和试验、检验报告。

（6）设计公司出具竣工图、项目最终版的各类程序文件。

（7）备品备件齐全，具备移交条件。

（8）现场环境、道路等恢复，施工过程中使用的料场等均已恢复并办理了关闭手续。

（9）施工过程中的垃圾处理报告、施工废弃物处理报告等环境相关资料齐全。

（二）竣工验收手续

（1）当工程达到竣工验收条件后，承包单位应在自审、自查、自评工作完成后，提交竣工验收计划，并按发包方竣工资料清单将全部竣工资料报送项目监理机构，进行竣工验收。

（2）竣工验收分为临时竣工验收和最终竣工验收。

（3）当土建、安装和调试全部完成并满足合同完工要求时，发包方应在确认调试合格后开具临时竣工验收证明（CAP）。

（4）如果现场测试结果达不到开具临时竣工验收证明的条件，或备品备件、设备、部件未到位，或调试程序中尚有项目不能被完成，但是均不影响设施被投入商业运营，也不会对发包方及第三方人员、设备、材料或财产安全产生危害的情况下，发包方有权选择将完工的设施投入运营（通过开具带有附加条件的临时竣工验收证明来实现），这种情况下，设施投入运营并不代表发包方默认接受该设施。

（5）如果开具的是带有附加条件的临时竣工验收证明，承包方应在发包方规定的期限内完成发包方提出的整改项。

（6）如果因承包方或其分包方、二级供应商违反合同规定导致发生抵押等问题，从而对部分设施造成了临时性影响，但未对设施的商业运营产生风险，也未对发包方人员、设备、材料或财产安全产生危害的情况下，也将开具带有附加条件的临时竣工验收证明。承包方须在收到带有附加条件的临时竣工验收证明后在规定期限内解决抵押等问题，并向发包方证明，如果承包方在规定期限内不能解决问题，则先由发包方直接垫付资金解决，之后再向承包方追债，并根据合同规定对其进行处罚。

（7）在发包方通知开具临时竣工验收证明之前，由承包方负责设施的警卫和安全，以及各种合同相关资产、服务、材料和设备的储存、保管和安全。

（8）自临时竣工验收证明开具之日起，所有合同相关的资产、服务、材料和设备的所有权全部自动转归发包方所有。

(9) 承包方须确保所有合同相关的资产、服务、工地、材料和设备的所有权在被转交给发包方之时无任何抵押权、负债等问题。

(10) 只有在渡过合同规定的质保期之后，且满足以下全部条件时，才会进行最终竣工验收。

①临时竣工验收中出现的所有问题均被承包方解决；

②承包方向发包方递交本合同要求的所有文件、资料；

③所有备件、特殊工具和软件使用授权，包括承包方在运行调试期间和质保期间所使用的，都必须正式转交给发包方；

④工程结束后，所有施工垃圾、工具、设备、机械和剩余材料都应清除出场，施工场地应被处理、恢复原样；

⑤承包方验收工程时，不能给发包方遗留任何留置权和抵押权问题；

⑥承包方应向发包方偿还全部由发包方为本合同垫付的款项；

⑦开具最终竣工验收证明之时将所有未到期的分包方及二级供应商的技术保证和性能保证协议转交给发包方；

⑧承包方向发包方递交未拖欠分包方和二级供应商款项的证明。

(11) 在上述规定条件全部得到满足的情况下，发包方须在收到承包方申请后开具最终竣工验收证明。

(12) 发包方开具最终竣工验收证明意味着本合同所要求的各项工作，除了一些剩余义务之外，已经全部按要求实现和完成。

(13) 如果巴西国家电力机构索要与本项目相关的信息或进行附加检查，以验证竣工资料中的技术适应性，承包方必须协助发包方完成相关工作。

（三）资金跨境结算

工程结算的跨境资金结算，境外合同履约主体需在巴西完成税务登记，并且在巴西及时履行纳税义务。

跨境资金支付需预缴15%～25%的所得税，同时缴纳0.38%的金融操作税（IOF），资金支付时需完成在巴西央行的ROF登记。

［案例5-1］

中国宝武钢铁集团有限公司于2020年2月6日与世界最大铁矿石供应商巴西淡水河谷公司完成了长协项下部分进口铁矿石的人民币开证跨境结算，结算合计金额约3.3亿元人民币（折合近5000万美元）。此举标志着中国宝武在大宗原燃料进口采购方面实现了与世界主要矿山公司采用人民币跨境结算的新突破，也是中国宝武体现央企担当、推动人民币国际化进程的一次重要进展。

2019年以来，宝钢股份持续推进与国外供应商的铁矿石贸易人民币跨境结算，已先后与几家国际知名矿山公司及贸易商，就产自南非、乌克兰等国的铁矿石进行了人民币跨境结算的初步尝试，涉及金额共计约2.4亿元人民币（折合约3500万美元）。目前，宝钢股份已基本形成了进口铁矿石人民币跨境结算的操作流程。此次交易也表明，国外矿山企业尤其是行业巨头对开展相关业务的关注和认可。

点评：

巴西是全球移动互联网增长速度第二快的地区。它拥有2亿人口，互联网用户为1.19亿，接近总人口的59.5%。它是拉丁美洲最大的互联网市场，也是全球互联网用户的第四大互联网市场。

在巴西，跨境汇款的风险主要是汇率。雷亚尔的外汇波动通常比较大，一天内的外汇波动经常会超过5%。因此，在资金结算时，雷亚尔的汇率损失是相对比较高的。根据雷亚尔的走势以及支付公司自身定价的不同，支付公司的汇损在3%之上。比如一些比较常用的支付渠道，像Facebook等，汇损在5%左右。这个汇损成本，往往是出海巴西的公司容易忽视的成本。

此外，巴西资金跨境汇款，都需要缴纳金融交易税（IOF），全称是“信贷、外汇、保险、债券或证券相关业务操作税”。IOF是在巴西宪法中规定的，它可以由总统和行政机关通过法令直接更改。IOF常有的税率有6.38%和0.38%两种。6.38%主要用于个人跨境购物消费；0.38%主要用于跨境汇款。

五、第五阶段：投产运营

（一）保修、回访、后续服务

1. 保修

巴西对保修期的规定：一般土建工程保修期为5年、安装工程保修期为2年，具体依据合同执行。

缺陷责任期内对工程的维护方案主要有：

（1）工程完工后，首先成立由项目技术负责人为组长、工程师有关人员组成的工程竣工、维护两制任期的工程维护工作。

（2）缺陷责任期内维护组要定期对所有工程项目进行全面、仔细的检查，特别是遇暴风、暴雨等人为不可抗拒的自然灾害后，要及时组织检查，对出现的工程问题要分析原因、登记清楚，及时向业主上报缺陷数量、缺陷范围、缺陷责任及原因等，并立即组织维修。

（3）缺陷责任期内的工程维护发生在不影响正常使用的情况下进行，必要时采取可行的防护措施，确实需要中断运行必须经业主同意。

（4）各项缺陷的修复必须符合规范要求，并取得监理工程师和业主代表认可。

（5）缺陷责任的维护分两种情况。若因施工质量问题造成缺陷的，由承包方负责，并会同设计公司做出修复方案设计，经报业主及监理工程师审批后立即实施；若属设计原因或其他非承包方责任造成的缺陷，承包方要及时上报设计公司和业主，并按设计公司和业主批复的方案组织维修。

（6）承包人成立的缺陷维修组还将对管段内设计方面不完善之处进行合理完善、补建，力求做到完美无缺。

（7）在工程竣工后切实做好安全保护措施和安全警戒，进行回访工作，工程交付使用后，仍要不断取得联系，每 3 个月至半年至少回访一次，认真听取业主的使用情况及意见。

2. **回访**

巴西对回访并无详细的相关规定，在巴西承包项目可参照国内的通常做法进行回访。

工程质量回访对象为建设单位、监理公司、工程交付使用单位。回访可以采用各种方式，如电话、书信、电子邮件、走访调查等。

回访时间，可以是定期或不定期的，但在工程竣工验收后一年内至少应进行一次回访。在工程施工前期、施工期间、竣工验收后的三个阶段，定期或不定期向建设单位、监理公司主动征求意见和建议。

在回访前，应精心策划，确定参加回访的部门和人员、回访对象和内容，编写回访提纲，联系回访对象，提出回访要求，做好回访安排。

回访过程中，针对回访对象提出的问题认真作答，能现场解决的现场解决，不能现场解决的做好解释工作，将问题整理，交主管领导批示，及时将处理结果反馈回访对象。

点评：

每次回访应形成书面记录，必要时将回访记录提交被回访单位或建设单位、运营单位；建立工程回访档案。

3. 后续服务

工程移交后，可以积极与业主沟通获取项目运维、检修等服务。

通过客户回访、主动提供技术创新或改造方案等方式，为工程质量维护与效能提升主动给业主提供方案和服务，争取项目后续的大修、技术改造升级等服务。

[**案例** 5-2]

2010 年 12 月 29 日，中信/中国电建集团山东电建一公司承建的坎迪奥塔 C 电厂顺利完成 168 小时试运行，超前完成合同工期，受到了业主 CGTEE 的高度评价。项目机组移交后，业主与中信签订了 2 年运维检修合同，SEPCO1 继续参与项目机组的运维工作。运维合同到期之后，又续签了 1.5 年运维合同。在整个运维期间，公司提供机组各系统的运行指导，检修维护工作，同时供应国内主要设备的备品备件。

2018 年，与业主签了机组大修合同；经过充分的准备，2019 年 3 月，中国电建集团山东电建一公司利用短短 3 个月时间，完成该电厂大修任务，再次获得业主高度认可。2019 年 5 月 17 日，SEPCO1 巴西公司与业主签订了输煤系统改造增加洗煤设施的 EPC 合同。洗煤项目 2020 年 3 月 5 日完工，提前工期 15 天移交业主投入运行。

(二) 项目后评价

通常情况下，投资项目后评价是定量和定性分析投资项目实施全周期内每个阶段的实施、管理和经营情况，涉及的重点任务有如下几个方面：

(1) 相关的法律法规，项目实施过程中签订的各项合同等。

(2) 项目的执行程序。巴西项目的执行程序与国内有一定的区别，尤其是实行工程师负责制，项目开工前必须要进行工程师注册、项目合同注册、ART 注册等制度。

(3) 投资项目工程三大控制：质量控制、造价控制和工程进度控制。

(4) 工程咨询质量（可研、评估、设计等）。

(5) 工程项目对环境、职业健康安全和社会的影响。巴西政府对环境的保护非常严格，项目执行过程中会出现较多的问题，建议对该部分要做好细致分析和评价。

(6) 项目技术经济指标，对企业的可持续影响以及对项目的宏观和微观管理等。

针对在巴西项目执行的特点，要从技术标准、法律法规、劳工管理、合同管理、环境、质量、安全管控等方面重点做好分析和评价，为后续项目的执行积累经验。

六、其他注意事项

(一) 尊重当地风俗习惯

巴西与中国距离遥远，而且是葡萄牙语国家。中国人普遍对巴西的社会文化和风俗习惯了解较少。因此，中国企业和人员赴巴西之前，要深入了解巴西的风土人情，尊重巴西居民的宗教习惯，增加沟通和相互了解。

巴西是一个移民国家，对各种族、宗教和文化都乐于接纳。中国企业在当地建立和谐的关系可以通过以下途径：

1. 积极了解巴西文化，认真学习葡语

巴西人的整体受教育水平不高，虽然政府官员和上层人士都可以讲流利的英语，但绝大部分巴西人不会说英语。因此，中国人在巴西长期工作，学习葡萄牙语非常必要，不仅方便与巴西人日常交流、沟通，还有利于深入了解当地文化、禁忌和风俗习惯。

2. 懂得包容，避免文化冲突

为了避免各种文化冲突，了解是首要的，有了了解，我们才能有所准备地泰然处之。我们完全可以把这些当作文化成本，仔细地经营。对于一个管理人来说，需要有包容的心态，每一种文化都有其时空的局限性，我们现在所认为理性的、道德的、人性化的及我们所追求的都有待探讨，所谓的“时间就是金钱”也仅仅对某人某时而言。这样我们才能理解巴西员工所说的“有些事比钱更重要”。对生命个体幸福指数来说并不是把所有时间都花在赚钱上才幸福！所以要包容，在你包容了别人的同时，也修正了你错误的观点。

交流与沟通是解决冲突的最直接有效的办法，任何一种文化都可以接受外来文化，只不过需要时间与耐心。

3. 积极开展人才本土化管理

中国企业可以聘用巴西当地人员参与企业经营管理，既增加当地就业，促进企业长远发展，又能借助当地员工语言、专业和管理的优势在巴西发展当地业务和进行专业化管理。使用巴西管理人员对巴西员工进行管理，更懂得巴西当地的管理习惯和员工的喜好，更容易和巴西员工进行沟通和便于工作安排，避免中国管理人员对巴西员工直接管理容易产生因语言、习俗、习惯等方面的误解和矛盾。

4. **多组织一些面向员工和当地居民的文化活动**

中国企业可以考虑组织开展一些带有中国特色的文化、体育等活动。通过在员工中举办一些中巴特色的文体活动，让巴西员工更好地融入企业、融入工作中，增加对中国企业、中国文化的了解和认可，促进团队建设和文化融合。向当地居民开放企业，邀请居民到企业参观，向当地人展示中国企业设施和工作环境，使当地居民更好了解中国企业的发展和中国文化。

（二）承担必要的社会责任

1. **加强安全生产管理，避免安全事故发生**

目前，中国企业在巴西开展投资及承包工程项目越来越多，必须时刻保持安全生产意识，强化基础管理。严格落实巴西劳工和安全管理法律法规要求，聘用安全管理人员，加强安全管理文件、方案的编制，加强项目现场的安全监督、检查工作。根据当地劳工管理要求，积极开展各类安全培训及安全交底工作，并做好记录。根据要求为员工配置合格的劳工安全防护用品，并做好发放领用记录。施工项目要安排中国安全管理人员参与安全管理工作，中巴双方安全管理团队齐抓共管，确保员工工作安全和职业健康，避免发生导致影响中资企业声誉及经济损失的问题。

2. **保持廉洁，远离腐败和商业贿赂**

腐败和商业贿赂不仅会受到法律的制裁，也将严重影响中国企业的信誉和公众形象。

在巴西应该遵守当地的廉洁法律法规，不得给客户或政府人员进行商业贿赂，需要赠送礼品时，不需选择贵重物品，选择有特色的纪念品即可，或者赠送公司制作的宣传册、钢笔、U 盘等。有的客户会让承包商签订廉洁行为保证书，对商业贿赂等进行明确禁止，如果触犯将会受到惩罚。近年，巴西开展的“洗车”行动，就是对商业贿赂进行的反腐败运动，巴西有些政要和企业牵扯其中，损失严重，甚至有的企业因此破产。

3. 勇于承担资源、环境、劳工等社会责任

应避免引起巴西当地民众的不满情绪，认真解决涉及薪酬待遇、工作环境、加班时限等问题，严格遵守巴西相关规定，及时妥善处理纠纷事件。建立与巴西员工良好的沟通渠道，发挥中国企业传统的思想政治工作优势，做好中巴员工团队建设。重视跟踪生产经营造成的环境问题，巴西对环境保护非常严格，巴西人也非常重视环境保护，项目要聘请环境工程师进行环境保护管理工作，以免触犯巴西环保法而受到法律惩罚。

4. 积极开展社会公益活动，树立中国企业良好形象

在社区或项目所在城市积极开展社会公益活动，例如，参加当地市庆祝、巴西传统节日活动，向驻地的学校进行助学、对困难家庭进行救助、组织向当地的敬老院或残疾学校进行捐助，为驻地居民进行修路、修桥等公益活动，送温暖、献爱心，积极传播中资企业的公益形象，助力企业品牌创建。

[**案例** 5–3]

国网公司进入巴西市场后，积极开展社会公益活动，特别是帮助贫民窟孩子组建“文化之旅——贫民窟交响乐团”、举办“中巴文化月”等文化活动，在回馈社会的同时，传播了中国文化，也提升了中资企业在当地的形象，使该公司不仅两度荣获巴西电力行业最佳企业称号，还获得了联合国契约组织“社会责任管理最佳实践奖”，显示出在巴西的综合实力和社会各界及电力同行对其的尊重和认可，值得中资企业学习。

[案例 5-4]

中国电建集团山东电建一公司积极组织向项目驻地学校进行助学、困难家庭救助、社会捐助、修路修桥等活动，赢得了良好的社会口碑。

新冠肺炎疫情期间，国家电网、中国电建集团山东电建一公司、徐工集团等单位也积极向巴西捐助防疫物资等，巴西媒体进行了积极宣传报道，谱写了中资企业支持巴西抗疫的赞歌。

（三）懂得与媒体打交道

巴西媒体现在普遍肯定中国经济建设的成就，但对中国改革开放带来的社会、政治等方面的变化和进步缺乏了解，对中国一些基本政策一知半解。因此中国企业在应对当地主流媒体中应该采取如下态度和技巧：

应低调处事，不要无故主动接近当地主流媒体。施工类企业尽量不要在当地媒体做宣传报道，用心低调做好项目履约，以免别有用心之人挖掘中国企业的负面消息，加以利用而造成不必要的麻烦。

如果当地媒体对中国有失实报道，给中国企业造成不良影响，应找有关部门负责人澄清事实讨回公道，挽回影响，但不要得理不让人。

如果中国企业确实做错了事，当地媒体要对此曝光，中国企业应尽早积极与相关媒体沟通和交流，提前化解矛盾，以免扩大不良影响。

如果媒体为了正面宣传中巴合作而采访中国企业，中国企业应介绍中巴合作互补双赢共同发展的事实，两国合作的广阔领域，中巴合作给巴西人民生产生活和社会经济发展带来的益处。

（四）学会与执法人员打交道

中国企业要建立依法经商的管理制度，做好普法教育，让员工了解在巴西工作生活必备的法律常识和应对措施，做到知法守法，合理应对。

中国人员出门要随身携带护照、巴西临时身份证等相关证件。重要文件要妥善保管。

积极配合执法人员检查证件，要礼貌出示证件，回答相关问题。没有携带证件不要惧怕，也不要躲避，更不要逃跑，要说明身份，写明联系电话，请公司派翻译或巴西管理人员联络。

遇到执法人员搜查公司或住所，应要求其出示证件和搜查证明，并要求与所聘用的巴西律师取得联系，同时报告中国驻巴西使领馆。遇到证件或财物被执法人员没收的情况，应要求执法人员保护中国企业的商业秘密，出具没收证件或财物的清单作为证据，并记下执法人员的警号和车号。交罚款时需向执法人员索要罚款单据。

遇到执法人员对中国企业或人员不公正待遇时，不要与执法人员发生正面冲突，更不能触犯法律；而是要理性应对，做到有理、有力、有节，可通过律师进行处理，捍卫自身合法权益。

劳工局、劳工公共事业部对施工项目检查频次较高，检查过程中积极主动配合，针对检查人员需要的资料及时进行提供，当检查人员提出问题时进行合理解释，双方意见不一致时不要发生争端。当检查人员出具检查报告后，如存在与事实不符情况，可通过律师进行辩抗或上诉。

（五）在巴西遇到困难寻求帮助的途径

1. 寻求法律保护

伴随着中国经济的快速发展，巴西律师界对中国的重视程度不断提高，一些律师事务所如诺劳亚律师事务所，除了在巴西主要大城市设有分所外，在中国上海也设有办事处，为日益增加的同巴西有业务往来的中国公司服务。

遇到困难的企业可以充分利用当地律师事务所提供的服务，维护自身权利。巴西各大城市主要律师事务所包括：

（1）巴西杜嘉·卡奇律师事务所

地址：巴西圣保罗市

传真：0055-11-38465208，0086-10-85626082

邮箱：china@ dgcgt. com. br

网址：www. dgcgt. com. br

（2）巴西 MATTOS MURIEL KESTENER 律师事务所

地址：巴西巴西利亚市

传真：0055-6133220085

邮箱：caioleonardo@ mmpk. com. br

网址：www. mmpk. com. br

（3）巴西 TOZZINI FREIRE TEIXEIRA E SILVA 律师事务所

地址：巴西圣保罗市

传真：0055-1132911111

邮箱：skim@ tozzini. com. br

网址：www. tozzini. com. br

（4）JAQUE MARQUES PEREIRA 律师事务所

地址：巴西维多利亚市

传真：0055-2733452343

邮箱：jaquepereira@ advociajmp. com. br

网址：www. advociajmp. com. br

（5）巴西 Dias Carneiro 律师事务所

地址：巴西圣保罗

电话：0055-1130872100

传真：0055-1138981646

网址：www. dcadv. com. br

（6）巴西汤巍律师事务所

地址：巴西圣保罗市

传真：0055-1131053455

邮箱：tang@ tangvalerio. com. br

网址：www. tangvalerio. com. br

（7）巴西 DEMAREST 律师事务所

地址：巴西圣保罗市

传真：0055-1122451700

邮箱：cbattilani@ demarest. com. br

网址：www. demarest. com. br

（8）巴西 LACAZ MARTINS 律师事务所

地址：巴西圣保罗市

传真：0055-1130646208

邮箱：pereiraneto@ lacazmartins. com. br

网址：www. lacazmartins. com. br

（9）巴西 VEIRANO 律师事务所

地址：巴西里约市

传真：0055-2122624247

邮箱：rodrigo. maciel@ veirano. com. br

网址：www. veirano. com. br

（10）巴西 WILFRIDO 律师事务所

地址：巴西巴西利亚市

传真：0055-6132261839

邮箱：leonardo@ wilfrido. com. br

网址：www. wilfrido. com. br

（11）巴西 barros 律师事务所

地址：巴西圣保罗市

传真：0055-1136686944

邮箱：robsonmaia@ barroscarvalho. com. br

2. 取得当地政府帮助

（1）办理许可。

项目或企业在正式运营前需要在当地政府办理各类运营许可，例如消防证、企业营业许可等并需进行年审。

（2）降低市政府服务税（ISS 税）。

项目实施对巴西地方政府经济发展和带动当地劳工就业起到积极有效的作用，项目前期通过与当地政府部门沟通交流建立良好的合作关系，谈定市政府服务税收取比例，已达到降低 ISS（市政服务税）的目的，从而降低项目成本。

（3）提升公司美誉度。

通过当地政府机构相关机构所辖部门购买部分项目所需的物资，或以公司名义对当地贫困地区进行适当的捐款、捐物、修缮公共设施等公益活动实现互利共赢，借助当地政府电视台、网站、报纸等媒体提升公司知名度和影响力。

（4）应急帮助。

①社会治安现状。

巴西社会治安差，这是巴西老百姓的普遍感受，也常被国内外新闻媒体所诟病。巴西暴力犯罪率高，与巴西存在的大量社会问题也不无关联，尤其与穷富悬殊、分配不公、大量贫困与极端贫困人口的存在有直接关系。

巴西治安问题相对较突出，特别是在里约热内卢、圣保罗等大城市，犯罪率较高，抢劫、盗窃案频发，针对中国公民的暴力抢劫案件也时有发生。信用卡盗刷现象频繁，要谨慎使用。

②社会治安预防措施。

外出人员应谨慎或避免前往各地案件高发与贫民窟区域，提高警惕，严格出行管理，减少与陌生人员接触，避免乘坐公交工具、避免单独夜间出行，适度提高工作场所与随行安保等级，做好应急预案。中方人员应谨慎或避免接近狂欢节活动场所、贫民窟、市政厅、议会大楼、总统府及政府或军警服务设施，减少在（高速）公路上停车的时间，如遇民众集会、示威游行群体，应迅速撤离，避免示威游行升级为暴力事件。中方人员应提前购买人身和财产保险，引入抢劫盗窃、绑架勒索预防危机管理解决方案，尽可能减少人身伤害与财产损失。

在外人员应预计当地局部交通中断与安保措施加强，注意可能出现的抗议示威、武装袭击与局部社会动荡风险。同时，应严格遵循巴西军警部门及当地政府有关禁令，并听从当局发出的最新指示行动。

外出人员应结伴而行，穿着简朴，不佩戴贵重饰品，尽量少带现金，在街上使用手机或照相器材一定要先观察四周是否安全，证件和现金要分开存放，外出人员身上要带一点救命钱，因为罪犯们通常都带着凶器，遇到抢劫时就给他们，不要徒劳反抗，免得他们一无所获时恼羞成怒造成人身伤害。

③政府帮助。

通过当地政府为项目提供力所能及的公立医疗服务或社会治安方

面提供帮助，保障项目安全顺利实施。

特别提醒在巴西当地的中国公民和中资机构切实提高安全意识，采取有效措施加强安全防范，增强生产、居家和出行防护能力，确保人身和财产安全。如遇突发案件，尽快报警并及时与中国驻巴西使领馆联系。

（5）培训服务。

借助当地政府培训机构，对项目人员提供法律、法规、环境以及劳工管理等相关培训，提升公司管理水平，保证项目合法合规顺利实施。

（6）非传统安全帮助。

为防止当地洪涝、地质灾害、火灾、疫情、暴力事件等不可抗力突发事件发生，与当地政府相关机构及警察局建立联防联控机制，制定行之有效的实施方案，保障项目顺利实施。

[**案例**5–5]

工程项目所处的当地社区，尤其是巴西北部和中西部生态保护区内的原住居民区域，这些当地居民主要以挖掘、采摘和狩猎等与自然环境紧密相关的方式谋生，因此任何可能经过其生活区域的工程项目，都可能会破坏他们赖以生存的生态环境。鉴于此，这些原住民不喜欢闯入他们生活区域的外来者，更何况还有些不法分子，利用原住居民的淳朴，在当地开展非法伐木或者采矿等恶劣行为出现的诸多负面影响，导致项目即便是获得了IBAMA（环保局）和当地政府的许可，当地居民也经常以堵路、扣押施工机械或人身安全威胁等方式限制施工人员入场，使得项目也无法正常开展施工。

针对这些事件的发生，项目管理团队在项目前期积极与社区主要管理者取得了联系，向他们解释在当地开展工程项目的意义。解释清楚项目施工对当地居民将带来何种有利影响，实现直接的沟通与对话。为了帮助当地社区发展，项目团队为当地修缮道路、桥梁或者为当地学校进行捐赠等，利用公益活动，以取得当地居民的理解和支持，让社区居民感觉到，工程施工方对当地居民的重视和项目实施对当地经济发展和劳工就业带来的好处。因此他们也释放善意，愿意支持工程顺利进行。另外，针对无理取闹、寻衅滋事的部分事件，项目团队及时寻求当地政府和警察的帮助，保证项目顺利实施。

3. 取得中国驻当地使（领）馆保护

(1) 中国驻巴西使领馆提供的帮助。

中国驻巴西大使馆、领馆对在当地的中资企业和中方人员依法提供领事保护、权益保障和必要的帮助。

点评：

中国企业准备到巴西投资前最好征求中国驻巴西使领馆经商参处的意见，成立公司后应到经商参处报到并保持联系，这样公司一旦遇到麻烦，使馆可以较快提供帮助。如果中国企业或人员的合法权益在所在国受到侵犯，或与他人发生经济、劳资等民事纠纷或涉入刑事案件，并已通过法律途径维护自己的权益时，可向中国驻巴西使领馆反映有关情况，请求使领馆提供必要的协助。这些协助包括提供初步的法律咨询，如何在当地进行法律诉讼予以一般性指导。

如果中国企业人员被拘留、逮捕或正在服刑时，中国使领馆可根据其要求进行探视。

中国企业人员遭遇意外，中国驻巴西使领馆将事故或损伤情况通知其亲属，也可对其或家属通过调解或法律途径争取赔偿提供必要的协助。

一旦发生诸如地震等重大自然灾害或发生政治动乱、战乱或突发事件等紧急情况时，中国驻巴西使领馆将在必要时协助中国企业人员撤离危险地区。这些协助包括为其办妥必要的旅行证件，尽可能安排撤离交通工具。

当中国企业人员遇到困难以致生计出现问题时，中国驻巴西使领馆可应当事人本人的要求，与其亲属联系，以便及时解决所需费用。

如果中国公民的亲友在国外失踪或久无音讯，可向中国驻巴西使领馆反映有关情况，请求使领馆协助寻亲。

中国驻巴西使领馆根据中华人民共和国有关法律和法规为在巴西合法居留的中国公民颁发、换发、补发、延期发放旅行证件及对旅行证件上的个人资料等项办理加注，其他任何机构无权代办上述业务。

中国驻巴西使领馆根据中华人民共和国有关法律和法规为中国公民办理公证、认证，在与巴西的法律规章不相抵触的情况下办理中国公民间的婚姻登记手续，但不能直接认证中国国内公证机关出具的公证书。

（2）中国驻巴西大使馆、领馆联系方式。

中国驻巴西大使馆、领事馆根据管理权限和工作职责范围，向分布在巴西不同地区的中资企业及中方人员依法提供保护和帮助，具体联系方式如下：

①中国全球领保

中国外交部全球领保与服务应急中心呼叫电话：

0086-10-12308 或 0086-10-59913991

②中国驻巴西大使馆

网址：br. china-embassy. org/chn

值班电话：0055-61-999816188

邮箱：consulate_ bra@ mfa. gov. cn

工作时间：星期一至星期五（中国节假日除外）

上午：09：00—12：30，下午：15：00—17：30

领事部对外工作时间：星期一至星期五（中国节假日除外）

上午：09：00—12：00

③中国驻圣保罗总领事馆

领区：圣保罗州、巴拉那州、桑塔·卡塔利娜州、南大河州

网址：saopaulo. china-consulate. org

领事保护热线（24 小时）：0055-11-3061-0800

邮箱：chinaconsul_ sp_ br@ mfa. gov. cn

④中国驻里约热内卢总领事馆

领区：里约热内卢州、米纳斯州、巴伊亚州、艾斯皮里托·桑托州

网址：riodejaneiro. chineseconsulate. org/chn

领事保护热线（24 小时）：0055-21-32376612

邮箱：consulate_ rio@ mfa. gov. cn

⑤中国驻累西腓总领事馆

领区：伯南布哥州、阿拉戈斯州、塞阿拉州、马拉尼昂州、帕拉伊巴州、皮奥伊州、北里奥格朗德州和塞尔希培州

网址：http：//recife. china-consulate. org

领保电话：0055-81-973458118

电子邮箱：consulate_ rcf@ mfa. gov. cn

（3）中国驻巴西大使馆经济商务机构。

中国驻巴西大使馆经商参处负责对中资企业和劳务人员在市场准入、国民待遇等方面的事务与巴西政府相关部门进行交涉沟通，并向中资企业及个人提供业务咨询服务。联系方式：

①中国驻巴西大使馆经商参处

网址：br. mofcom. gov. cn

②中国驻巴西圣保罗总领馆经商处

网址：stpaul. mofcom. gov. cn

③中国驻巴西里约热内卢总领馆经商处

网址：riodejaneiro. mofcom. gov. cn

中资企业到巴西后需要到辖区内的总领馆进行报备，与所在地的总领馆建立联系。巴西使领馆商务处均建有中资企业联系群，进行信息交流及互动。

4. 建立并启动应急预案

中国在巴西投资企业应在对巴西政治、经济、社会等环境进行充分评估的基础上，建立应急管理机构，开展风险评估以及应急能力评估，制定突发事件应急预案，加强预警，组建应急队伍，组织应急演练。同时，加强对员工的安全教育，提高其安全意识；指派专人负责安全工作等。突发事件发生后，应立即启动应急预案，与当地警察局、消防、医院等取得联系，并及时向中国使领馆和公司总部报告有关情况，争取将损失控制在最小的范围内。

应急机构及联系电话见表5-5。

表5-5 应急机构及联系电话

机构名称	通用电话
市警察局	197
军警	190
联邦警察局	191
消防队	193
医务急救	194
医院	192

5. **其他应对措施**

（1）巴西治安较差，抢劫事件经常发生，做好营地、办公区安保系统以及安保队伍的配备，员工外出消费采取刷卡或电子支付方式，尽量不使用现金支付。

（2）企业以及项目除与当地政府、警局等部门建立应急联络机制外，可与周边医院或私人医生签订服务委托协议，便于突发意外事件的应急处置。

（3）项目在执行过程中，积极履行社会责任，向当地提供适当就业机会并与当地村民搞好关系，针对当地有威望的居民可聘请从事行政、人事等管理工作，充分发挥当地居民属地优势，协助项目处理好与政府部门、当地居民的关系。

（4）每个城市的市长、议员都是通过选举产生的，因此在选举年期间，参选的人员可能会利用与外界合作项目等来赢得更多的选票，而在此时境外企业更能吸引众多的眼球，应该有高度的警觉，切勿牵涉其中。

（5）巴西税收管理层级较多，联邦、州、市三级政府分别设有税务机构，各自按宪法规定征收本级政府的税收，联邦税务系统又划分多个税收管理层级，在特区、大区、州、市等层面负责税收征管工作。同时，巴西税收法规体系庞杂，相关规定变动频繁。因此，中国投资者或施工单位须密切关注与自身经营活动相关的法规更新情况，建立完善的税务风险管理体系。中国企业一般聘请当地的税务、会计师事务所提供服务，并聘请巴西财务、税务人员进行日常税务管理工作。

Chapter 6
第六章

巴西投资风险和机会分析

一、巴西整体营商环境

（一）外商投资情况

巴西权威财经刊物《经济价值报》报道，2015 年巴西外国投资总额计 750 亿美元，2016 年 1—11 月累计 788 亿美元。

中国商务部统计，中国对巴西投资增长更为迅速。2014 年末，中国企业在巴西直接投资的存量 28.3 亿美元；2015 年末投资总额达到 199.4 亿美元，企业 100 多家，主要在石油、水电、航空、农业等方面的投资，以国有企业的投资为主导。

最近几年我国对外投资发展迅速。2016 年，我国境内投资者共对全球 164 个国家和地区的 7961 家境外企业进行了非金融类直接投资，累计实现对外投资 1701.1 亿美元注，同比增长 44.1%，再度为第二位海外投资国。

2016 年中国企业对巴西收并购签约总额达 119 亿美元，中国在巴直接投资存量超过 300 亿美元，在巴投资兴业的中资企业超过 200 家。巴西成为中国在新兴经济体中第一大和全球第三大并购对象国，特别是在电力、能源、矿产、互联网、农业等领域。

[案例 6-1]

2016 年 9 月国家电网和巴西最大配电企业巴西卡玛古集团签署股权购买协议，正式收购巴西卡玛古集团持有的巴西保利斯塔电力照明能源集团 23.6% 的股权。2017 年 1 月 24 日，国家电网公司与巴西卡玛古集团、普瑞维基金、博内尔基金在巴西里约热内卢完成股权交割，成功收购该公司 54.64% 股权。国家电网在巴西市场实现电力发、输、配、售业务领域的全面覆盖，运营输电线路总长度达到7623千米。

[**案例**6–2]

2016年12月29日，中国三峡集团以31亿雷亚尔完成了对杜克公司在巴西圣保罗持有的一个装机容量为2吉瓦水电站的收购。收购完成后，三峡集团成为巴西仅次于巴西国家电力公司（ELETROBRAS）的第二大发电企业。

[**案例**6–3]

中国国家开发银行是中国最大的对巴合作中资银行，累计支持巴西项目42个，涉及油气、矿业、基础设施、制造业等多个领域，累计承诺贷款580亿美元，发放400亿美元。其中，2016年支持在巴投资项目3个，金额125亿美元，首次为中资企业出具巴西货币雷亚尔保函，成为首个出具雷亚尔保函的中资银行，开创了中资银行在巴西金融市场新的合作领域。

（二）竞争力排名

据世界银行发布的《2019年营商环境报告》显示，在参与调查的全球190个国家中巴西营商环境总排名为109位，与上年度相比上升了16个名次。

据该报告分析，巴西通过创建在线公司注册系统改善了营商环境，是拉丁美洲和加勒比地区排名上升幅度最大的国家。尽管排名有所改善，但与其他拉丁美洲国家相比，巴西仍非常靠后。世行公布的排名显示，在主要的拉美国家中哥伦比亚处于第65位、智利第56位，而墨西哥则位于第54位。

在金砖四国中，巴西也是排名垫底。其中俄罗斯排名第31位，在金砖四国中排名第一，其次是中国第46位、印度第77位和南非第82位。

（三）投资环境发展趋势

1. 巴西经济发展情况

根据联合国贸发组织最新的《投资趋势监测报告》，2019年全球外国直接投资基本持平，为1.39万亿美元，与2018年的1.41万亿美元相比下降1%。拉丁美洲和加勒比地区获得的外国直接投资增长了16%，巴西为世界第四大外国直接投资目的地，2019年流入750亿美元，比2018年增长了26%，位于美国、中国和新加坡之后。

点评：

据巴西经济部发布的数据，巴西整体经济正在逐步复苏，预计2021年经济增长将达到2.4%，高于此前2.32%的预期。巴西央行也指出，市场信心有所增强，预期未来3年的年增长率将稳定在2.5%。这是巴西自2015年陷入经济衰退以来，对经济增长的最高预期。此间分析认为，适宜的经济政策和就业改善是促进经济形势向好、市场升温的重要因素。

自2019年以来，巴西政府着重整顿财政，并推出一揽子经济刺激措施。巴西国家地理统计局的数据显示，2019年巴西平均失业率降至11.9%，连续两年下降。同时，2020年通胀预期为3.4%，符合政府设定的管控目标。分析指出，个人信贷增加、失业率下降和通胀率处于目标区间等因素将继续促进家庭消费，而消费一直是巴西经济的重要推动力。

就业数据向好体现了市场对巴西政府现行政策调整和财政结构性改革的积极反应。2019年11月，巴西通过了以养老金制度改革为主体的社保改革法案，其核心内容是延长法定退休年龄，同时放宽养老金的取用范围。根据政府测算，养老金制度改革将为巴西未来 10 年节省公共支出 8550 亿雷亚尔（约合人民币 1.37 万亿元）。该法案有效促进了公共财政恢复正常运行，增强了市场信心。

巴西央行 2020 年 2 月 5 日宣布将基准利率从 4.5% 下调至 4.25%，创该国 1999 年采用通胀目标制以来的最低水平。巴西央行货币政策委员会表示，宽松的货币政策有助于刺激投资需求增长，进一步激发市场活力，改善巴西就业情况、扩大内需、平衡国际收支；有利的金融环境、经济信心恢复和结构性改革又将反过来继续刺激投资，形成良性循环。

此外，巴西支柱产业之一的采矿业预计今年将“恢复元气”，成为经济复苏的又一重要推动力。2019 年初，淡水河谷公司铁矿废料矿坑堤坝发生溃坝事故，导致巴西采矿业和工业产出骤降，经济受到较大负面影响。巴西央行认为，事故造成的负面影响已经触底，采矿业势必恢复增长，推动工业生产复苏。

2. 巴西的投资吸引力

（1）巴西地域广阔，资源丰富，经济规模和市场规模居拉美第一，且有巨大的发展潜力。

（2）能源丰富，年发电能力为 7500 万千瓦，其中水力发电占 84%，风力发电潜力巨大，石油储量丰富，已探明石油储量为 142.5 亿桶。2007 年以来，在巴西东南沿海相继发现大型油气田，预计石油储量将超过 500 亿桶。

（3）银行资本平均回报率高达 20%。

（4）巴西对所有在巴西境内的外国独资或合资企业实行国民待遇。外资在巴西境内投资无须事先经政府批准，只要通过巴西有权经营外汇业务的银行将外汇汇进巴西并在中央银行登记，即可在巴西投资建厂或并购巴西企业。对外资企业的利润支配及汇出限制较少。

(5) 政治风险比较低，巴西经济基础稳固，经济政策成熟，且得到国际货币基金组织认可。

(6) 巴西政府公布 2015—2018 物流投资规划（PIL），涉及公路、铁路、港口和机场等建设项目。该规划旨在推动巴西基础设施建设，提振国家经济。2015—2018 年，投资金额约为 1984 亿雷亚尔。

(7) 巴西人口众多，并具有不同层次的消费水平和习惯，内需较大。

(8) 巴西各州有权制定有利于地方发展和引进外资的鼓励政策，给外资企业一定的减免地方税收政策。

(9) 民众能够接受不同习俗的外国人，并能友好相处，排外性小。

多年来，巴西政府积极进行经济改革和实行对外开放政策，使巴西成为世界上重要的新兴市场之一，也是南美利用外国直接投资最多的国家。巴西的运输条件很好，公路四通八达，圣保罗的瓜鲁里奥斯机场和里约热内卢的格莱昂机场是巴西两个最繁忙的国际机场，桑托斯港是国内最大的港口，另外还有里约港、维多利亚港、阿雷格里港和南大河港等。

根据巴西投资法的规定，使用外国货币在巴西投资不必经巴西政府批准。在巴西投资建厂或获得现有巴西企业的所有权，只需通过巴西有权进行外汇操作的银行将外国货币汇入巴西，但外资注册必须由巴西受益企业向巴西中央银行提出申请。但也有些领域不允许外国投资者涉及，如农村土地所有权、核能、医疗、国内航线和航天军工工业等领域，巴西政府至今也不允许外国投资者进行经营活动，外国投资者也不能独资在巴西经营银行和保险业。

巴西投资法还规定，外资进入巴西之日起30天内必须在巴西中央银行注册，然后中央银行签发注册证书。持有该证书者享有调出资本、汇出利润和将利润折成外币再投资的权利。至于注册资本的数额和股份的多少，巴西政府没有做任何规定，但红利汇出国外的多少根据注册资本的数额决定，巴西有关法律规定只能将注册资本的12%的红利汇往国外，超过此比例要交纳红利附加税。外资企业在巴西境内生产的产品出口到第三国，可申请巴政府的出口信贷和保险。如果产品增值到一定幅度还可获原产地证书，并享受巴西与其他国家间的贸易优惠待遇。

在央行注册的外资无须事先批准可以随时撤回原始国，但撤资金额多于注册金额，多出的部分将被视为投资利润需交纳所得税。外资撤出时，巴西央行以企业资产负债表为基础对外资企业的净资产进行评估。若企业净资产为负，则认为投资资产受损，禁止资产亏损部分撤回原国。

点评：

巴西是南美税收较重的国家之一，政府对税收采取分级征收、分级管理的办法。我国与巴西签有避免双重征税协定。中国在巴西的投资项目涉及服装、食品及一些轻工产品的生产加工、冶炼、林业开发和木材加工、医疗卫生、运输、餐饮等行业。

在巴西投资需要注意以下几点：

(1) 选好项目对企业至关重要。巴西虽然欢迎外国投资，但是除了马瑙斯自由区和一些落后地区给予税收和出让土地优惠外，联邦政府对外资企业没有太多的优惠政策。巴西工业门类比较齐全，也有不少跨国企业，一般项目进入巴西将会遇到不少很强的竞争对手。巴西希望引进的是能够减少进口、增加出口、提高产品科技含量和扩大当地就业的项目。仅存在价格优势，且主要在巴西市场销售的产品和项目，可能受到巴西同类企业的抵制，甚至受到倾销或不正当竞争的指控。因此，选好项目对企业未来的生存和发展至关重要。

（2）贸易先行或收购当地企业。许多外国企业进入巴西之前都是先通过当地代理商销售自己的产品，有了稳定的销售渠道和市场需求扩大后，再来巴西设厂生产。收购当地同类企业也是外国公司进入巴西的常用方式，通过收购既减少了一个竞争对手，又可以利用被收购企业原来的销售渠道，还有现成的熟练工人和技术人员。

（3）选择恰当的中介机构。巴西法律和税收规定较为复杂，因此，企业无论大小都应雇用全职或兼职的律师和会计师。有一定规模的企业还应雇用当地人出任人事经理，因为巴西的劳工法律很复杂，如果出现纠纷，工人可以将企业告上法庭，而法庭多倾向支持工人。

（4）与使领馆保持联系。企业到巴西投资前最好征求使领馆经商处的意见，成立公司后应到经商处报到并保持联系，这样公司一旦遇到麻烦，使馆可以较快提供帮助。

（四）巴西矿产资源投资前景

1. 巴西矿产业概况

巴西位于南美洲东南部，北界法属圭亚那、苏里南、委内瑞拉和哥伦比亚，西邻秘鲁、玻利维亚，南接阿根廷和乌拉圭，东濒大西洋，是拉丁美洲面积最大的国家。由于巴西拥有丰富的铁矿、铝土矿、铌矿等矿产资源，而且投资环境相对宽松、投资潜力巨大，因而成为世界矿业投资关注的焦点。

目前，巴西已探明储量的矿产资源有 70 多种，其中金属矿有 20 多种，铌、钽资源储量居世界第一，铁矿、铝土矿、锡、石墨、锰矿、铀矿、菱镁矿、镍矿、铬、铅、锌、铜、石油、煤炭、天然气等矿产也很丰富。

巴西矿产资源在该国各地皆有分布，石油主要分布于里约，金属和其他非金属矿藏大多分布在北部、东北部地区，其中米纳斯州是巴西矿藏的腹地。

巴西矿产分布空间：

煤炭绝大部分集中在南部三个州：圣卡塔林纳州、南里奥格兰德多苏州、巴拉纳州；

石油：里约热内卢东南圣埃斯皮里托州海域；

天然气大部分分布在海域，陆上主要分布在亚马孙州、巴伊亚州、啊拉格阿斯州、塞尔希培州等 6 个州；

铁矿：米纳斯吉拉斯州、南马托格罗索州、巴拉州；

锰矿：阿尔马帕地区、米纳斯吉拉斯州和巴拉州；

铬铁矿：主要分布在巴伊亚州；

铜矿：巴伊亚州和卡拉贾斯；

铝土矿：主要分布在亚马孙盆地、米纳斯吉拉斯州、波苏斯迪卡尔达斯；

镍矿：巴拉州、戈亚斯州；

铌钽矿：米纳斯吉拉斯州、戈亚斯州。

但最重要的产地都集中在亚马孙地区，蕴藏 50 多种金属和非金属矿产资源，占巴西资源总量的 30% 以上，最近几年，巴西在巴拉州和亚马孙州也进行了大量的投资，进行地质勘探，希望在那里找到尚未发现的矿产资源。

巴西矿业公司有国有公司、私有公司以及外资公司三类，各种资本均可进入巴西矿业领域。目前，巴西从事开采和冶炼的矿业公司很多，但全国大型的矿业集团公司只有7家，即巴西淡水河谷公司、巴西联合矿业公司、亚马孙高岭土矿业公司、巴西Sibra电子金属矿业公司、北河矿业公司、Samaro矿业公司、Ferteco矿业公司。上述7家公司年开采量占全行业总量的94%，其中淡水河谷公司是巴西最大的矿业公司，其年开采量和营业额占全行业的42%。

[**案例6-4**]

2019年初，巴西中国矿业协会成立，注册地址为巴西戈亚斯州首府戈亚尼亚市。在巴西政府、戈亚斯州政府、戈亚斯州议会的大力支持下，伴随着巴西新总统就职典礼和戈亚斯州州长就职典礼隆重成立。

中国地质调查局中国地质科学院矿产资源研究所作为中方技术支撑单位参与成立巴西中国矿业协会，搭建了中巴矿业企业之间合作桥梁。在未来的几年，ASBM将携手会员单位和合作伙伴在巴西寻找更多优良矿产，促进中巴之间矿业企业战略合作，整合资源，优势共享，共创未来。

巴西中国矿业协会坚持为巴西与中国两国政府以及两国矿业企业和机构服务。主要职能和业务范围是：定期开展两国矿业行业调查研究，信息交流，形势分析，巴西矿业投资机会，矿产品研究和进出口政策，矿业技术与设备咨询及中国企业到巴西落地服务等；宣传两国矿业政策和信息工作；在两国政府和矿业企业间起到桥梁纽带作用；发展矿业行业公益事业，组织两国矿业企业协会等参与国际矿业组织活动；承办两国政府及相关组织委托的矿业领域交流活动及论坛。

点评：

近年来，巴西不断修改矿业法以调整与矿产资源勘查开发有关的经济活动的法律关系，不断修改外国投资法，制定有利于外国资本进入本国开采的法律法规和优惠政策，从而减少了政府行政的干预，简化了办事程序。目前，巴西宏观经济日趋稳定、前景良好，国有企业民营化的进程正深入发展。

鼓励中国企业到巴西拓展市场，特别是同类企业开展合作意义重大，前景看好。首先，巴西是矿产资源大国，资源丰富、储量大、品位高、价位好、发展潜力大；其次，巴西政府为吸引外资，在矿业领域鼓励中小矿业企业私有化，即对中小企业改制，鼓励外国资金进入；其次，中国经济的高速发展，已奠定了海外投资的基础，巴西作为发展中国家重视同中国的关系，认为中国经济发展快、技术水平高、合作竞争力强，是巴西企业理想的合作选择；最后，中国与巴西在矿业领域的长期贸易与合作，为今后的合作打下了坚实的基础，中国五矿、宝钢等在巴西设立分公司多年，在与巴西的合作中积累了经验，建立了稳定的市场客户和合作者。因此，巴西是值得我们投资开拓的一个空间。

2. 巴西矿业产值规模

随着巴西与疫情有关的不确定性下降，巴西矿业公司计划增加投资。

巴西矿业协会预计到2024年该国矿业投资将从目前的325亿美元至少增至370亿美元。其中，大约20亿美元将用于尾矿坝的维护。

巴西矿业协会理事会主席布鲁默在矿业部门融资和资本市场准入

研讨会开幕式上表示，未来4~5年，巴西的矿业投资预计将达到400亿美元左右。布鲁默说，巴西有巨大的发展潜力，国家矿业局扩大矿业研究，释放出数百个区块，使该部门提高了投资预期。

咨询企业Pezco矿业专家赫尔西奥·武田认为，“巴西矿业公司认识到，他们的主要市场中国尽管受到疫情影响，但是其需求仍然强劲，这将主要推进以铁矿石为主的矿业项目开发”。

[**案例6-5**]

2020年9月初，巴西最大矿业公司淡水河谷公司计划未来几年将铁矿石产量增至4亿~4.5亿吨。2021年，该公司铁矿石产量预计为3.1亿~3.3亿吨。

与此同时，巴西国家钢铁公司宣布将旗下矿业公司首次公开发行股票，该公司是巴西第二大铁矿石生产商，计划到2033年将铁矿石产能扩大到3300万吨。

主要在巴西开发金矿的塞拉比公司日前宣布，其在帕拉州的科林加金矿项目已经获得该州环境委员会的批准。

随着采矿业投资增加，与之相关的矿业服务和设备制造商也计划扩大经营。

蒂森克虏伯公司计划对米纳斯吉拉斯州和帕拉州的两个机器零件和设备厂进行升级改造。

方案和机器提供商鲍尔集团将投资采矿业，帮助解决尾矿坝问题。最近，公司和政府官员经过会谈商定，未来几年将投资200亿欧元（233亿美元）开发矿业和建设尾矿坝基础设施，重点是保护、管控和修复。

3. 巴西矿业法规完善

巴西负责矿产开发管理工作的政府机构——矿产能源部称，巴西将出台新的采矿法，进一步完善巴西的矿业管理法律法规。

巴西矿产资源的成功开发，得益于完善的矿业法律体制，集中体现在巴西《矿业法》中。《矿业法》的核心是所有矿种均建立了勘探许可证和采矿特许权制度，该法对任何投资者均一视同仁，其程序分别是：提出勘探申请、获得三年勘探的许可（勘探权授予第一申请人）、结束后提出详细的勘探报告。如果报告是积极的，则可进一步提出开采申请，经国家矿产品管理局批准，获得采矿特许权（只授予勘探许可证持有人）。

（1）提高矿业开采税税率。

在新采矿法中，将包括提高采矿权利金比例的内容。而且，调整采矿权利金是巴西修改采矿法过程中的一项主要措施。采矿权利金，在有的国家也被称为“矿业税”“矿业开采税”“采掘税”“地下资源使用费”等。

矿业在对社会产生经济效益的同时，也给社会生态环境、居民健康等或多或少带来负面影响，这些是未能体现在矿产价格上的隐性成本。因此，早在2011年，巴西政府和议会就曾商讨对矿业企业收取更高比例的采矿权利金（开采税）。巴西政府认为，提高采矿权利金是政府履行社会监管职能的一种表现。

在目前这个版本的采矿法中，采矿权利金征收比率将由2%提高到4%。今后或将对高产矿区收取抵押存款，此外政府还将成立新的矿业管理机构。

（2）简化采矿许可程序。

按巴西法律的规定，矿产资源归国家所有，即联邦政府所有，因此进行矿业活动必须经过政府的授权批准。巴西对大部分矿产及矿业公司实行特许制，即发放勘探许可证或采矿许可证。此前，在巴西获得采矿许可证的程序较为繁复。罗鲍对此表示，新采矿法实施后，将修改当前的采矿许可制度，简化发放采矿许可证的程序。今后业界申请采矿许可证，只需国家矿物生产部的一位部长签署即可展开招标。

新采矿法还打算重新确立矿区特许经营权的期限。根据新法，采矿业者所取得的采矿特许权期限将长达30年。同时，特许合同还可以更新，期限为20年。

点评：

巴西的矿业管理有一个相对完善的法律、法规体系。巴西第一部矿业法典于1934年就已经颁布并执行，此后又经过数次修订。除了矿业法律外，巴西还颁布了数十个矿业行政规章，这些法典和规章构成了巴西矿业管理的整套法律、法规体系。此次的新采矿法若最终获得批准并得以实施，将进一步完善巴西的矿业管理法律体系。

（五）中巴经贸关系

1. 双边贸易

据中国海关统计，2018年中巴双边贸易总额1111.8亿美元，同比上升26.6%。其中，中方出口336.7亿美元，进口775.1亿美元，同比分别增长16.3%和31.7%。

2019年上半年，中巴双边贸易总额521.3亿美元，同比上升0.1%。其中，中方出口156.4亿美元，同比下降8.9%；中方进口364.8亿美元，同比增长4.5%。

我国对巴主要出口机械设备、电子电器、电脑通信产品等，自巴西主要进口铁矿砂、大豆、原油、肉类等。

2. 相互投资

截至2017年底，中国在巴直接投资存量32.1亿美元，主要涉及能源、矿产、输电、制造业、金融、农业、服务业和批发零售业等项目。2018 年，中国对巴全行业直接投资 1. 27 亿美元。

截至 2018 年底，巴在华投资项目 746 个，实际投资 7. 1 亿美元，主要涉及矿产品加工、压缩机生产、电机、煤炭、房地产、汽车零部件、纺织服装等领域。

3. **承包工程**

截至 2018 年底，我国企业在巴签署承包工程合同总额 247. 6 亿美元，完成营业额 193 亿美元，主要涉及天然气管线、火电厂、港口疏浚、通信等项目。2019 年上半年，新签合同额 25. 9 亿美元，完成营业额 12. 7 亿美元。

点评：

巴西是当前世界经济环境中最值得关注的新兴市场之一，作为拉美地区经济规模最大、工业化水平最高的国家，巴西日益成为中国在该地区最重要的合作伙伴。20 年来，中巴贸易总额不断扩大，贸易结构持续优化，双方相互投资呈现出良好的发展态势。两国在“贸易先行，金融推进”的经济合作框架下实现了合作共赢。

但是我们必须注意到两国之间还存在贸易摩擦，投资集中在资源矿产等领域，金融合作渠道有待拓宽等问题。未来两国经贸合作机遇与挑战并存。

二、巴西投资风险分析

（一）政治风险

所谓政治风险是指由于东道国国内政治、社会、法律等因素在国内或国际环境的影响下发生了难以预料的重大变动从而导致投资国企业的利润或经营目标无法持续的可能性。对于该类风险一般的防范措施为：特许权协议必须得到东道国政府的正式批准，并对项目付款义务提供担保。向国家出口信用保险公司投保政治保险。

近年来，贪污腐败、经济衰退、社会矛盾加剧等因素交织，导致巴西政坛持续动荡。目前巴西总体上处于调整、转型和过渡期，政府努力推动的结构性改革短期内难以看到成效，政治动荡、经济萧条的现状不会有显著性改观，巴西经济和社会发展中存在大量的不确定性因素，再加上失业率居高不下，游行示威频频发生，社会动荡因素增加，都会给外国投资企业带来难以预料的风险。

［**案例** 6-6］

2015 年巴西石油公司贪腐案，导致巴西爆发了上百万人的反政府游行，引发对总统的弹劾案，并最终导致巴西总统罗塞夫下台。

［**案例** 6-7］

2017 年 5 月 18 日，接替罗塞夫上台的巴西总统特梅尔受贿丑闻曝光，导致巴西金融市场剧烈震荡，巴西股市和巴西货币雷亚尔均大幅下挫。

点评：

整体而言，巴西国内政局稳定，民族关系和谐，国际关系良好，没有特别大的政治风险。不过，巴西的大选和周边地区的政策调整，使得巴西政治中也存在少许不稳定因素。

1. **政策风险**

政策风险指重大决策过程漫长，政策与法令条例变动频繁。政策与法令条例的稳定是一国经济长期稳定发展的关键因素。如果政府政策波动性较大，容易造成投资项目的进程受阻甚至失败。

21 世纪以来，在全球范围内各国都加紧了对于资源的争夺，资源利用的成本不断提升。拉美国家也开始意识到保护国内资源的战略安全必要性，纷纷加强了对于外国投资在资源领域的管制，增强对国内能源的控制力。而这些国家的政策调整也会直接影响到整个拉美地区对外资的吸引力，巴西最终也难逃牵连。

[**案例** 6-8]

2018 年巴西大选结果影响了该国超过八成投资者的投资决策。美盛集团对 1000 名巴西投资者进行了调查，这些投资者表示在未来大选之后 12 个月内至少投资 5 万雷亚尔。83% 的投资者表示大选对他们的投资策略有中度影响和高度影响，只有 10% 的投资者表示对他们影响较小，7% 的人则表示不会对他们的投资产生影响。

受到大选影响，投资者的投资更多是“防御性”的，而不是“进取性”的，也就是说投资者会更加注重减少损失，而不是提高收益。除了股市，投资者对固定收益的投资也保持谨慎态度。“目前尚不清楚会发生什么，在这些风险之下，许多人对固定受益的投资也都处于‘休眠’的状态。”

自从巴西恢复民主化以来，本届大选的不确定性是最高的，因此每次民意调查都会导致股市和美元价格的波动。除了对未来总统的担忧外，巴西投资者还对下届政府采取的措施表示非常关心。

美盛集团的调查结果显示，62% 的受访者表示对下届政府的经济政策不确定性表示担忧，39% 的投资者担心法制不健全，39% 担心政府反对税制改革，29% 担忧政府反对养老制度改革。

点评：

在对一个国家进行投资之前，企业应该对这个国家的政治、经济、文化、法律等制度进行全面的评估，分析在此投资可能带来的政治风险，尽量避开那些社会不稳定、政局动荡以及排华势力较强的国家和地区，选择法律健全、政治稳定以及社会治安良好的国家。此外，对投资的项目和行业进行投保也是非常必要的。

2. 新总统的政治主张及对经济的可能影响

（1）巴西新总统上台背景。

巴西政治环境高度分化，劳工党、民主运动党、社会民主党一直是巴西的传统大党，在过去十年分别有过执政经历。然而，巴西前两任总统劳工党的罗塞夫被弹劾、民主运动党的特梅尔被检方多次起诉贪腐，2016 年里约热内卢夏季奥运会期间贿赂丑闻频发，石油公司、电力公司和银行等均涉及腐败案件，多名高官入狱，导致股价出现暴跌，失业率增加，部分民众逐渐失去对传统大党的信任，支持率显著下降。传统党的失势造就了中小党派的崛起，从州长和参议员选举的结果来看，巴西社会党、民主社会党、社会自由党等中小政党力量正在上升，众议院和参议院党派数量分别增至 30 个和 21 个，国会分裂加剧。此外，巴西社会在竞选期间也分裂成至少两个派别：一派是“反劳工党主义”，此前因为劳工党深陷腐败丑闻，该党的领导人即前总统卢拉因此入狱；另一派是反对博索纳罗的保守思想，反对他的排外种族主义和独裁激烈言论。

（2）巴西新总统博索纳罗的执政理念。

博索纳罗提出强化执法、打击犯罪、清除腐败等主张，赢得众多选民好感，“巴西优先”的口号也唤起了民众对巴西重启快速发展的新希望。支持博索纳罗的选民中，30% 是为了求变，25% 是由于反对劳工党，另有17%是因为支持博索纳罗强化治安的主张。博索纳罗竞选时声称，当选后的首要任务是振兴经济，带领巴西摆脱当前的困境。他表示，上台后将改革政府管理机制，缩减不必要的开支，打击偷税漏税，将资源集中到重点领域。他还强调，暴力、贫困和高失业率是造成社会不稳定的因素。他提出的政治主张包括：

①宏观政策方面：维持目前的宏观经济政策，包括现有的浮动汇率机制、通胀目标及财政目标；致力于提高中央银行独立性，合并部分行政部门。

②公共债务方面：通过国有企业私有化、特许经营权出让等手段将公共债务减少20%。通过部门合并以及削减公共支出等手段，在执政第二年将基本财政赤字转为盈余。

③税收及社会保障方面：逐步降低总体税负水平，税收简化统一，吸引投资者在巴西设立公司，提供更多就业岗位。降低工资税，承诺不增加高收入者的税收。承诺改革养老金制度，建立与现有社会保障制度并行的更市场化的社会保障制度，通过设立专项融资基金，降低参与者的缴费标准。

④国有企业私有化方面：将致力于推动国有企业私有化进程，包括私有化邮政部门、出售巴西国家石油公司部分资产，但是一些战略性企业除外，例如巴西银行、巴西国家电力公司发电业务。同时承诺在这一进程中将给予各州政府更大的自主权。

⑤农业方面：将会审视农业部与环境部合并的提议。农业领域维持现有的政策法规，例如免除出口流转税。强调在巴西东北部半干旱地区引入以色列的海水淡化技术和设备。

⑥基础设施方面：加强水运和铁路运输基础设施建设，促进港口与全国公路、铁路网联通，提高效率降低成本，以吸引更多的投资，

来满足国内需求。同时继续聚焦于目前尚未完成的基础设施建设项目。

⑦外交政策与对外贸易方面：强调“巴西高于一切”，主张与能为巴西带来经济与科技价值的国家建立贸易关系，减少进口关税和非关税壁垒。将深化与部分拉美邻国的融合，可能的情况下将与南方共同市场成员国签订双边协议。

（3）巴西新政府面临的挑战。

①难以建立政党间的有效联盟。虽然博索纳罗提出上述政策主张，但要大刀阔斧进行改革，前行的道路可谓相当困难。目前巴西政治环境高度分化，国会分裂加剧，参众两院中占有席位的党派数量众多，且竞选承诺避免传统的“政治分肥”活动，新政府需要拥有足够的能力和政治资本。虽然当前国会中间派占比达到历史最高，但如何借此建立联盟并通过改革方案仍是博索纳罗或者说是任何巴西政府面临的主要挑战。

②全面实现私有化困难较大。巴西长期存在大型国有企业偏好，如果企业涉及控制权转移，私有化需获国会批准，国有企业实现私有化并不易。根据巴西经济部粗略估计，国家粮食供应总局、国家铁路工程建筑公司、巴西建筑和铁路公司和物流规划公司等国企私有化后收益总额将达1200亿～1700亿雷亚尔，如何吸引私人投资者投资这些巨额资产困难较大。但目前巴西政府迫切需要这笔资金来偿还政府所欠债务和建设未完成的2000多个基础设施项目。

③大规模政府债务阻碍经济振兴。在经济方面，新政府希望保障国家利益，提倡自由市场，推行相关改革以改善公共财政，希望增强市场信心，鼓励竞争，提高生产率，建立良性的经济循环。巴西中央银行对未来经济发展持乐观态度，预计2019年巴西经济增长将达到2.55%。然而，巴西公共债务状况为巴西经济发展蒙上阴影，2018年

巴西公共部门债务占 GDP 比重超过 70%，新政府希望通过改革措施来减少政府债务，改善公共财政状况是重振巴西经济的必经之路，但目前国有企业改革等措施的落实难度较大，成效还有待进一步观望。

（二）经济风险

1. 巴西经济发展形势

中资企业到巴西投资，要依靠巴西国内或国际两个市场，巴西经济的衰退直接影响国内的消费和投资水平，并将影响到更多依靠巴西当地市场的外国投资企业。巴西经济自 2014 年开始陷入衰退，2015 年 GDP 萎缩 3.8%，2016 年萎缩 3.6%。经济衰退导致巴西人均 GDP 明显下滑，2016 年人均 GDP 降到 8700 美元，较 2011 年高位水平下降 34%。经济持续下滑，人均 GDP 大幅下降，制约巴西投资、消费和进口需求增长，并将直接给在巴西投资的中资企业带来负面影响。2017 年一季度，巴西经济停止负增长，GDP 环比增长 1%，二季度环比增长 0.2%，但总体而言增速偏低，并未看到经济反弹的明显迹象。

2. 通货膨胀与高利率

近年来巴西的通货膨胀率和利率都相对较高，给投资者带来不利影响，外国投资者也不能独善其身。1994 年实行雷亚尔货币改革以来，巴西持续多年的恶性通货膨胀得到了遏制，但是从根本上治理通胀仍然有很大困难，2015 年巴西官方通胀指数（IPCA）高达 10.67%，2016 年回落至 6.29%，虽然 2017 年以来通胀率持续回落，但是鉴于通胀在巴西长期存在且治理乏策，不排除以后会出现反弹。较高通货膨胀影响居民消费能力增长，对市场产生明显不确定影响。对于外国投资者来讲，原材料等价格的变化、劳动成本的大幅增长都会对其带来不利影响。近年来巴西的基准利率曾高达 14% 以上，赴巴西投资企业如果在巴西融资，还将因为巴西的高利率而增加融资成本。巴西为刺激经济增长，自2016年10月开始降息，到2017年9月6日最近一次降息1个百分点，巴西央行已经累计降息6个百分点，目前利率为8.25%。尽管利率下降较多，但巴西仍然是世界上利率偏高的国家，高利率对巴西居民消费和社会投资及总体经济增长产生明显的抑制作用。

点评：

对于外汇管制风险可采取的措施如下：一是向我国驻巴西经济商务参赞处或者中国信保咨询巴西的外汇政策及动向，提前获取购汇许可。二是加强与业主的联系和收汇跟踪，特别是加大对逾期未收汇的应收账款的催收力度，一旦发生收汇风险及时向中国信保报损，共同采取措施减小损失。同时，做好换汇计划，选择合理的换汇时机，避免在巴西外汇来源紧张时换汇；在换汇时，充分利用项目股东的协调能力；当外汇政策发生剧烈变化时，可采用调整项目产品内外比例，增加出口等方式化解风险。

3. 汇率风险

巴西货币雷亚尔一直是全球汇率市场上波动性较大的货币。自1994年巴西实行雷亚尔改革，1美元兑换1雷亚尔，但之后雷亚尔持续贬值，到2002年贬至1美元兑换3.95雷亚尔。随后2003—2011年，巴西贸易持续顺差、外汇储备持续增长、外债风险逐渐下降，带来巴西雷亚尔的升值，到2011年6月升至1美元兑换1.58雷亚尔，但2012年以后受大宗商品价格走低等多种因素影响，巴西经济陷入衰退，巴西雷亚尔大幅贬值，到2017年9月汇率为3.09，雷亚尔相对美元贬值50%（其间在2016年初美元兑雷亚尔汇率曾经一度跌至4.15）。

点评：

巴西经济结构不合理，过于依赖初级产品出口，整体经济脆弱，导致其货币雷亚尔币值难以保持稳定，这也给在巴西的外国投资企业带来巨大风险。因币值不稳定，中国企业在与巴西企业经贸往来时，尽量争取以美元或人民币结算，从而规避汇率风险。除采用美元或者人民币支付外，可以采取以下措施：加快回收款项；关注巴西外汇市场；加快储备材料；合同中增加汇率保值条款等。

4. **税收种类复杂，税赋较重**

巴西的税务体系几乎是全世界最为复杂的税务系统，并且管控很严。巴西企业纳税额约占经营成本的38%，税收负担位于拉美首位。首先是税种多，巴西共有各种捐税58种，按行政可以分为联邦税、州税和市税三级。其中，联邦税包括所得税、工业产品税、进口税、出口税、金融操作税、临时金融流通税、农村土地税等；州政府税包括商品流通服务税、车辆税、遗产及馈赠税等；市政府税包括社会服务税、城市房地产税、不动产转让税等。除此之外，企业还要交纳各种社会性开支，具体包括社会保险金、工龄保障基金、社会一体化计划费、社会安全费等。其次是税收政策变化快，调整频繁。最后是监管严，巴西政府对税收采取分级征收和管理的办法，严格规定了各种税收的申报和纳税时间，并通过信息共享加强税收分析和税务审查。

点评：

中方企业在“走出去”的过程中，应对巴西税务机关调查程序与内容提前了解，并做好相应的应对方案。结合此前相关行业和公司的案例，针对巴西税务调查的相关法律规定、执行程序以及事后的解决争议方案等进行全方面的规划。

（三）劳工风险

巴西劳工成本很高，劳工保护非常严格。各类工会组织影响力大，罢工和游行频繁，中国企业的管理模式容易引发劳工纠纷，企业稍有不慎就会因违反劳工法而受到行政处罚，或陷入劳工纠纷而蒙受损失。企业疲于应对各种劳工诉讼，在本地人力资源管理上存在较大压力。

［**案例** 6-9］

2013 年，韩国三星集团就因违反了巴西对有关劳工权利的要求，被巴西政府起诉索赔逾 1 亿美元，2015 年又因公司高级管理人员不尊重员工被巴西劳工监察办公室处罚 1000 万雷亚尔。

点评：

境外中企应事前了解工程所在国的情况，充分利用当地的专家（税务专家、律师、会计师或清关公司等）参与项目。还应严格遵守当地法律，注重生态环境保护，同当地社区构建良好关系。

三、中巴经贸合作前景展望

1. 巴西新总统对华态度前后有异

博索纳罗被称为“巴西的特朗普”，曾发表言论称中国应该从巴西进行采购，而不是“买下巴西”。博索纳罗在 2018 年 2 月曾以总统候选人身份到访台湾地区，成为自 1974 年中巴建交以来首个“访问”台湾的巴西总统候选人。有鉴于此，他的对华政策受到高度关注。不过，博索纳罗在竞选后期对中国的言论有所调整，称他一旦当选会继续与中国做生意，因为中国是个“很杰出的伙伴”。实际上，博索纳罗对于中国并不友好的言论已经引起巴西农业大户以及矿业巨头们的担忧。巴西国会中40%的席位都掌握在该国的农业大户手上，这些博索纳罗重要的支持者已经明确表示巴西新政府必须维护好与中国的关系，不得在对华关系上乱来。

2. 美国拉拢巴西新政府加入反华联盟

2019年1月2日，美国国务卿蓬佩奥与巴西新总统博索纳罗会面，二人讨论了中国的“掠夺性贸易和借贷行为”，以及防止中国投资者在巴西购买土地等措施。美国官员表示，“我们只是想确定一个公平的竞争环境，并且让中国投资者所做的投资符合当地国家的利益”。此前一周，美国政府公布的一份报告中指出，美巴双边贸易额约为1000亿美元，未来美国将与巴西增加两国间的贸易和投资，包括增加美国企业在技术、防务和农业领域的机会。特朗普政府希望拉拢博索纳罗政府来遏制中国在该地区日益增长的影响力，希望“对中国投资持强烈批评”态度的博索纳罗政府能成为对抗中国的强大盟友。

3. 巴西国际贸易额持续下滑，对华贸易却不断攀升

2010年巴西出口额一度突破2000亿美元大关，但自2012年以后，巴西出口总额连续五年呈下降走势，2016年跌至1852亿美元，2017年短暂回升至2020亿美元。进口与出口情况相似。与巴西外贸总体下滑的趋势相反，巴西对华贸易占巴西贸易总额的比重却持续攀升，2017年中国已成为巴西第一大出口目的国和第二大进口来源国。2018年前三季度巴西对华出口472亿美元，占总出口额的23.6%；巴西自华进口273亿美元，占总进口额的18.1%。巴西主要对中国出口大豆、铁矿石和原油，占对华出口总额的82%；中国主要对巴西出口机电产品、化工产品和纺织品及原料，占自华进口额的72%。

表 6-1 巴西进出口贸易额和对华贸易额（百万美元）

年份	出口总额	进口总额	对华出口额	对华出口比重	自华进口额	自华进口比重
2010	201915	181649	30786	15.2	25593	14.1
2011	256040	226243	44315	17.3	32788	14.5
2012	242580	223149	41228	17.0	34248	15.3
2013	242179	239621	46026	19.0	37302	15.6
2014	225101	229154	40616	18.0	37345	16.3
2015	191134	171449	35608	18.6	30719	17.9
2016	185235	137552	35134	19.0	23364	17.0
2017	201990	150749	47488	23.6	27321	18.1
2018	179659	135345	47205	26.3	26786	19.8

注：2018 年仅为前三季度数据。

资料来源：巴西外贸秘书处、中国银行国际金融研究所。

4. 中巴贸易合作密切，重要性不可替代

展望未来，分析人士普遍认为，巴西新政府不太可能对中巴经贸合作真的“动刀子”，主要原因是：

第一，中巴合作完全是互利性质的。中国自 2009 年起就是巴西第一大贸易伙伴，而且是巴西最大的顺差来源国，2017 年巴西对中国顺差高达 201 亿美元。中国是巴西大豆、矿产的最大买家。得益于中美贸易争端，2018 年巴西大豆对华出口进一步增加，1—9 月累计达 5510 万吨，占其大豆出口总量的 80% 以上。

第二，博索纳罗竞选时吸引选民的主要是其国内政策主张，外交是相对边缘的部分。巴西民众目前最大的不满也都是针对国内问题，对外交关注度不高。

第三，中巴关系很平等，两国经贸合作虽很密切，但中国从未介入巴西内部事务。巴西是南美大国，巴西的国家利益决定了其采取平衡、多元的外交最为有利。维护好中巴关系更有利于巴西同世界其他大国打交道，更有利于巴西在国际事务中发挥作用。

第四，博索纳罗有过军队和地方政府工作的经历，但熟悉外交需要一个过程。他在竞选期间去台湾，引起我方不悦，他上任后如果仍在台湾问题上特立独行，显然需要巴西付出大量成本来埋单。

5. 我国应积极应对巴西新局势，防范潜在风险

第一，调整思路，稳妥应对拉美国家“转向”。近年来，拉美经济社会不景气严重削弱左翼力量的执政基础，右翼力量重新主政多国，并可能成为拉美的主导力量。左翼力量主导期间中拉合作发展迅速，但也弱化了中企应对复杂环境的能力。从政府到企业，都必须重新审视中拉合作前景，提高合作的灵活性，稳妥应对相应风险。

第二，深入研究，尤其是博索纳罗竞选纲领及近期动向。对巴西政策方向的判断应立足于博索纳罗竞选纲领及其实际行动。他的竞选纲领强调内政，外交占比较少，当选前后对华态度转变等，可能表明中国在巴西外交框架中的位置有所下降，但中巴合作将更加务实。博索纳罗拟任命保罗·格德斯为巴西经济掌舵人。格德斯毕业于美国芝加哥大学，是自由派经济学家，巴西未来经济政策可能更强调市场力量主导、鼓励效率和竞争。这既对中企在巴经营提出了更高要求，也为中企开拓巴西市场提供了机遇。

第三，低调务实，优化经济合作方式。博索纳罗对华态度转变表明经济合作仍然是中巴共同利益点。中企应加强与巴西本土企业合作，强调互利共赢，减轻巴西对华的疏离感。金融机构可发挥积极作用，更好地规避“中国买下巴西”等负面舆论。例如，向当地企业或农民生产环节提供贷款，以附加条款形式确定中企为上游生产用具供应商和下游产品采购商，而不是简单贷款给中企在当地扩张。充分发挥金融机构的能动性，探索支持中企“走出去”的新模式。

四、巴西未来投资机会分析

（一）政治前景

自2009年以来，中国一直是巴西最大的贸易伙伴。中国也是巴西第一大出口目的地国。巴西麦肯齐长老会大学教授罗德里格·萨尔加多表示，中国经济的高质量发展为两国经贸关系的发展提供了机遇。“一带一路”建设为推动巴中合作提供了难得的契机。

（二）经贸合作迈入新阶段

巴西是第一个同中国建立战略伙伴关系的发展中国家、第一个同中国建立全面战略伙伴关系的拉美国家，也是第一个与中国双边贸易额突破千亿美元大关的拉美国家。站在新起点上，中巴双边经贸关系继续展现出活力和潜力。巴西经济部副部长马科斯·特罗约表示，巴西和中国双边贸易额节节攀升，预计2020年将达到1050亿~1100亿美元。中巴合作已成为中拉合作、新兴市场合作、南南合作的典范。

1. 市场推动——双边贸易稳步增长有保障

2019年，中巴高层互动频繁，两国元首实现历史性互访，取得丰硕成果。在巴西出口投资促进局主席塞尔吉奥·塞戈维亚看来，巴中两国元首会晤对深化双边贸易合作至关重要。

据巴西工业、外贸和服务部的统计，2019年前11个月，巴西对华出口576亿美元，其中肉类出口增速明显，同期牛肉和鸡肉的对华出口额同比分别增长59.77%和46.08%，对华牛肉出口额占巴西牛肉出口总额的比重不断提升。“虽然目前国际市场并不稳定，但巴中贸易互补性强，很大程度上保证了两国贸易水平稳步增长。”巴西瓦加斯基金会国际财务管理研究中心主任夏华声表示。

巴西经济复苏，也将进一步推动中巴贸易发展。2019年，中国仍是巴西最大的进口来源国。其中，巴西从中国进口电动机、发电机和变压器等设备增长明显。

2. 技术引领——产业合作提质升级有优势

近年来，中国对巴投资总额持续增长，涉及领域不断铺开，且向价值链高端延伸，包括能源、制造业、交通、科技创新等，带动了当地就业，推动了本土技术创新。巴西经济部发布的外国投资简报显示，自2003年至2019年3月，中国在巴西投资额累计达713亿美元，成为巴西最大投资来源国。

[案例6-10]

中国广核能源国际控股有限公司在巴西先后完成Gamma、Atlantic新能源项目的100%股权交割，并成功中标24.8万千瓦绿地项目，已成为巴西第二大风电和太阳能清洁能源公司。在2019年11月举行的巴西新一轮盐下层石油区块招标中，由巴西石油公司、中国石油天然气集团有限公司和中国海洋石油集团有限公司组成的联合体成功中标，将进一步深化中巴油气合作。

[案例6-11]

比亚迪公司与巴西巴伊亚州签署云轨项目合同，为该州打造全球首条跨海云轨，连接州府萨尔瓦多市和海滨地区，让“天堑变通途”。据介绍，该项目金额超过7亿美元，全方位展示了“中国智造”领先全球的绿色科技成果。

点评：

中国企业在巴投资港口、电力和运输等项目，为巴西基础设施现代化作出积极贡献；中方投资目光长远，在巴西经历低谷时选择坚守，为经济持续复苏注入动力。随着巴西各界高度重视中国在新一轮科技革命浪潮中的领先地位，密切关注中国在5G通信、绿色能源、电子商务、人工智能、智慧城市等新兴产业发展上取得的成果，双方将挖掘出更多前沿领域投资商机。

3. **金融支持——投资合作不断拓展有亮点**

金砖国家领导人第十一次会晤期间，巴西国家经济和社会发展银行与金砖国家新开发银行签署新的谅解备忘录，旨在继续加强两个机构间的合作。自2010年以来，在金砖合作机制下，巴西与中国国家开发银行也开展了长期友好的合作。

目前，中国主要金融和保险机构都已将巴西作为重要海外市场。中国五大商业银行基本完成在巴西的商业布局，中巴扩大产能合作基金、金砖新开发银行等双多边金融机制运行顺畅。两国金融合作不断走深走实，助力中巴贸易和投资不断升级。

与此同时，随着中巴跨境贸易量的增长，中国金融科技企业加速进军巴西市场。2019年，巴西放宽外资金融科技公司进入审批政策，腾讯、阿里巴巴等中国企业积极参与对巴西科技企业的投资。速卖通也与巴西金融支付公司伊班克斯合作，为消费者提供跨境支付解决方案。

[**案例**6-12]

中国制造业第一家海外银行徐工银行将落户巴西。徐工巴西银行由徐工集团工程机械有限公司全资拥有。

徐工巴西银行在巴西圣保罗举行新闻发布会，介绍该行获批筹建情况。该项目于2017年初开始启动，2019年10月收到巴西央行的正式书面批复，获准筹建100%外资银行徐工巴西银行。

徐工董事长王民在致辞中表示，徐工将坚定不移地支持徐工巴西银行的运营与发展，除按期缴纳6000万雷亚尔（约合1500万美元）股本金之外，还将按照巴西央行的要求陆续增资，确保资本充足率满足要求，并致力于成为服务中巴企业的新金融平台，为促进巴西当地经济发展和就业做出新贡献。

Chapter 7

第七章

工程建设企业合规管理体系建立指南

一、合规管理的内部环境

合规管理是一种风险管理活动，是境外施工企业对业务活动是否遵守所在国（地区）法律、法规规定、规则、行业自律等的一种鉴证行为。

合规管理的内部环境是其他所有风险管理要素的基础，为其他要素提供规则和结构。内部环境的要素包括：合规管理的目标和基本原则；企业文化和公司战略；管理层的理念和经营风格；公司组织架构及其岗位职责；员工的诚信、道德价值观和胜任能力。

（一）合规管理的目标

建立健全合规风险管理体系，实现合规风险的有效识别和管理，促使境外施工企业全面风险管理体系的建设，确保企业依法合规经营。

（二）合规管理的基本原则

（1）客观性原则。合规人员应当依照相关法律、法规对违规事实进行客观评价。

（2）独立性原则。合规部门在企业中应当有独立地位，合规管理应当独立于其他各项业务经营活动。

（3）专业性原则。合规人员应当熟悉公司业务制度，了解公司内各业务环节的专业知识和业务流程，并准确理解和把握法律法规的规定和变动趋势。

（4）公正性原则。合规人员在对业务部门进行检查时，应当坚持统一标准对违规行为及相关风险进行评估和报告。

（5）协调性原则。合规人员应当正确处理与公司其他部门及监管部门的关系，努力形成公司的合规合力，避免内部损耗。

（6）全面性原则。企业合规管理应覆盖所有境外业务领域、部门和员工，贯穿决策、执行、监督、反馈等各个环节，体现于决策机制、内部控制、业务流程等各个方面。

二、合规管理机构的设置及职责

（一）合规管理机构的设置

企业可根据业务性质、地域范围、监管要求等设置相应的合规管理机构。合规管理机构一般由合规委员会、合规负责人和合规管理部门组成。尚不具备条件设立专门合规管理机构的企业，可由相关部门（如法律事务部门、风险防控部门等）履行合规管理职责，同时明确合规负责人。

1. 合规委员会

企业可结合实际设立合规委员会，作为企业合规管理体系的最高负责机构。合规委员会一般应履行以下合规职责：

（1）确认合规管理战略，明确合规管理目标。

（2）建立和完善企业合规管理体系，审批合规管理制度、程序和重大合规风险管理方案。

（3）听取合规管理工作汇报，指导、监督、评价合规管理工作。

2. 合规负责人

企业可结合实际任命专职的首席合规官，也可由法律事务负责人或风险防控负责人等担任合规负责人。首席合规官或合规负责人是企业合规管理工作具体实施的负责人和日常监督者，不应分管与合规管理相冲突的部门。首席合规官或合规负责人一般应履行以下合规职责：

（1）贯彻执行企业决策层对合规管理工作的各项要求，全面负责企业的合规管理工作。

（2）协调合规管理与企业各项业务之间的关系，监督合规管理执行情况，及时解决合规管理中出现的重大问题。

（3）领导合规管理部门，加强合规管理队伍建设，做好人员选聘培养，监督合规管理部门认真有效地开展工作。

3. 合规管理部门

企业可结合实际设置专职的合规管理部门，或者由具有合规管理职能的相关部门承担合规管理职责。合规管理部门一般应履行以下合规职责：

（1）持续关注我国及业务所涉国家（地区）法律法规、监管要求和国际规则的最新发展，及时提供合规建议。

（2）制定企业的合规管理制度和年度合规管理计划，并推动其贯彻落实。

（3）审查评价企业规章制度和业务流程的合规性，组织、协调和监督各业务部门对规章制度和业务流程进行梳理和修订。

（4）组织或协助业务部门、人事部门开展合规培训，并向员工提供合规咨询。

（5）积极主动识别和评估与企业境外经营相关的合规风险，并监管与供应商、代理商、分包商、咨询顾问和承包商等第三方相关的合规风险。为新业务的开发提供必要的合规性审查和测试，识别和评估新业务的拓展、新客户关系的建立以及客户关系发生重大变化等所产生的合规风险，并制定应对措施。

（6）实施充分且具有代表性的合规风险评估和测试，查找规章制度和业务流程存在的缺陷，并进行相应的调查。对已发生的合规风险或合规测试发现的合规缺陷，应提出整改意见并监督有关部门进行整改。

（7）针对合规举报信息制定调查方案并开展调查。

（8）推动将合规责任纳入岗位职责和员工绩效管理流程。建立合规绩效指标，监控和衡量合规绩效，识别改进需求。

（9）建立合规报告和记录的台账，制定合规资料管理流程。

（10）建立并保持与境内外监管机构日常的工作联系，跟踪和评估监管意见和监管要求的落实情况。

（二）合规管理部门的设置方式

合规管理部门是负责施工企业合规工作的具体组织和执行部门，依照所规定的职责、权限、方法和程序独立开展工作，负责公司各部门和全体员工的合规管理工作，合规管理部门对公司高层负责。

合规管理部门人员应具备较高的思想素质和法制观念，坚持原则、忠于职守、廉洁奉公、公正无私，并具备相应的专业知识。合规管理部门必须制定相应的人员岗位责任制，明确任务，落实责任。合规管理部门工作人员同样应遵守公司各种规章制度和规定。合规管理部门依据国家及有关部门的法律法规、公司章程、公司内部管理制度和承包合同，在所赋予的权限内，按照所规定的程序和方法，对行为对象进行客观公正的检查监督并提出处理建议。

合规管理部门的设置有如下几种类型，每种类型都有各自的优缺点。企业应根据公司业务类型、组织结构、组织资源等因素选择合规管理部门的设置。参见表 7-1。

表 7-1 合规管理部门的设置

序号	类型	特　　点
1	合规管理部	在企业内部建立一个专业的合规管理部门，任命首席合规官作为合规管理总负责人。 优点：企业合规管理部门的独立性强，合规团队专业能力强，合规工作也做得相对专业。 缺点：要求企业投入大量的资金、人力等资源；对合规管理人员职业技能要求高，既要懂合规专业知识，又要懂具体的业务知识；合规管理部门与其他部门之间的沟通协调能力也要求较高。
2	法务合规部	把法务部或者法律事务部的管理职能与合规部门管理职能统一到法务合规部门职能之中，由法务合规部对企业的法律事务工作和合规管理工作进行统一管理。 优点：部门设立相对容易，投入成本相对较低，公司在设立合规管理部门时可以利用公司现有的法务部门的资源，因为大多数公司在成立合规部之前都有法务部门。另外，合规管理工作与法务部工作配合容易，因为合规管理部门有效开展工作的前提须对外部法律法规、监管等规定有正确的理解，在相同领导的情况下，合规管理部门与法务部门之间的沟通也相对顺畅。 缺点：按照这样的方式设置合规管理部门，开展工作时与其他部门的沟通协调要求较高，需要合规管理部门与业务部门密切配合，合规管理人员职业技能要求高，既要懂合规专业知识，又要懂具体的业务知识。
3	审计合规部	合规部与审计部结合形成审计合规部。 优点：便于企业对合规风险进行管理，企业可以通过较少的投入达到合规管理的目的。 缺点：独立性不强，适用于业务单一且面临合规风险较低的企业。以生产汽车为主的北京奔驰汽车就采用了此类型。

续 表

序号	类型	特　　点
4	风控合规部	融合了公司治理、风险控制与合规管理。 优点：大大提升了合规管理部门整合公司资源的能力，有很强的独立性，方便了合规部门与风险管理部门的沟通，合规部门在进行合规风险评估时可以和风控部门结合起来共同开展工作，实现风险管理工作成果共享。 缺点：对合规部的领导力提出了很高的要求，同时也需要企业提供较多的资源支持，还需要与法务部门等其他部门加强沟通，平衡业务与合规风险管理的关系。
5	其他	具体根据公司业务类型、组织结构、组织资源而定。 如英国石油公司（BP）在集团层面设置“道德与合规部”进行合规管理，同时配以法律各领域专家提供日常的法律专业支持，来保证 BP 各部门的合规专业有效运行。 BP 公司除了在道德与合规部门工作的全职合规工作人员之外，在每个业务与职能部门及其每一个下属地区部门，都有一位部门领导兼任本部门的“道德与合规联络人”。其职责是确保各项合规制度在本部门的有效实施，并且就日常工作中的合规问题进行处理和解答。这种安排能够有效提高本部门领导的合规意识，以及高效率解决日常合规问题。

三、企业内部的合规管理体系

（一）董事会的合规责任

董事会作为决策层应以保证企业合规经营为目的，通过原则性顶层设计，解决合规管理工作中的权力配置问题。

董事会负责企业整体风险的预防和控制，审核、监督公司风险控制制度的有效执行，可以下设合规与风险管理委员会，负责对企业国内施工承包及境外施工经营的风险控制及合法合规进行审议、监督和检查，草拟企业风险管理战略，评估企业风险管理状况。

董事会对企业的合规管理承担最终责任，履行以下合规职责：

（1）审核批准合规政策，监督合规政策的实施，并对实施情况进行年度评估。

（2）审核批准公司年度合规报告，对年度合规报告中反映出的问题，采取措施解决。

（3）根据总经理提名决定合规负责人的聘任、解聘及薪酬事项。

（4）决定公司合规管理部门的设置及其职能。

（5）保证合规负责人独立与董事会、董事会相关委员会，如审计委员会或者其他专业委员会沟通。

（6）公司章程规定的其他合规责任。

（二）监事会的合规责任

为了完成合规监督职能，监事会不仅要进行会计监督，而且要进行业务监督。不仅要有事后监督，而且要有事前和事中监督（即计划、决策时的监督）。监事会对经营管理的合规方面监督包括以下方面：

（1）对企业董事、总经理和其他高级管理人员执行公司职务时违反法律、行政法规或者公司章程的行为进行监督并有权通知他们停止其非合规行为。

（2）随时调查企业的合规执行状况，审查合规体系文件、合规记录和合规报告，并把审核意见向董事会报告。

（3）当监事会认为有必要时，一般是在企业出现重大问题时，可以提议召开股东会。

（三）管理层的合规责任

（1）企业的高级管理层应分配充足的资源建立、制定、实施、评价、维护和改进合规管理体系。

(2) 管理层人员应当熟悉工程建设相关法律、行政法规及国际性组织的监管要求，依法合规、勤勉、审慎地行使职权。管理层人员应当维护企业的统一性和完整性，在其职权范围内对企业经营活动进行独立、自主决策，不受他人干预，不得将其经营管理权让渡给股东或者其他机构和人员。

(3) 管理层人员应当根据企业经营环境的合规要求，督促和落实合规责任体系建立和运行。

(4) 管理层人员应当构建企业自身的合规文化，保持企业内部机构和人员合规责任体系、合规报告路径的清晰、完整，不得违反规定的报告路径，防止在内部责任体系、报告路径和内部员工之间出现割裂的情况。

(四) 合规管理部门的合规责任

(1) 协助领导构建企业合规管理体系，制订、修订企业的合规手册和其他合规风险管理规章制度；

(2) 起草年度合规管理计划；

(3) 主动识别、评估、监测和报告合规风险；

(4) 负责各项具体合规工作方案的拟定，使合规工作顺利展开；

(5) 起草合规报告；

(6) 参与新业务的开发，识别、评估合规风险，提供合规支持；

(7) 违规事件的调查处理，起草违规处理决定；

(8) 梳理企业内控流程，提出相关改进建议；

(9) 审查企业内部管理制度、业务规程，提供合规改进建议；

(10) 组织合规培训并向企业员工提供合规咨询；

(11) 跟踪法律法规、监管规定和行业自律规则的变动、发展，并根据其有关要求提出制订或者修改企业内部规章制度的建议；

（12）领导指派的其他工作及其他相关辅助。

（五）合规管理的主要内容

企业应以倡导合规经营价值观为导向，明确合规管理工作内容，健全合规管理架构，制定合规管理制度，完善合规运行机制，加强合规风险识别、评估与处置，开展合规评审与改进，培育合规文化，形成重视合规经营的企业氛围。

1. 合规管理的主要活动

合规管理旨在构造企业监督系统，对企业的决策系统和执行系统进行全程、动态的合规监控，监控的对象覆盖企业经营管理的全部内容，主要包括：

（1）定期学习法律、法规，传达监管要求，营造企业合规文化，提高员工合规意识；

（2）审核业务合同、各部门的制度和工作流程；

（3）依据合规要求，检查和评估日常经营管理活动的合规性；

（4）梳理整合各项法律法规、规章制度，开展合规培训；

（5）为新的承包合同提供合规支持；

（6）开展法律咨询，协同处理企业法律纠纷及其投诉。

2. 合规文化

合规文化建设是合规风险管理的一部分，同时也是企业文化建设的一部分。如果企业上下所有员工都严格遵守高标准的道德行为准则，那么该合规风险的管理就是最为有效的。

在企业内部要形成浓厚的合规文化，做到人人合规。所有员工都要有足够的职业谨慎，具有诚信正直的个人品行以及良好的风险意识和行为规范。企业内部要具有清晰的责任制和问责制，以及相应的激励约束机制，形成所有员工理所当然要为他从事的职业和所在岗位的工作负责任的氛围，进而逐步形成工程建设企业的合规文化。企业加强合规文化建设应从以下四个方面努力：

（1）管理层的重视。

（2）全员合规理念的建立，一定要改变“钻政策空子”“打擦边球”的观念，打消侥幸心理。

（3）合规部门与其他部门的配合、信息交流，实现资源共享，协同作战。

（4）有效落实合规考核机制。

3. **合规政策**

合规政策是企业体现合规理念，培育合规文化，制定实现合规目标的纲领性、指示性的文件，对企业开展合规工作提出原则性要求。其内容包括：

（1）合规政策的制定。

企业的高级管理层（合规委员会）负责制定书面的合规政策，并根据合规风险管理状况以及法律、规则、准则及项目所在地的政策、宗教和文化环境的情况适时修订合规政策，报经董事会审议批准后传达给全体员工，定期评价各项合规政策和执行状况；若发现重大的合规问题，管理层必须立即向董事会汇报。

（2）进一步明确合规管理部门的职能。

为确保合规管理部门能在公司合规管理中充分发挥作用，对合规管理部门的责任至少应明确：①合规管理部门的功能和职责；②合规管理部门的权限；③合规负责人的合规管理职责；④保证合规负责人和合规管理部门独立性的各项措施，包括确保合规负责人和合规管理人员的合规管理职责与其承担的任何其他职责之间不产生利益冲突等；

⑤合规管理部门与其他部门之间的协作关系；⑥设立分支机构合规管理部门或项目部合规管理部门的原则。

（3）合规政策的落实。

①高级管理层：负责贯彻执行合规政策，确保发现违规事件时及时采取适当的纠正措施，并追究违规责任人的相应责任。

②企业职能部门及各项目部：遵循企业合规政策，研究制定本部门或本项目决策和运作的各项制度流程并组织实施，定期对本部门或项目的合规风险进行评估，对其合规管理的有效性负责。

③合规管理部门：作为合规风险的日常管理部门，主要负责识别、评估和监控合规风险，并向管理层和董事会提出合规建议和报告。

4. 合规审核

通过审核，把外部监督可能发现的问题及时在内部发现并进行有效的处理，以减少企业损失和可能受到的处罚。

合规审核的程序一般包括：制定合规审核机制、合规审核调查、合规审核评价，具体内容见表 7–2。

表 7–2　合规审核的程序及内容

程序	内　　容
制定合规审核机制	制定合规审核计划，需要列出审核的目标、步骤和流程。
合规审核调查	合规人员开展内部合规审核时，可能出现内部人员不配合、刻意隐瞒实情的情况，需要合规部门人员进行审核调查，但审核调查手段不能干扰企业或项目日常的运作。
合规审核评价	合规审核工作需要进行阶段性的评估，可以由内部或外部人员进行，最终目的是改进合规部门的工作。

5. **合规审计**

企业合规管理职能应与内部审计职能分离。企业审计部门应对企业合规管理的执行情况、合规管理体系的适当性和有效性等进行独立审计。审计部门应将合规审计结果告知合规管理部门，合规管理部门也可根据合规风险的识别和评估情况向审计部门提出开展审计工作的建议。

6. **合规检查**

合规检查的主要目标是制度、程序和流程的执行情况，合规检查主要看企业各个层面，特别是施工项目部是否落实了合规要求，检查要点：

（1）企业各个层面是否按照相关法律法规和企业章程的规定履行职责，合规记录是否真实、准确、完整，是否按规定存档。

（2）合规问题的整改情况及违规责任人的处理情况。

（3）风险管理制度是否涵盖了不同风险控制环节。

（4）其他有需要检查的内容。

7. **合规培训**

企业应将合规培训纳入员工培训计划，培训内容需随企业内外部环境变化进行动态调整。境外经营相关部门和境外分支机构的所有员工，均应接受合规培训，了解并掌握企业的合规管理制度和风险防控要求。决策层和高级管理层应带头接受合规培训，高风险领域、关键岗位员工应接受有针对性的专题合规培训。合规培训应做好记录留存。合规培训的内容有（不限于）：

（1）企业内部的员工守则和各项业务的合规制度。

（2）国际商业公约及项目所在国特定合规要求。

（3）境内外合规案例警示教育。

8. **合规汇报、举报与投诉**

合规负责人和合规管理部门应享有通畅的合规汇报渠道。合规管理部门应当定期向决策层和高级管理层汇报合规管理情况。汇报内容一般包括但不限于合规风险评估情况，合规培训的组织情况和效果评估，发现的违规行为以及处理情况，违规行为可能给组织带来的合规风险，已识别的合规漏洞或缺陷，建议采取的纠正措施，合规管理工作的整体评价和分析等。

如发生性质严重或可能给企业带来重大合规风险的违规行为，合规负责人或合规管理部门应当及时向决策层和高级管理层汇报，提出风险警示，并采取纠正措施。

企业应根据自身特点和实际情况建立和完善合规信息举报体系。员工、客户和第三方均有权进行举报和投诉，企业应充分保护举报人。

合规管理部门或其他受理举报的监督部门应针对举报信息制定调查方案并开展调查。形成调查结论以后，企业应按照相关管理制度对违规行为进行处理。

各层级人员对违规行为应有制止的义务，企业应有合规投诉处理的渠道和制度，合规投诉处理的流程为接收、审议、改进、反馈。合规投诉处理的措施包括：

（1）建立合规投诉渠道。

（2）建立合规投诉的管理办法或处理流程等制度。其中建议含保密、奖励等内容。

（3）规定相关处理极限范围、处理流程与时限等。

9. **合规考核**

合规考核应全面覆盖企业的各项管理工作。合规考核结果应作为企业绩效考核的重要依据，与评优评先、职务任免、职务晋升以及薪酬待遇等挂钩。

境外经营相关部门和境外分支机构可以制定单独的合规绩效考核机制，也可将合规考核标准融入总体的绩效管理体系中。考核内容包括但不限于按时参加合规培训，严格执行合规管理制度，积极支持和配合合规管理机构工作，及时汇报合规风险等。

（1）建立考核目标。

企业应在相关部门和各层级建立合规目标作为考核依据。

企业策划如何实现合规目标时，应确定：

——做什么；

——需要什么资源；

——谁负责；

——何时完成；

——结果如何评价。

（2）建立员工合规操守考核制。

制订包括合规操守、合规业绩考核在内的绩效管理体系。每年初根据境外企业项目建设和生产经营的实际，制定考核指标并与主要负责人签订责任书，采取“月度通报、季度考核、半年小结、年度清算”考核机制，年底根据完成情况进行考核，合规业绩考核结果与企业工资总额、领导班子成员年薪和领导班子成员任职评价“三挂钩”。通过加强合规绩效考核，充分调动企业合规经营的积极性，促进资产的保值增值。将考核结果纳入年度绩效考核，与绩效工资挂钩，帮助员工提高合规意识，确保员工日常行为合规，遵守企业合规要求。

（3）建立违规问责制度。

对于发现的违规事件，要严格认定和追究违规行为人的责任，并采取有效的纠正措施，及时优化经营管理流程和修订相关规章制度，切实消除违规事件产生的影响。

10. **合规评价**

企业应定期对合规管理体系进行系统全面的评价，发现和纠正合规管理贯彻执行中存在的问题，促进合规体系的不断完善。合规管理体系评价可由企业合规管理相关部门组织开展或委托外部专业机构开展。

企业在开展效果评价时，应考虑企业面临的合规要求变化情况，不断调整合规管理目标，更新合规风险管理措施，以满足内外部合规管理要求。

（1）建立法律法规及其他要求适用表。

合规性评价的基础工作是建立适用的法律、法规及其他要求清单。

· 立法机构和监管机构的法律、规则和准则；

· 市场惯例；

· 行业协会的行业规则；

· 内部职员行为准则；

· 诚实守信和道德行为准则。

（2）建立法律法规及其他要求合规性评价表。

（3）进行合规性评价。

①归口管理部门；

②评价频次；

③评价人员；

④评价依据；

⑤评价内容；

⑥评价记录；

⑦不合规处置。

(4) 提出改进方法。

①企业合规性评价和改进建议表。

②撰写企业规章制度的修改建议书。

·如果企业的规章制度体系文件与现行的法律法规有冲突，则必须对规章制度体系进行修改。

·应该通过与有关部门的沟通，了解企业规章制度这样规定的原因，并探讨有无可能做出既合乎技术原理又合乎法律法规的方法。

·在建议书中，必须写明既有文件的哪一部分与法律法规存在冲突，并给出修改意见。

四、合规管理中的风险控制方法

合规风险是指企业或其员工因违规行为遭受法律制裁、监管处罚、重大财产损失或声誉损失以及其他负面影响的可能性。

合规管理部门应深入调查、梳理各操作岗位的工作规程，研究各岗位原有的内控风险、管理体系风险及法律风险，针对各环节隐藏的或者有可能发生的合规风险进行系统排查，并梳理成全面的合规管理风险。参照国家的法律法规、有关政策和行业标准规范，结合企业实际运营的情况，整理各业务领域需要遵守的法律法规和其他标准，结合上述排查的合规管理风险，细化业务操作标准，量化要求。其后，强调风险提示，列出哪些岗位会出现风险操作、风险级别、业务流程环节中容易出现风险的操作点以及风险控制措施，便于业务操作人员在工作中能够有意地避开风险操作点，提高风险意识，加强自身责任感。这是企业达成合规要求、实现合规经营的根本策略。

整个风险管理过程是一个闭环系统（见图7-1），随着风险应对策略的实施及风险监控过程中内外部环境或工作内容的变化，风险会出现许多变化，这些变化的信息可及时反馈，新的风险识别就能及时地对新情况进行风险评估和分析，从而调整并实施风险应对策略。这样循环往复，保持风险管理过程的动态性就能达到风险管理的预期目的。

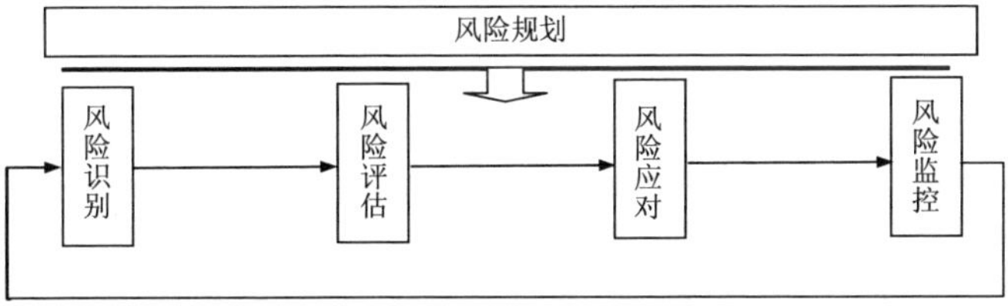

图7-1　企业风险管理的全过程

（一）风险规划

风险规划是定义如何实施合规风险管理活动的过程，合规部门应该根据企业的业务类型、实施环境和人员特点，制定风险管理规划文档，即风险管理计划。该计划要与业务内容（如所承包的项目类型、项目战略优先级等）对企业和其他相关方的重要程度相匹配，其中特别需要注意的是业务（如工程项目承包）实施过程中关键相关方（如工程所在地政府、业主及企业自身领导层）对合规风险的容忍程度。

风险规划的内容应包括：

（1）确定合规风险管理的领导者和团队，明确其职责；

（2）确定合规风险管理活动所需资金及应急储备和管理储备的使用方案；

（3）确定在项目生命周期中实施合规风险管理过程的时间和频率；

（4）确定合规风险的分类方式和风险分解结构；

（5）记录各相关方的风险偏好度和风险临界值；

（6）根据具体的项目对风险的概率和影响进行定义；

（7）风险登记册、风险报告以及项目风险管理过程中的文档要求及内容格式等。

合规风险管理活动应纳入日常工作范畴，是合规管理工作的最重要组成部分。同时，企业应在合规风险规划阶段对各类相关人员做好合规培训工作。培训对象和内容见表7–3。

表7–3 企业合规培训对象和培训内容

序号	培训对象	培训内容
1	企业高层、高级合规官	如何建立企业合规管理体系
2	合规管理团队成员	合规管理团队的职责、应知应会等
3	从事境内经营的工程建设企业所有人员	境内合规要求、制度
4	从事境外经营的工程建设企业所有人员	境外合规要求、制度

可采取现场培训、书面培训、网络培训相结合的形式，由合规管理部门制定年度合规培训计划，由各业务部门提出培训需求，以工作的实际需要为出发点，与岗位紧密结合，根据年度培训计划、国家政策法规的变化及企业业务发展需要实施培训，有计划、有目的地组织各种形式的合规培训，强化合规经营理念。

（二）风险识别

企业应当建立必要的制度和流程（风险规划），识别新的和变更的合规要求。企业可围绕关键岗位或者核心业务流程，通过合规咨询、审核、考核和违规查处等内部途径识别合规风险，也可通过外部法律顾问咨询、持续跟踪监管机构有关信息、参加行业组织研讨等方式获悉外部监管要求的变化，识别合规风险。

企业境外分支机构可通过聘请法律顾问、梳理行业合规案例等方式动态了解掌握业务所涉国家（地区）政治经济和法律环境的变化，及时采取应对措施，有效识别各类合规风险。

企业的合规风险识别工作应该在整个经营过程中持续开展，并根据环境和业务特性的变化不断更新风险内容。

具体工程项目上的风险识别应以企业已识别的合规风险为基础，结合项目特性、所在地的环境（包含自然环境、社会环境、管理环境和作业环境）等因素，在合规管理部门的配合下，一同开展合规风险的识别。

可使用头脑风暴、核对单、访谈收集与风险相关的信息；通过根本原因、假设条件和制约因素、各种文件和 SWOT 等分析风险及其来源；召开专门的会议讨论和完善风险的识别。具体识别风险的方法见表 7-4。

表 7-4　常见风险识别方法

名称	方式	说　明
调查法	访谈	约访专家、工程管理人员，或通过实地观察走访等识别潜在的风险。
	专家会议讨论	通过成立风险管理专家小组，召开会议，利用其专业知识和经验识别潜在的风险。

续　表

名称	方式	说　　明
头脑风暴法	自由联想讨论	组织一群人自由联想、讨论，发表自己的观点或看法，互不强制干预对方。
核查法	核查表	将之前相似项目发生过的风险归纳总结列成清单，核查拟建项目是否存在该类风险。
分解法	工作分解法（WBS）	将复杂的整体工程进行系统分解（单项工程–单位工程–分部分项工程–工序），分析潜在的风险和损失。
	风险分解法（RBS）	将整个工程的风险从不同的方面或层次分类，再将大类风险分解为具体的子风险。
	WBS–RBS	将复杂的工程工作和风险分别分解成简单、易于理解的基本单元，再将其耦合形成 WBS–RBS 矩阵，找出可能的风险因素。
情景分析法	场景假设	设想同一环境不同情境下可能出现的风险及其带来的损失。
假设条件和制约因素分析	实施条件审查	每个项目及其项目管理计划的构思和开发都基于一系列的假设条件，并受一系列制约因素的限制。探索假设条件和制约因素的有效性，确定其中哪些会引发风险。从假设条件的不准确、不稳定、不一致或不完整，可以识别出威胁，通过清除或改变会影响项目或过程执行的制约因素，可以创造出机会。
流程图法	流程图	将项目划分为连续的作业流程，再将各个作业流程划分为若干个具体板块，分析各板块中潜在的风险。

续 表

名称	方式	说　　明
SWOT分析	多维度进行分析	对项目的优势、劣势、机会和威胁进行逐个检查。
文件分析	历史资料分析	通过对企业或项目以往文件的结构化审查，可以识别出一些风险。可供审查的文件包括计划、假设条件、制约因素、以往项目档案、合同、协议和技术文件。

1. 合规风险识别的领域

企业识别、分析和评估合规风险可以从重点领域、重点环节、重点人员三方面考虑，参见表 7–5。

表 7–5　企业风险识别的领域

序号	类别	具体内容
1	重点领域	市场交易、商业伙伴、安全环保、施工质量、劳动用工、财务税收、知识产权、反腐、诚信与反贿赂。
2	重点环节	重要决策事项事前合规审查。境外施工重大决策、重大合同、大额资金管控、境外子企业公司治理等。
3	重点人员	管理人员、高风险岗位、海外人员。

2. 合规风险识别的框架

全面识别合规风险一个良好的方法是通过风险分解（RBS）建立合规风险识别框架。

（1）合规风险 RBS 建议，参见表 7-6。

表 7-6　合规风险 RBS 建议

类别	需合规的内容或风险点
国际条约、惯例和协议合规风险相关的规定主要来自联合国（UN）、国际劳工组织（ILO）、世界知识产权组织（WIPO）、国际标准化组织（ISO）、社会责任国际（SAI）、国际商会（ICC）、世界银行（WB）、石油输出国组织（欧佩克）等	· 合同管理：FIDIC 条款、NEC 合同条款、JCT 合同条款、AIA 系列合同条件等； · 劳工权利：《国际组织劳工宪章》、《建筑业安全和卫生建议书》、《1990 年夜间工作公约》、SA 8000等； · 知识产权：《保护工业产权巴黎公约》《专利合作条约》《世界版权公约》等； · 环境保护：《生物多样性公约》《控制危险废物越境公约》《联合国气候变化框架公约》《巴塞尔公约》等； · 财务报告：COSO 全面风险管理框架、内部控制框架等； · 国际贸易：《国际贸易术语解释通则》《商业跟单信用证统一惯例》等； · 诚信与反贿赂：《世行诚信合规指南》《海外反腐败法案》等； · ……
国家（地区）性合规风险	· 美国的《海外反腐败法案》《针对机构实体联邦量刑指南》《萨班斯法奥克斯利法案》； · 美国的“长臂管辖”司法判例； · 所在国出于国家安全和国家利益作出的行政决定，如美国把华为公司列入出口管制“实体名单”； · 所在国及地区出入境相关规定； · 驻所在国使领馆的规定和要求； · ……

续 表

类别	需合规的内容或风险点
宗教、文化和习俗合规风险	· 基督教； · 伊斯兰教； · 佛教； · 当地的其他教派和习俗； · ……
国内施工企业涉及的主要法律、法规合规风险	1. 法律 《中华人民共和国建筑法》《中华人民共和国安全法》《中华人民共和国消防法》《中华人民共和国民法典》《中华人民共和国招标投标法》《中华人民共和国土地管理法》《中华人民共和国城乡规划法》《中华人民共和国环境保护法》《中华人民共和国环境影响评价法》《中华人民共和国保险法》《中华人民共和国劳动法》等。 2. 行政法规 《工程建设质量管理条例》《工程建设安全生产管理条例》《工程建设勘察设计管理条例》《中华人民共和国土地管理法实施条例》等。 3. 部门规章 《工程监理企业资质管理规定》《注册监理工程师管理规定》《工程建设监理范围和规模标准规定》《建筑工程设计招标投标管理办法》《房屋建筑和市政基础设施工程施工招标投标管理办法》《评标委员会和评标方法暂行规定》《建筑工程施工发包与承包计价管理办法》《建筑工程施工许可管理办法》《实施工程建设强制性标准监督规定》《房屋建筑工程质量保修办法》《房屋建筑工程和市政基础设施工程竣工验收备案管理暂行办法》《工程量清单计价规范》《工程建设施工现场管理规定》《建筑安全生产监督管理规定》《工程建设重大事故报告和调查程序规定》《城市建设档案管理规定》《增值税暂行条例实施细则》等。

续 表

类别	需合规的内容或风险点
国内外行业专业技术合规风险	指针对不同的行业、不同质量控制对象制定的专业技术规范文件。包括规范、规程、标准、规定等，如：工程建设项目质量检验评定标准，有关建筑材料、半成品和构配件质量方面的专门技术法规性文件，有关材料验收、包装和标志等方面的技术标准和规定，施工工艺质量等方面的技术法规性文件，有关新工艺、新技术、新材料、新设备的质量规定和鉴定意见等。
企业内部制度和流程合规风险	· 公司章程； · 公司制度和业务流程； · 工艺流程和操作手册； · ……

（2）全面风险识别 RBS 建议，见表 7-7 至表 7-18。

表 7-7　境外工程建设企业全面风险识别框架（RBS 0 级）

序号	层次	风险类型
1	国家层面	经济风险、政治风险、社会风险、自然风险、法律风险
2	项目层面	招投标风险、设计风险、施工风险、采购风险、业主方风险
3	企业层面	融资风险、资金风险、组织结构风险、人力资源管理风险

表 7-8　国家层面：经济风险清单（RBS 1 ~ 2 级）

序号	风险因素	风险源
1	经济发展	所在国经济 GDP 总量及发展趋势如何？经济产业结构是怎样的？经济发展规划和政策有哪些？
2	通货膨胀	所在国通货膨胀率是多少？是否得到有效控制？发展趋势如何？国家的货币政策如何？
3	政府财政和债务	政府财政收入、来源及占比是多少？政府财政收支情况如何？政府外债与内债情况如何？政府外汇收入、来源及储备情况如何？
4	市场竞争	政府投资和私人投资情况如何？市场竞争激烈情况如何？市场竞争者来自哪些国家？中国企业的市场份额、分布领域和竞争优势怎样？
5	汇率变化	所在国采用何种货币？是否是国际货币？与美元的兑换比率是否稳定？汇率的发展趋势怎样？
6	外汇管制	所在国是否是外汇管制国家？所在国的外汇储备怎样？外汇管制的对象是哪些？外汇管制的范围有哪些？
7	华人经济团体影响	所在国是否存在华人商会或经济团体？这些商会团体对所在国经济的影响力如何？与当地政府和社会组织团体的关系如何？
8	商业银行合作	所在国的主要商业银行有哪些？银行的资信、业务及收费、效率情况如何？外国人可否开立银行账号和可办理的业务情况有哪些？

表 7-9　国家层面：政治风险清单（RBS 1 ~ 2 级）

序号	风险因素	风险源
1	政治制度	所在国政治体制是哪种（民主共和制/君主立宪制）？所在国民主程度如何？是否存在以及存在多大程度的独裁？政治权力在各组织机构之间如何划分？
2	政党及政策	所在国的政党情况如何？是一党制、两党制还是多党制？主要政党有哪些？主要政党对国家政策和政治权力的影响怎样？执政党及其他政党对华态度怎样？
3	国家信誉	所在国的国际信誉如何？是否有国家信用评级？评级情况如何？
4	政府腐败	所在国政府廉洁情况如何？腐败行为严重程度如何？政府是否就腐败问题采取打击措施？政府打击力度和决心怎样？
5	政策连续性	国家政策是否稳定？近几届政府更迭过程是否稳定？新政府对原政府行为（各项政令及外交政策）继承是否完整及政策是否稳定？
6	政局稳定性	国家政局是否稳定？影响国家政局稳定的主要因素有哪些？
7	战争或内乱	所在国是否存在反政府武装或恐怖组织？其破坏活动近年来是否频繁？国家是否已采取军事行动？未来的安全形势会如何？
8	国家关系	所在国周边国家政局是否稳定？其与周边国家关系如何？国际上有无敌视国？中国在该国是否设有大使馆？其与中国合作情况如何？
9	舆论风险	我方在项目所在国设立的机构是否建立了舆情监控机制？
10	工程协会	所在国是否存在工程协会？工程协会的作用及其对市场的影响如何？

续 表

序号	风险因素	风险源
11	紧急事故应对	我方在所在国设立的机构是否建立了紧急情况的应对机制？包括哪些具体的应急保障措施？
12	项目安保	我方在所在国设立的机构是否建立了安全保障管理制度？当地是否有专业的安保公司？费用如何？当地政府可否提供安保力量？
13	市场歧视	建筑市场对外国承包商的态度如何？中资企业在当地受欢迎程度如何？

表 7-10　国家层面：社会风险清单（RBS 1 ~2 级）

序号	风险因素	风险源
1	民族冲突	所在国有多少民族？各民族之间的关系如何？主要民族占人口比例及其对国家政治、社会的影响如何？
2	宗教冲突	所在国有无宗教信仰？具体信仰哪些宗教？宗教之间的关系如何？宗教对国家政治、社会、文化等的影响程度如何？
3	风俗禁忌	所在国有哪些风俗习惯？禁忌有哪些？
4	法定假日	所在国有哪些法定节假日？法定假日多不多？节假日如何分布？
5	劳工素质	社会教育体系是否完善？教育是否普及？公民受教育程度如何？
6	交流障碍	所在国官方语言是什么？较为通行的外国语言有哪些？
7	医疗卫生	所在国医疗保障体制是否健全？医疗水平和伤病费用成本如何？
8	社会治安	社会治安状况如何？偷盗、抢劫等暴力犯罪率高不高？

表 7-11　国家层面：法律风险清单（RBS 1～2 级）

序号	风险因素	风险源
1	法制差异	所在国属于英美法系、大陆法系还是其他法系？
2	法制是否健全	所在国的国家立法程序如何？法制是否健全？基本法律有哪些？法律法规调整是否频繁？
3	公民法律意识	当地法律文件是否易于获取？公民法律意识怎样？公民犯罪率如何？
4	执法风险	所在国执法部门法律执行力度如何？执法是否公正？
5	司法风险	司法环境如何？司法是否公正？司法效率如何？诉讼成本如何？
6	国际法约束	是否与中国签订双边或多边条约？是否共同加入某种国际组织？
7	公司法风险	所在国关于公司设立及治理的相关法律法规有哪些？主要规定是怎样的？
8	进口管理	所在国对进口程序和手续有哪些规定？海关检查是否严格？清关效率怎样？
9	外籍劳务限制	所在国关于外籍劳务的法律法规有哪些？是否对外籍劳务有明确的限制？外籍劳务需要办理哪些签证和手续？
10	外商投资法	所在国关于外商投资的法律法规有哪些？主要规定是怎样的？
11	投标法规	所在国关于投标的法律法规有哪些？主要的规定是怎样的？
12	合同法	所在国关于合同的法律法规有哪些？主要的规定是怎样的？
13	劳动法	所在国关于劳动关系、职业安全健康的法律法规有哪些？主要的规定是怎样的？对工人加班的时间和费用有何规定？

续 表

序号	风险因素	风险源
14	税法风险	所在国关于税收制度的法律法规有哪些？主要规定是怎样的？税率如何？对外国承包商有无优惠？税法是否定期修改？
15	环保法	所在国关于环境保护的法律法规有哪些？主要规定是怎样的？对于破坏环境行为的惩罚是怎样的？
16	企业资质管理	所在国关于建筑企业资质管理的法律法规有哪些？主要的规定是怎样的？资质分为几类几级？资质申请的程序和所需的材料有哪些？
17	工程纠纷管理	所在国关于诉讼、仲裁等争议解决方式的相关法律法规有哪些？主要的规定是怎样的？
18	所在国仲裁机构	所在国仲裁机构有哪些？这些机构的国际影响力、公正性、收费情况如何？
19	国际仲裁有效性	所在国是否为纽约公约成员？外国仲裁裁决在该国承认和执行情况如何？
20	法律资源获取	所在国的法律资源如何？有无国际知名律所？本国律师的水平和能力怎样？律师收费如何？该国有无知名的工程咨询专家和税务顾问专家？

表 7-12　国家层面：自然风险清单（RBS 1～2 级）

序号	风险因素	风险源
1	自然灾害	所在国自然灾害现象（地震、洪灾、旱灾、火山、台风等）是否严重？是否常年缺水？
2	气候恶劣	全年降雨量和气温如何？是否有明显的旱季和雨季？雨季和旱季的分布和持续时间？夏季的最高平均温度和冬季的最低平均温度？

续 表

序号	风险因素	风险源
3	水文地质	所在国的地形地貌如何？水文地质条件是否复杂？
4	传染疾病	所在国是否是传染疾病高发区？主要的传染疾病有哪些？病情是否得到有效控制？公民的疾病防范意识如何？
5	生态保护	所在国是否特注重对生态的保护？项目是否经过生态保护区？

表 7–13 项目层面：招投标风险清单（RBS 1 ~ 2 级）

序号	风险因素	风险源
1	投标程序	建筑市场投标的基本程序是怎么样的？公正性如何？外国企业投标需要哪些准备？
2	投标政策	所在国对本国企业和外国企业投标的政策是否不一样？具体政策是怎样的？
3	业主手续	业主的行政审批手续是否齐全？
4	工程量和工程范围	合同中关于工程项目内容描述是否清楚？是否存在可凭借推测和想象而导致工作范围扩大的成分？工程量是否有清单？
5	合同报价	合同计价方式约定是否明确？是固定总价合同还是可调总价合同？合同中有无关于价格调整方式的条款？合同价格包含的风险费是否足够？
6	融资要求	合同中是否要求承包商融资？融资额度是否超过企业规定标准？
7	保函担保	业主是否要求承包商提供保函担保？需要提供哪些保函？保函失效、失效条件及担保金额约定是否明确？
8	预付款约定	合同中是否约定工程预付款？预付款的比例是多少？预付款支付形式是什么？

续 表

序号	风险因素	风险源
9	进度款支付约定	合同中是否约定工程进度款的审批及支付时限？进度款的支付方式是什么？是否约定发包人未按时支付工程进度款的违约责任？
10	工程尾款支付约定	合同中是否约定工程尾款的审批和结算时限？工程尾款的支付方式是什么？是否约定发包人未按时支付工程尾款的违约责任？
11	质保金支付约定	合同中是否约定质量保修期和期满后工程质量保修款的清算和支付时限？
12	竣工结算约定	合同中是否约定工程竣工验收的条件？是否明确规定竣工结算审核单位和审核时限？是否约定中间结算和结算时限？
13	付款形式	合同工程款结算的币种有哪些？业主以何种方式付款？
14	工程变更	是否约定工程变更、洽商、签证价款的审批和支付时限？
15	违约赔偿	合同对双方违约的责任是否做出明确的规定和量化？对赔偿的条件和形式是否约定？
16	条款不平等	业主是否特意将自身承担的风险定义模糊化？风险范围是否缩小？是否将一些不可抗风险全部强加给承包商？
17	条款不严谨	合同对一些重要性条款有没有清晰的定义？规定是否详细？前后是否存在矛盾？
18	合同条款误解	合同条款翻译是否正确？双方就条款的理解是否进行沟通并达成一致？
19	业主免责	合同条款关于业主责任的要求是否明确？有无具体的制约措施？

表 7-14 项目层面：设计风险清单（RBS 1～2 级）

序号	风险因素	风险源
1	设计标准	业主要求使用的设计标准规范是哪些？中国标准、欧美标准、所在国自身标准规范有哪些？设计分包商对国外标准规范的熟悉程度如何？
2	设计技术	设计院或分包商的资质如何？是否做过海外工程的设计？设计团队人员组成结构是否合理？设计人员的设计经验如何？
3	设计资料	业主提供的资料信息是否真实、完整和更新？承包商是否亲自到项目现场勘察过？勘察资料的深度和广度是否满足设计要求？
4	设计方案	承包商是否深入研究业主提出的技术指标和要求？设计方案是否合理？业主是否会因喜好任意要求承包商改变设计方案？业主对设计方案的审批效率如何？
5	设计变更	设计分包商是否正确理解业主的概念要求？业主对项目的要求是否一次性交代清楚？
6	衔接风险	设计部门的时间安排是否合理？与采购部门、施工部门工作的衔接是否顺畅？

表 7-15 项目层面：采购风险清单（RBS 1～2 级）

序号	风险因素	风险源
1	本地材料设备供应	所在国有无项目所需的材料设备？当地材料的质量能否达到项目要求？当地的材料生产能力和设备生产效率能否满足项目的需求？材料和设备的价格怎么样？
2	材料设备采购计划	各种材料和设备的采购来源是否合理安排（当地、中国还是第三国）？每次材料采购数量是否经济？采购计划是否合理和灵活？

续　表

序号	风险因素	风险源
3	供货商供货	供货商的信誉情况怎么样？供货数量和质量是否有保障？能否及时供货？供货规格是否与项目匹配？售后服务怎么样？
4	物流运输	物资运输形式和成本如何？运输速度和安全性如何？货物运输损耗大不大？清关手续是否复杂？货物是否在所在国进口管制名单内？
5	物价上涨	材料设备价格是否上涨？跨国采购时货币汇率是怎样的？
6	采购报价	业主是否指定供货商？供货商的数量有多少？承包商询价是否方便？供货商报价是否合理？供货商会不会坐地起价？

表 7-16　项目层面：施工风险清单（RBS 1 ~2 级）

序号	风险因素	风险源
1	施工技术	技术交底是否清楚？施工工艺是否落后？专项施工方案是否得到论证以及效果如何？有无采用新工艺和技术？
2	安全措施	现场安全措施是否到位？执行力如何？是否安排专职安全巡视员？
3	施工人员管理	施工人员素质如何？施工人员是否服从安排？施工人员是否会盗窃材料设备？施工人员是否会集体要求涨薪或罢工？施工人员是否接受加班安排？
4	分包商管理	分包商之间的施工界面是否清晰？分包商进场安排是否合理？与分包商之间的沟通是否顺畅？有无做好各分包商之间的协调？

续　表

序号	风险因素	风险源
5	材料设备管理	现场材料设备是否有专人看管？设备的保养怎样？材料的进场是否及时？设备之间的调度是否协调？
6	基础设施	施工现场的供水供电是否充足？交通方不方便？
7	施工组织	施工方案是否可行？施工进度计划是否科学？施工现场平面布置是否合理？
8	施工影响控制	施工过程中有无注意保护周围的生态环境？有无干扰到周围居民的生活？有无对周围建筑和地下管线造成影响？
9	劳工流动	当地的劳工是否充足？劳工的流动性大不大？
10	技术文件翻译	公司是否拥有既会说当地语言又懂工程技术的人才？技术文件的翻译与原文贴近程度如何？
11	项目目标管理	项目目标分工是否明确？是否制定严格的项目目标管理体制？项目目标管理计划是否严格执行？

表 7-17　项目层面：业主方风险清单（RBS 1 ~ 2 级）

序号	风险因素	风险源
1	业主支付不及时	业主拖欠工程进度款和竣工结算款的情况如何？业主对承包商的请示回复情况如何？
2	业主干预	业主是否强行干预项目的管理，发号一些不合理的指令？
3	需求变更	业主会否因经济问题减少项目工作量或范围？业主是否要求承包商执行合同规定之外的工作？

表 7–18　企业层面：企业风险清单（RBS 1～2 级）

序号	风险因素	风险源
1	融资风险	企业的融资能力如何？融资渠道有哪些？融资是否得到国家支持？
2	资金短缺	企业的资金运转是否正常？是否有足够的资金维持垫资施工？
3	人力资源管理	企业雇用当地员工和国内员工的规划是否合理？员工的培训计划和费用如何？薪酬制度是否透明公正？
4	企业内部组织管理	企业的管理团队是否团结？内部是否拉帮结派？与当地建筑企业是否存在腐败交易？管理人员结构安排是否合理？各自的责任与权力是否明确？
5	组织结构	企业项目组织机构采用何种形式？机构设置是否合理？

3. 风险识别的结果

风险识别的最终成果是建立风险登记册，记录已经识别的风险、潜在的风险责任人和潜在的风险应对措施。

（三）风险评估

风险评估是指根据工程所处的环境，风险管理人员应用统计、概率分析等方法对已识别风险的发生概率和影响进行综合分析的过程。其主要目的是对风险进行优先级排序，筛选出高优先级的风险重点关注。

企业应通过考虑不合规的原因、来源、后果的严重程度、不合规及其后果发生的可能性进行合规风险评估。后果包括（不限于）：个人和环境伤害、经济损失、声誉损失和行政责任等。

企业可根据企业的规模、目标、市场环境及风险状况确定合规风险评估的标准和合规风险管理的优先级。

企业进行合规风险评估后应形成评估报告，供决策层、高级管理层和业务部门等使用。

风险具有动态性、紧迫性、临近性、潜伏期、可控性、连通性、可监测性、可管理性、不确定性、相对性、突发性等众多特性。传统的风险评价方法大都认为风险度为风险发生概率 P 与风险损失 I 的乘积，即 $R=P \times I$。这种分析方法仅从概率和损失两个维度来评价风险，不能全面反映风险的发生过程和规律，可能会导致错误的结果。有必要将风险分析从两维向三维甚至多维拓展，也就是除了考虑风险发生的概率和风险损失，还需考虑风险的可控性、紧迫性、临近性等风险特性指标，用风险特征向量表示如下：$R=(R_1, R_2, R_3, R_4, R_5\cdots)$ =（概率、损失、可控、紧迫、临近…）。

风险各评价维度的具体含义如下：

（1）发生概率：风险在工程全过程中发生的可能性大小。

（2）损失：风险发生后影响工程进度、质量、成本等目标而造成的损失，以及连带给企业的经济损失、声誉损失和行政责任等。

（3）紧迫性：为有效应对风险而必须采取应对措施的时间段。时间短就说明紧迫性高。

（4）邻近性：风险在多长时间后会影响一项或多项项目目标。时间短就说明邻近性高。

（5）可管理性：风险责任人（或责任组织）管理风险发生或影响的容易程度。如果容易管理，可管理性就高。

（6）可控性：风险责任人（或责任组织）能够控制风险后果的程度。如果后果很容易控制，可控性就高。

（7）可监测性：对风险发生或即将发生进行监测的容易程度。如果风险发生很容易监测，可监测性就高。

（8）连通性：风险与其他风险存在关联的程度大小。如果风险与多个其他风险存在关联，连通性就高。

（9）战略影响力：风险对组织战略目标潜在的正面或负面影响。如果风险对战略目标有重大影响，战略影响力就大。

（10）密切度：风险被一名或多名相关方认为要紧的程度。被认为很要紧的风险，密切度就高。

值得说明的是，并不是每一个风险特性都需要考虑，除概率和损失外，其他的特性根据项目的情况进行选择，并设定相应的权重。各项评分应由经验丰富的专家进行打分，评分的标准应在风险规划中设定，多位专家的多重评分会显著提高风险评估的准确性。表 7-19 是风险评估模型示例。

表 7-19　风险评估模型（示例）

风险 10 分制	维度	概率	损失	可监测性	紧迫性	……	综合评分	优先级
	权重	30%	30%	5%	5%	……		
风险 A	/	9	8	8	8	……	8.3	1 级
风险 B	/	7	8	5	6	……	6.5	3 级
	……							

（四）风险应对

企业应建立健全合规风险应对机制，对识别评估的各类合规风险采取恰当的控制和处置措施。发生重大合规风险时，企业合规管理机构和其他相关部门应协同配合，依法及时采取补救措施，最大程度降低损失。必要时，应及时报告有关监管机构。

合规风险的应对主要从五个大方面考虑，即风险上报、风险规避、风险减轻、风险接受和风险转移，见图 7-2。

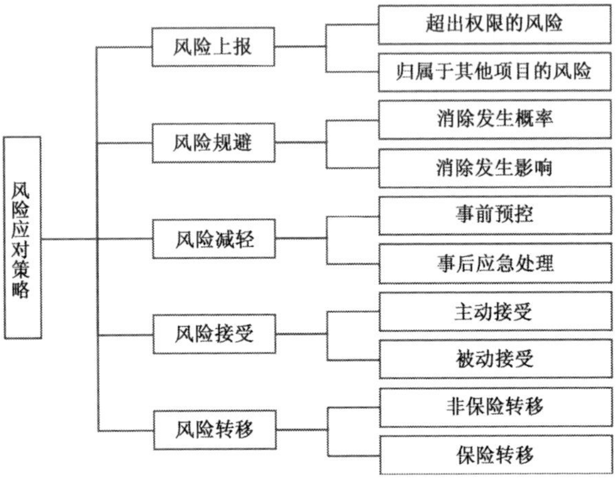

图 7-2　风险应对方案框架图

1. 风险上报

如果某风险不在职责范围内，或提议的应对措施超出了责任人能力或权限，就应该采用上报策略。被上报的风险将在相应的相关部门加以管理。而风险责任人应确定就风险通知哪些人员，并向该人员或组织部门传达关于该威胁的详细信息。

上报策略带来的好处是能在更高层次进行统筹管理，能调动更多的资源来响应风险。合规管理人员应该充分意识到上报并不是责任推诿，也更应清楚地意识到如果在超出职权能力范围内自行管控风险或是瞒报而导致风险没有得到及时有效处理，都将导致最终的失控。

2. 风险规避

风险规避是指采取行动来消除威胁，避免受威胁的影响。规避策略应对的核心是“阻断”，即把概率降低到零。或者风险发生了，主体也会受保护而不受影响。

某些合规风险发生概率和损失都很大，但又没有经济有效的措施来减小风险，合规管理人员就应该采取放弃项目或原计划，或者改变目标，避免损失。

采取风险规避常需同时满足以下三点：

（1）对合规风险要有足够的认识和把握。

（2）该风险发生的概率很高，带来的后果很严重。

（3）采用其他应对策略的代价超过风险所带来的经济效益，只有采取风险规避才能将项目损失降到最低。

但运用该策略时也须认识以下三点：

（1）风险是始终存在的，规避这个风险可能会面对另外一个新的风险。

（2）规避风险也就丧失了从该风险中获取利益的机会。

（3）风险规避要把握最佳时机，当断则断。

如上所述，在采取规避策略的时候，往往需要付出相对较大的代价，因此在制定策略的时候需要权衡经济性和可行性，如果无法完全规避，可以考虑强化其他策略。

3. 风险减轻

风险减轻是指采取措施来降低威胁发生的概率和（或）影响，最终使风险处在可控范围内。当风险应对目标是只需可防可控时，或对于需要完全消除风险（高风险），但因风险特性或其他因素无法采用规避措施时，优先采用减轻策略。

采取减轻策略，在具体应对方案的制定时，从风险严重性的因素入手，通过强化过程控制来降低概率和损失。

它一般包括事前控制和事后控制。事前控制是指通过制定防范性措施来降低风险事件发生概率的行为，分为有形的和无形的。有形的措施如高空作业人员必须系安全带，脚手架挂安全网；进场人员须带安全帽；易燃易爆材料远离办公场所等。无形的措施如对现场工作人员进行风险教育；制定严格的风险管理制度；采取多种货币结算方式等。事后控制是指通过制定应急处理计划来尽量减小风险事故所造成的损失或抑制事故的进一步发展的行为。相应的措施如调整施工进度和材料设备采购计划；准备索赔证据，计算索赔金额，递交索赔报告；查看项目资金链运转状况，调整融资计划等。

4. 风险接受

风险接受，又称为风险自留。

风险接受是指承认风险的存在，事前不主动采取措施，因此它不改变风险的概率和损失，依靠自身的力量来承担风险事故损失的行为。此策略可用于低优先级威胁，也可用于无法以任何其他方式加以经济有效地应对的威胁。对于采用接受型风险（暂时不管它），有两种建议，一是为它建立应急储备，包括预留时间、资金或资源以应对出现的威胁；二是定期审查，确保其并未发生重大改变。

5. 风险转移

转移涉及将应对威胁的责任转移给第三方，让第三方管理风险并承担威胁发生的影响。采用转移策略，通常需要向承担威胁的一方支付风险转移费用。购买保险、使用履约保函、使用担保书或保证书是转移的最常见手段。

该行为并不能减小风险发生的概率和损失，而只是将风险损失转移给最有能力承担或控制的其他组织或个人。一般分为保险转移和非保险转移。

保险转移是指项目主体通过购买工程保险来将风险转移给保险公

司。常见的保险转移措施有：建筑工程一切险、安装工程一切险、社会保险、车险、汇率险等。

非保险转移是指项目主体通过签订合同将风险转移给对方。该方法能够转移那些不可投保但被转移者长于该类风险管理的风险。但要注意被转移者的财务能力，一旦无法承受风险带来的损失而破产，那么最终的损失仍由转移者承担。此外，为确保风险转移的顺利落实，在合同中须明确规定双方的权利与责任。常见的非保险转移措施有：工程分包、转包、担保、出售，技术转让，设备租赁，免责合同等。

（五）风险监控

监控风险是在整个项目期间，监督商定的风险应对策略的实施、跟踪已识别风险、识别和分析新风险，以及评估风险管理有效性的过程。

由于在项目实施过程中合规风险是不断变化的，企业应落实监控措施，管理合规义务和对应的合规风险，实现预期的行为。

采取有效的监控措施确保满足合规义务，能够预防或发现不合规事件并纠正。充分而严格地设计各类、各层次的监控措施，以促进企业的活动和运行环境实现合规义务。

比如：控制包括：

——清晰、实用并易于遵循的文件化运行方针、程序、过程和操作指示；

——系统和异常报告；

——审批；

——划分有冲突的角色和职责；

——自动化过程；

——年度合规计划；

——员工绩效计划；

——合规评估和审核；

——管理层的承诺和促进合规行为的其他措施；

——对预期的员工行为（标准、价值观和行为准则）进行主动、公开并经常的沟通。

风险监控方法如下：

（1）风险审计：专人督察风险监控机制的执行情况，并定期对风险执行过程进行审核。

（2）风险审查会：定期召开合规风险的审查会，来检查和记录风险应对策略的有效性。在风险审查中，还可以识别出新的合规风险，并及时制定应对措施。

（3）技术指标分析：比较计划技术指标与实际技术指标之间的差异。

（4）风险预警监督：度量项目在运作过程中某指标偏离预警线的强弱程度、发出预警信号并提前采取防范措施的系统。

结 语

开展境外经营是中国企业实现企业发展战略，参与“一带一路”建设，推进中国与世界各国互利共赢的重要方式。强化合规经营意识是企业海外经营行稳致远的前提。

不论国内还是国外，廉洁、合规都已成为世界范围内对企业的基本要求，国际机构以及国家、行业组织等各个层面的监管力度都将越来越严，企业依法合规经营已经成为当今企业治理的国际趋势。中国的工程建设企业也应当积极顺应国际趋势，认识到建立合规制度、强化合规监管的重要性，努力建设和实施符合国际标准的合规经营制度。

我国工程建设企业在“走出去”过程中，因合规被处罚的案例比比皆是，而在海外失败项目中的经验教训，往往具有很高的相似度。“屁股出去了，脑袋还留在国内”，这十分形象而深刻地概括了造成合规问题的原因。我国的工程建设企业在国内市场中在技术、工期等方面创造了一系列的奇迹，但是我们必须清醒地认识到，这些奇迹的产生是因为有中国这个得天独厚的市场环境占尽了“天时、地利、人和”，一旦脱离了这个熟悉的市场环境，丧失了我们赖以创造奇迹的土壤，中国承包商很难复制“中国速度”。

我国工程建设企业在几十年“走出去”的过程中所形成的经验，往往是以高成本作为代价的。而用高成本所换来的境外工程经验，又常常是低效率的。一方面，获得经验的往往是个人，而个人的经验很难转化为组织合规体系的部分，常常出现“人走了，经验也被带走了”的怪现象。然后，企业又不得不重新开始“交学费”和积累教训，很少能够像大多数成熟的国际承包商那样，及时把经验和教训总结、固定下来，形成失败项目的案例库。另一方面，我国“走出去”的工程企业之间很难建立有效的沟通交流机制，个别企业的经验教训很难成为整个行业的共同财富。如果不能突破这种不断重蹈覆辙的恶性循环，我们所付出的“学费”会更加惊人。

基于这些考虑，我们编制了本书。该书是境外合规经营的经验总结，期望能通过我们的努力，把大家的经验串联起来，能对境外经营人员及企业对境外各国的经营方式及合规要求有总体的了解。同时，希望通过本书的阅读能使企业在对合规意识、合规文化及合规具体要求上有所重视。

附录

附录 1　巴西部分政府部门和相关机构一览表

一、巴西总统府

网址：https：//www. gov. br/planalto/pt-br

二、政府机构

（1）总统府总秘书处，网址：www. gov. br/secretariageral/pt-br

（2）总统府政府秘书处，网址：www. gov. br/secretariadegoverno/pt-br

（3）总统府民事办公室，网址：（Casa Civil）www. gov. br/casacivil/pt-br

（4）总统府机构安全办公室，网址：www. gov. br/gsi/pt-br

（5）联邦总审计局，网址：www. gov. br/cgu/pt-br

（6）联邦大律师局，网址：www. agu. gov. br

（7）外交部，网址：www. itamaraty. gov. br

（8）经济部，网址：www. gov. br/economia/pt-br

（9）农业、畜牧业和食品供应部，网址：www. gov. br/agricultura/pt-br/

（10）基础设施部，网址：www. infraestrutura. gov. br

（11）矿产和能源部，网址：www. mme. gov. br

（12）卫生部，网址：www. saude. gov. br

（13）科技、创新部，网址：www. mctic. gov. br/porta

（14）通信部，网址：www. mctic. gov. br/portal

（15）女性、家庭和人权部，网址：www. mdh. gov. br

（16）司法和公共安全部，网址：www. novo. justica. gov. br/

（17）地区发展部，网址：www. mdr. gov. br

（18）环境部，网址：www. mma. gov. br/

（19）公民和社会行动部，网址：www. cidadania. gov. br

（20）旅游部，网址：www. turismo. gov. br

（21）国防部，网址：www. defesa. gov. br

（22）教育部，网址：www. mec. gov. br

（23）中央银行，网址：www. bcb. gov. br/

三、出口和投资促进局（APEX）

https：//portal. apexbrasil. com. br/quem-somos/

网址：www. bcb. gov. br

附录2　巴西华人商会、社团和主要中资企业一览表

巴西华人商会和社团主要有：

（1）中国和平统一工商会，电话：55-81-32242379

（2）巴西中华总商会，电话：0055-11-38770700

（3）巴中工商文化总会，电话：0055-11-33416128

（4）巴西华侨工商联合会，电话：0055-11-78587663

（5）巴西华人协会，电话：0055-11-32070954

（6）圣保罗中华会馆，电话：0055-11-31046442

（7）巴西华人文化交流协会，电话：0055-21-34313688

（8）巴西北京侨民总会，电话：0055-11-33120339

（9）巴西上海同乡会，电话：0055-11-30888379，55722679，82712278

（10）巴西广东同乡总会，电话：0055-11-32771826

（11）巴西广州企业家协会，电话：0055-11-81537386

（12）巴西冀鲁同乡会，电话：0055-11-50845416

（13）巴西江苏同乡会，电话：0055-11-33264650，83659773

（14）巴西温州同乡联谊会，电话：0055-11-50717608

（15）圣保罗青田同乡会，电话：0055-11-32729462，38314951

（16）巴西福建同乡会，电话：0055-11-32074319

（17）南美洲闽南同乡会，电话：0055-11-33135042

（18）巴西东北同乡会，电话：0055-11-77319502

（19）巴西江西同乡总会，电话：0055-11-33133284，32293253

(20) 巴西大西南同乡会，电话：0055-11-37433461

(21) 巴西中国退伍军人联谊会，电话：0055-11-81979992，32714202，33260498

(22) 巴西中华书法学会，电话：0055-11-31670140

(23) 巴西中医药针灸学会，电话：0055-11-32078917

(24) 巴西中国和平统一促进会，电话：0055-21-22447263

(25) 巴西里约中国和平统一促进会，电话：0055-21-24318118，31537920